Guidance on Case Handling of Administrative Adjudication for Patent Infringement Disputes

专利侵权纠纷行政裁决办案指南

国 家 知 识 产 权 局

知识产权出版社
全国百佳图书出版单位
—北 京—

图书在版编目（CIP）数据

专利侵权纠纷行政裁决办案指南/国家知识产权局制定. —北京：知识产权出版社，2020.4（2021.4 重印）（2022.6 重印）（2022.10 重印）（2023.1 重印）（2024.7 重印）（2025.10 重印）

ISBN 978-7-5130-6840-6

Ⅰ.①专… Ⅱ.①国… Ⅲ.①专利侵权—民事纠纷—行政执法—中国—指南
Ⅳ.①D923.42-62

中国版本图书馆 CIP 数据核字（2020）第 047936 号

内容提要

本指南由国家知识产权局制定，内容包含行政裁决的基本知识、办案程序，专利侵权行为分类、专利侵权判定、证据的审核认定，以及相关案例和分析评议，并附有办案文书表格样本。

本指南有助于专利行政执法人员提高专利侵权纠纷行政裁决工作的效率与水平。

责任编辑：王祝兰　　**责任校对**：潘凤越

封面设计：博华创意·张冀　　**责任印制**：刘译文

专利侵权纠纷行政裁决办案指南

国家知识产权局

出版发行：知识产权出版社有限责任公司　　**网　址**：http://www.ipph.cn

社　址：北京市海淀区气象路 50 号院　　**邮　编**：100081

责编电话：010-82000860 转 8555　　**责编邮箱**：525041347@qq.com

发行电话：010-82000860 转 8101/8102　　**发行传真**：010-82000893/82005070/82000270

印　刷：北京建宏印刷有限公司　　**经　销**：新华书店、各大网上书店及相关专业书店

开　本：787mm×1092mm　1/16　　**印　张**：18.75

版　次：2020 年 4 月第 1 版　　**印　次**：2025 年 10 月第 7 次印刷

字　数：350 千字　　**定　价**：80.00 元

ISBN 978-7-5130-6840-6

国家知识产权局关于印发《专利侵权纠纷行政裁决办案指南》的通知

国知发保字〔2019〕57号

各省、自治区、直辖市及新疆生产建设兵团知识产权局（知识产权管理部门）：

为贯彻落实党中央、国务院关于强化知识产权保护的决策部署，切实维护创新者、专利权人和社会公众的合法权益，进一步加强专利权保护，提高专利侵权纠纷行政裁决工作的效率与水平，根据《中华人民共和国专利法》《中华人民共和国专利法实施细则》《专利行政执法办法》和有关法律、法规，制定《专利侵权纠纷行政裁决办案指南》，现予以印发，请各地方参照执行。

在执行中遇到的新情况、新问题和有关建议请及时报告。我局此前发布的其他有关规定与本通知相抵触的，依照本通知执行。

特此通知。

国家知识产权局

2019年12月26日

目　　录

第一章　概　　述

为规范专利侵权纠纷行政裁决行为，严格依法行政，确保专利侵权纠纷行政裁决的质量和效率，维护专利权人和社会公众的合法权益，营造建设创新型国家、促进经济社会又好又快发展的良好法制环境，根据《中华人民共和国专利法》（以下简称《专利法》）、《中华人民共和国专利法实施细则》（以下简称《专利法实施细则》）、《专利行政执法办法》和有关法律、法规，制定本指南。

第一节　专利侵权纠纷与行政裁决

专利侵权行为，是指在专利权有效期限内，行为人未经专利权人许可又无法律依据，以生产经营为目的实施他人专利的行为。因专利侵权行为而引起的纠纷为专利侵权纠纷。

行政裁决，是指行政机关根据当事人申请，根据法律法规授权，居中对与行政管理活动密切相关的民事纠纷进行裁处的行为。

发生专利侵权纠纷后，当事人可以自行协商解决；不愿协商或者协商不成的，专利权人或者利害关系人可以向人民法院起诉，也可以请求管理专利工作的部门处理。除当事人达成调解协议并撤回处理请求的以外，管理专利工作的部门应当作出专利侵权纠纷行政裁决，认定侵权行为是否成立；认定侵权行为成立的，可以责令侵权人立即停止侵权行为。

专利侵权纠纷行政裁决具有效率高、成本低、专业性强、程序简便的特点，有利于促成专利侵权纠纷的快速解决，发挥化解民事纠纷的“分流阀”作用。

第二节　基本概念

一、管辖

（一）级别管辖

国家知识产权局负责全国专利侵权纠纷行政裁决工作的指导、管理和监督。对于有重大影响的专利侵权纠纷案件，国家知识产权局在必要时可以组织有关管理专利工作的部门处理。对于跨省、自治区、直辖市的重大专利侵权纠纷案件，国家知识产权局在必要时可以协调处理。

省、自治区管理专利工作的部门负责本行政区域内专利侵权纠纷行政裁决工作的指导、管理和监督，负责处理本行政区域内重大、复杂、有较大影响的专利侵权纠纷案件。对于跨市（地、州、盟）的重大专利侵权纠纷案件，省、自治区管理专利工作的部门在必要时可以协调处理。

直辖市管理专利工作的部门负责处理本行政区域内的专利侵权纠纷案件。

设区的市（地、州、盟）级管理专利工作的部门负责处理除前述规定以外的专利侵权纠纷案件。

根据地方性法规规定，不设区的市、县（市、区、旗）管理专利工作的部门有权办理本行政区域内的专利侵权纠纷案件。

（二）地域管辖

专利侵权纠纷的行政裁决案件由被请求人所在地或者侵权行为地的管理专利工作的部门管辖。侵权行为地包括侵权行为实施地和侵权结果发生地。请求人仅对被控侵权产品制造者提出处理请求，未对销售者提出处理请求，且被控侵权产品制造地与销售地不一致的，制造地管理专利工作的部门有管辖权。两个以上管理专利工作的部门都有管辖权的专利侵权纠纷，当事人可以向其中一个管理专利工作的部门提出请求；当事人向两个以上有管辖权的管理专利工作的部门提出请求的，由最先受理的管理专利工作的部门管辖。

在互联网、电子商务平台等网络销售发生许诺销售、销售专利侵权纠纷的，由被请求人住所地或者侵权行为地管理专利工作的部门管辖，侵权行为地包括实施被诉侵权行为的网络服务器、计算机终端等设备所在地。对难以确定侵权行为地和被请求人住所地的，请求人发现侵权内容的计算机终端等设备所在地可以视为侵权行为地。

（三）移送管辖和指定管辖

管理专利工作的部门发现专利侵权纠纷案件不属于该部门管辖的，不予立案。若立案后发现不属于受案管理专利工作的部门的管辖范围，应作撤案处理。同时，应当将案件线索移送有管辖权的管理专利工作的部门处理，移送前告知请求人。受移送的管理专利工作的部门应当受理或者立案。受移送的管理专利工作的部门认为受移送的案件依照规定不属于其管辖的，应当报请上一级管理专利工作的部门指定管辖，不得再自行移送。

上级管理专利工作的部门可以将下级管理专利工作的部门管辖的专利侵权纠纷案件提级办理。下级管理专利工作的部门认为不宜由自己管辖的专利侵权纠纷案件，报经上级管理专利工作的部门同意后，可以移送上级管理专利工作的部门管辖。

管理专利工作的部门对管辖权发生争议的，由争议双方协商解决；协商不成的，由其共同的上一级管理专利工作的部门指定管辖；无共同上一级管理专利工作的部门的，由国家知识产权局指定管辖。

（四）管辖权异议

当事人对管辖权有异议的，受理或者立案的管理专利工作的部门应当在收到管辖权异议书之日起5日内作出决定。异议成立的，作出将案件移送有管辖权的管理专利工作的部门办理的决定；异议不成立的，作出驳回管辖权异议的决定。

当事人对管理专利工作的部门作出的管辖权异议决定不服的，可以申请行政复议或者提起行政诉讼。

二、回避

（一）自行回避

承办专利侵权纠纷案件的执法人员有下列情形之一的，应当自行回避：

（1）是案件的当事人或者与当事人有直系血亲、三代以内旁系血亲及近姻亲关系的；

（2）本人或者其近亲属与案件有利害关系的；

（3）担任过案件的证人、鉴定人、代理人的；

（4）与案件当事人有其他关系，可能影响案件公正处理的。

（二）请求回避

执法人员有以上情形之一的，当事人及其代理人有权以口头或书面形式申请其回避。当事人提出回避申请的，管理专利工作的部门应当要求其说明理由。当事人以口头形式提出回避申请的，应当制作陈述笔录并由回避申请人签名。管理专利工作的部门应当自申请回避之日起3个工作日内决定是否回避，并以口头或者书面形式通知当事人。

被申请回避的执法人员在管理专利工作的部门作出是否回避的决定前，应当暂停参与该案工作。

当事人对决定不服的，可以申请复议一次。管理专利工作的部门应当在 3 个工作日内作出复议决定，并通知当事人。

复议期间，被申请回避的执法人员不停止参与案件办理工作。

（三）回避的审批

执法人员的回避，由管理专利工作的部门负责人决定；部门负责人的回避，由部门主要负责人决定；部门主要负责人的回避，由管理专利工作的部门负责人集体会议决定，部门主要负责人不参加会议。

三、代理

（一）法定代理和委托代理

无民事行为能力人、限制民事行为能力人由其监护人作为法定代理人代为参加专利侵权纠纷的处理。当事人、法定代理人可以委托 1～2 人作为代理人。

（二）委托代理注意事项

委托他人代为参加专利侵权纠纷处理的，必须向管理专利工作的部门提交由委托人签名或者盖章的授权委托书。

授权委托书必须记载委托事项和权限。代理人代为承认、放弃、变更请求，进行和解，必须有委托人的特别授权。授权委托书记载的委托权限为特别授权的，应当要求委托人明确特别授权的具体事务。未明确委托权限的，视为一般代理。

在国外或者我国港澳台地区形成的授权委托书，应按照我国法律的规定办理公证、认证或其他证明手续。授权委托书为外文的，应当附中文译本。中文译本应当由翻译人员签名并加盖翻译机构公章。未提供中文译本的，该授权委托书视为无效。

外国人寄交或者托交的授权委托书，必须经中华人民共和国驻该国的使领馆证明；没有使领馆的，由与中华人民共和国有外交关系的第三国驻该国的使领馆证明，再转由中华人民共和国驻该第三国使领馆证明，或者由当地的爱国华侨团体证明。

委托代理机构的，代理人必须参加案件审理。

四、送达

（一）送达和送达回证

受送达人指依照法律、法规、规章的规定，需要将有关法律文书送达的案件当事人或者与案件有关的人员或组织。

送达文书必须有送达回证，由受送达人在送达回证上记明收到日期，并签名或者盖章。

受送达人在送达回证上的签收日期为送达日期。

（二）送达方式

1. 直接送达

送达文书，应当直接送交受送达人。受送达人是公民的，本人不在时交他的同住成年家属签收；受送达人是法人或者其他组织的，应当由法人的法定代表人、其他组织的主要负责人或者该法人、组织负责收件的人签收；受送达人有代理人的，可以送交其代理人签收；受送达人已向管理专利工作的部门指定代收人的，送交代收人签收。

受送达人的同住成年家属、法人或者其他组织的负责收件的人、代理人或者代收人在送达回证上签收的日期为送达日期。

2. 留置送达

受送达人或者他的同住成年家属拒绝接收文书的，送达人可以邀请有关基层组织或者所在单位的代表到场见证，说明情况，在送达回证上记明拒收事由和日期，由送达人、见证人签名或者盖章，把文书留在受送达人的住所；也可以把文书留在受送达人的住所，并采用拍照、摄像等方式记录送达过程，即视为送达。

调解书应当直接送达当事人本人，不适用留置送达。当事人本人因故不能签收的，可由其指定的代收人签收。

3. 邮寄送达

直接送达文书有困难或者当事人要求邮寄送达的，可以邮寄送达。邮寄送达应当通过中国邮政并采用给据邮件方式，以从邮局查询的受送达人实际收到日期为送达日期。

邮寄送达受送达人没有寄回送达回证的，应当另行制作送达回证，将给据邮件寄件人存单粘贴在送达回证上，并在备注栏由案件承办人员写明情况，签名并注明日期。

4. 电子送达

除裁决书、调解书外，经受送达人同意，可以采用手机短信、传真、电子邮件、即时通信等能够确认其收悉的电子方式送达文书，同时应当通过拍照、截屏、录音、录像等方式予以记录，手机短信、传真、电子邮件、即时通信信息等到达受送达人特定系统的日期为送达日期。

5. 公告送达

受送达人下落不明，或者用本节规定的其他方式无法送达的，可以公告送达。自发出公告之日起，经过60日，即视为送达。

公告送达，可以在管理专利工作的部门公告栏、官方网站、受送达人原住所地张贴公告，也可以在当地主要报纸上刊登公告；对公告送达方式有特殊要求的，应按要求的方式进行公告。

公告送达请求书副本的，应说明请求书要点、受送达人答辩期限及逾期不答辩的法律后果；公告送达口头审理通知，应说明出席口头审理的地点、时间及逾期不参加的法律后果；公告送达行政裁决书、其他通知书的，应说明行政裁决书或通知书的主要内容，同时告知当事人的救济途径。

公告送达时，应当制作送达回证，将公告文书和相关载体（报纸原件等；如果是网站公告的，应当将公告网页页面采用带日期、带网址的方式全部打印，并由案件承办人员在上面签名并注明日期）粘贴在送达回证上，并在备注栏由案件承办人员写明情况，签名并注明日期。

第二章　办案程序

第一节　案件受理与审查

专利侵权纠纷案件因请求人提出处理请求而启动。

管理专利工作的部门应当依据有关规定对请求人的请求是否符合受理条件进行审查，以决定是否受理。

一、当事人

（一）请求人

请求人应当是专利权人或者利害关系人：

（1）专利权人是指该专利权的合法所有人；

（2）利害关系人包括专利实施许可合同的被许可人、专利权的合法继承人。

独占实施许可合同的被许可人可以单独提出请求；排他实施许可合同的被许可人在专利权人不请求的情况下，可以单独提出请求；除合同另有约定外，普通实施许可合同的被许可人不能单独提出请求。

（二）被请求人

被请求人应当为自然人、法人或其他组织。

（三）共同请求人或共同被请求人

专利侵权纠纷有下列情形之一的，有关单位或者个人应当共同参加案件的处理：

（1）涉案专利权有 2 个以上专利权人的，全体共有专利权人为共同请求人，部分共有专利权人明确表示放弃有关实体权利的除外；

（2）被请求人为个人合伙的，全体合伙人为共同被请求人；

（3）法律、法规规定的其他情形。

二、受理条件

请求管理专利工作的部门处理专利侵权纠纷应当符合下列条件：

（1）请求人是专利权人或者利害关系人；

（2）有明确的被请求人；

（3）有明确的请求事项和具体事实、理由；

（4）有证据证明被请求人涉嫌实施了专利侵权行为；

（5）属于受案管理专利工作的部门的受案和管辖范围；

（6）当事人任何一方均未向人民法院起诉，并且双方没有约定其他纠纷解决方式。

提出专利侵权纠纷处理请求的，应当提交请求书，请求书的内容审查按照本章有关“请求书”的规定执行。

执法人员经审查认为符合受理条件的，应当自接受请求人材料之日起5个工作日内向请求人发送《专利侵权纠纷处理请求受理通知书》；认为不符合受理条件的，应当自收到当事人材料之日起5个工作日内向请求人发送《专利侵权纠纷处理请求不予受理通知书》，并说明理由。立案后发现请求不符合受理条件的，应当向请求人发送《撤销专利侵权纠纷案件决定书》。

三、受理材料的审查

（一）请求人的资格审查

请求人是自然人的，应当要求其提交本人有效身份证件复印件或有效的个体工商户营业执照副本复印件，并与原件进行核对。

请求人是法人或者其他组织的，应当提交以下材料，并与原件进行核对：

（1）加盖本单位公章的法人证书复印件或者有效营业执照副本复印件；

（2）单位法定代表人或负责人的身份证明。

请求人是我国香港、澳门、台湾地区居民的，执法人员应当要求其提交相关身份证件，并按要求履行相关公证手续。

请求人是外国人的，执法人员应当要求其提交所在国公证机关公证的有效身份证明，并经中华人民共和国驻该国使领馆予以认证，或者履行中华人民共和国与该所在国订立的有关条约中规定的证明手续。

请求人是专利实施许可合同的被许可人的，执法人员应当要求其提交专利实施许可合同复印件，并与原件进行核对。其中，如果请求人是排他实施许可合同的被许可人，如果在合同中没有约定请求人有独立的提出专利侵权纠纷处理请求权，则请求人还需提交专利权人放弃专利侵权纠纷请求权利的书面声明。

（二）明确的被请求人

明确的被请求人一般指有确定的被请求人姓名或者名称，有确切的住址或者地址。被请求人是法人或其他组织的，执法人员应当要求请求人提交被请求人的主体资格信息查询相关材料。

（三）请求书

请求人应当提供请求书正本一份并按照被请求人的数量提供相应请求书副本。一个案件只能涉及一个专利号、一个被请求人；涉及同一专利权人的多个专利号或者同一专利号多名被请求人时，应分别填写请求书并分别立案。

请求书应当记载以下内容：

（1）请求人姓名或者名称、地址、法定代表人或经营者的姓名、邮政编码、联系电话及其他事项；委托代理人的，代理人的姓名和代理机构的名称、地址、联系电话。

（2）被请求人姓名或者名称、地址、法定代表人或经营者的姓名、邮政编码、联系电话及其他事项。

（3）请求事项、侵权理由和侵权事实。其中，侵权理由如侵权分析比对（应写明侵犯的具体权利要求项）；侵权事实方面，应当说明侵权的基本情况，如侵权行为发生的时间、地点，购买被控侵权产品时间、地点以及过程等。

（4）证据材料清单。

（5）请求人或获得特别授权的代理人的签名（自然人）或盖章（法人和其他组织）。

（6）需要特别注意的是请求人提出的请求事项，不得超出管理专利工作的部门的法定职权范围，例如请求责令赔偿、赔礼道歉等。

（四）授权委托书

请求人可以委托1～2人作为代理人，委托他人作为代理人时，必须提交由委托人签名或者盖章的授权委托书。

关于授权委托书的注意事项，参见本指南第一章第二节第三部分之（二）“委托代理注意事项”中相关内容。

（五）专利证明文件

1. 专利证书、专利公告文本

执法人员应当要求请求人提交专利证书及专利授权公告文本（公告页、附图、权利要求书、说明书等）复印件，并提供专利证书原件以供核对。

2. 专利法律状态证明

执法人员应当要求请求人出具专利登记簿副本原件，或者专利证书和当年缴纳专利年费的收据等能够证明涉案专利有效的证明。

3. 专利权评价报告

实用新型专利或者外观设计专利，涉及专利侵权纠纷，管理专利工作的部门可以要求请求人在指定期限内出具由国家知识产权局作出的专利权评价报告，作为处理专利侵权纠纷的证据。

（六）实施专利侵权行为的相关证据

实施专利侵权行为的相关证据，是指请求人提交的能够证明被请求人实施侵权行为的相关物证、书证等证据。

证据是否充分不是立案条件。在立案审查阶段，执法人员只需对是否能提供证据或证据线索等作形式审查。

1. 提交证据材料时间审查

执法人员应当要求请求人在提交请求书的同时提交有关证据材料。

在已提交的证据足以立案的前提下，请求人另有部分证据无法即时提交的，可以延长至口头审理日前提交。

2. 形式审查

（1）公证文书

执法人员对请求人提交的公证文书，只作形式上的审查。如果公证文书在形式上存在严重缺陷，例如缺少公证人员签章，执法人员可以要求其补正。

（2）涉外证据

①域外证据

应当经所在国公证机关予以证明，并经中华人民共和国驻该国使领馆予以认证，或者履行中华人民共和国与该所在国订立的有关条约中规定的证明手续。

②外文证据

执法人员在接收当事人提交的外文证据时，应当审查其是否提供中文译本。未提供中文译本的，退回其外文证据并通知其在指定期限内将中文译本和外文证据原件一并提交。中文译本应当经翻译机构翻译，由翻译人员签名并加盖翻译机构公章。未提交中文译本的，该外文证据视为未提交。请求人可以仅提交外文证据的部分中文译本；该外文证据中没有提交中文译本的部分，不作为证据使用。

（3）港澳台证据

请求人提供的证据是在中国香港、澳门、台湾地区形成的，执法人员应当要求其履行相关的证明手续。

（4）新产品证据

专利侵权纠纷案件涉及新产品制造方法发明专利权，且请求人要求举证责任倒置的，执法人员应当要求请求人提供如下证据：

①依照专利方法制造的产品是新产品的证据；

②被请求人制造的产品与采用专利方法制造的产品相同的证据。

3. 证据材料的接收

（1）当事人提交证据材料时，应当提交证据材料清单一式两份，对证据材料进行逐一分类编号，并对其来源、证明对象和内容作简要说明，签名盖章，注明提交日期，并由当事人签名确认。

（2）执法人员在接收当事人提交的证据材料后，应当审查当事人提交的证据材料清单与所提交的证据是否一致。审查合格的，清单由接收人员签章，一份附卷，一份交当事人。

四、立案步骤

（一）审查与报批

请求人提交证据材料完毕后，执法人员应当根据本指南的要求进行立案审核，提出是否立案的意见，并填写《专利侵权纠纷案件立案审批表》，经办案处（科）室负责人审核。办案处（科）室负责人经审查认为可以立案的，应当指定 3 名或 3 名以上单数执法人员处理该专利侵权纠纷案件，并报部门负责人审批。

（二）制作并送达文书

经部门负责人批准，同意予以立案的，承办人员应当对案件编写案号，制作《专利侵权纠纷处理请求受理通知书》《答辩通知书》，并自收到请求书之日起 5 个工作日内向请求人送达《专利侵权纠纷处理请求受理通知书》；自立案之日起 5 个工作日内向被请求人送达《答辩通知书》、专利侵权纠纷处理请求书及其证据材料副本，要求被请求人自收到《答辩通知书》之日起 15 日内提交答辩书。被请求人逾期不提交答辩书的，不影响管理专利工作的部门进行处理。

部门负责人作出不予立案的决定的，执法人员应当制作《专利侵权纠纷处理请求不予受理通知书》，说明不予受理的理由，并应告知当事人如不服本通知书，可以依法申请行政复议或提起行政诉讼，也可以就请求处理的事项另行直接向人民法院提起民事诉讼。

（三）答辩书

（1）答辩书提交时间：自被请求人收到《专利侵权纠纷处理请求书》副本和《答辩通知书》之日起 15 日内提交答辩书。

管理专利工作的部门受理专利侵权纠纷案件后，当事人对管辖权有异议的，应当在答辩期间内以书面形式提出，管理专利工作的部门应当作出书面答复。

（2）答辩书提交数量：提交正本一份，并按当事人数量提交副本。

（3）答辩书形式：答辩书上无被请求人或其代理人签名或盖章的，应当通知被请求人在 3 日内重新提交，否则视为未提交答辩书。

（4）转送答辩书：被请求人提交书面答辩书的，执法人员应当自收到答辩书之日起 5 个工作日内将答辩书副本送达请求人。

（5）被请求人是自然人的，应当要求其提交有效身份证明；被请求人是法人或其他组织的，应当要求其提交营业执照、事业单位法人证书或者其他相关证明材料，以及法定代表人或者负责人身份证明。

（6）当事人提供证据，应当要求其提供原件或者原物。如需自己保存证据原件、原物或者提供原件、原物确有困难的，可以提供经核对无异的复制件或者复制品。

第二节　证据调查

一、证据类型及表现形式

（一）专利侵权纠纷案件中的证据类型

根据证据提交主体的不同，专利侵权纠纷案件中常见的证据可以分为三种类型：请求人提供的证据、被请求人提供的证据、管理专利工作的部门依职权调查收集的证据。

1. 请求人提供的证据

根据拟证明的对象或者内容，请求人提供的证据可分为三类。

（1）涉及请求人主体资格和权利的证据

专利权人或其利害关系人请求管理专利工作的部门处理专利侵权纠纷，必须首先证明其具有提起请求的主体资格且其主张的专利权合法有效。为此，请求人可以提供以下证明文件：

①请求人主体资格证明。请求人为自然人的，应当提供身份证或其他有效证明文件；请求人是法人或其他组织的，应当要求其提交营业执照、事业单位法人证书或者其他相关证明材料，以及法定代表人或者负责人证明。请求人为外国主体的，应当提供相关证明文件。

②专利证书。用于证明专利授权时的权属状况。

③专利登记簿副本。用于证明专利权的法律状态。当权利人没有提供专利登记簿副本时，管理专利工作的部门应当要求其提供。

④专利授权公告文本。发明或实用新型专利的授权公告文本为权利要求书、说明书及附图、说明书摘要及摘要附图，外观设计专利的授权公告文本为公告授权的图片或照片及简要说明。

⑤专利年费收据。用于证明专利权持续有效。在权利人提供了专利登记簿副本的情况下，该证据可以不提供。

⑥实用新型、外观设计专利权评价报告。请求处理侵犯实用新型或外观设计专利侵权纠纷的请求人，可以主动或者应管理专利工作的部门要求出具由国家知识产权局作出的专利权评价报告。

⑦被许可人还应当提供有关专利实施许可合同及其在国家知识产权局备案的证

明材料，未经备案的应当提交专利权人的证明，或者证明其享有权利的其他证据。

⑧排他实施许可合同的被许可人单独提出处理请求的，应当提交专利权人放弃提出处理请求的证明材料。

⑨专利财产权利的继承人应当提交已经继承或者正在继承的证据材料。

（2）涉及侵权行为的证据

专利权人或其利害关系人请求管理专利工作的部门处理专利侵权纠纷，应当提交被请求人存在侵权行为的相关证据，包括：

①被控侵权人实施侵犯专利权行为的证据，如对购买涉嫌侵权产品的过程及购得的涉嫌侵权产品进行公证保全的证据，或对涉嫌侵权现场（如许诺销售）、涉嫌侵权产品的安装地进行勘查后取得的证据，以及产品宣传册、销售侵权产品人员的名片、购货发票或收据、销售发票、购销合同等。

②与被控侵权产品或方法相关的证据，如从市场上或其他渠道获得的涉嫌侵权产品的实物、照片、产品目录、工艺、配方以及生产步骤等。

③其他证据，如其他部门查处各类违法行为的过程中取得的与专利侵权有关的证据。

④请求人主张被请求人侵犯其新产品制造方法的发明专利的，为证明被请求人生产的产品与自己依照专利方法直接获得的产品属于同样的产品，可以提交被请求人的产品和/或其产品说明书、第三方出具的鉴定报告等证据。

（3）涉及权利人利益损失的证据

专利权人或其利害关系人在请求管理专利工作的部门就专利侵权纠纷进行调处时，应当提供证明其损失的证据，比如：

①专利实施许可合同。专利权人与他人签订的专利实施许可合同中约定的许可使用费可以作为请求赔偿的依据。当专利权人或其利害关系人提交的专利实施许可合同是与其业务单位签订的专利实施许可合同且缺少其他证据予以佐证时，合同约定的许可使用费能否作为赔偿的参照依据需要管理专利工作的部门根据具体案情加以识别与判定。

②请求人因侵权所受损失的证据。请求人主张以自己所受到的损失作为赔偿数额的依据时，需要提供自己单位产品销售数量减少情况以及销售利润的财务账册资料或财务数据。请求人因被请求人侵权造成销售量减少的总数与每件被控侵权产品销售的合理利润相乘之积为请求人的损失数额的依据。

③被控侵权人因侵权行为所获收益的证据。请求人主张以被请求人的获利作为

赔偿数额的依据时，需要提供被请求人的相应账册，或申请管理专利工作的部门对被请求人的财务会计账册进行调查勘验。以被请求人因侵权导致的销售量增加的总数或者被请求人制造的被控侵权产品的总数，与每件被控侵权产品销售的合理利润相乘之积为被请求人所获收益的依据。

④法定赔偿的依据。当权利人的损失、侵权人获得的利益和专利许可使用费均难以确定时，管理专利工作的部门可以要求请求人提供证明侵权人侵权行为的情节及专利产品市场价值的辅助证据，作为确定具体赔偿数额时的参照因素。

2. 被请求人提供的证据

根据拟证明的对象或者内容，被请求人提交的证据可以分为以下几类。

（1）涉及权利瑕疵抗辩的证据

被请求人可以针对请求人的主体资格、专利权的归属等提出权利瑕疵抗辩，并提供相应的证据，例如请求人不具备提出专利侵权纠纷处理请求的主体资格的证据、专利权终止的证据等。

（2）涉及不落入专利权保护范围抗辩的证据

被请求人主张涉嫌侵权产品未落入专利权保护范围的，可以提供证据加以证明。

被请求人提供的证据一般包括技术词典、教科书等证据，用以证明权利要求中某术语或技术特征的确切含义。

被请求人以禁止反悔原则主张不侵权的，应当提供专利审查档案，包括初步审查、实质审查、复审请求审查、无效宣告请求审查中的档案及当事人在上述程序中的书面及口头陈述意见作为证据，管理专利工作的部门也可以要求被请求人提供相关的专利审查文档。

（3）涉及现有技术（设计）抗辩的证据

被请求人主张本人实施的技术为现有技术或现有设计的，可以提供现有技术出版物，或者有确切来源、销售或使用时间的产品实物以及有关的辅助凭证，如产品说明书、产品图册、销售发票以及证人证言等。

（4）涉及先用权抗辩的证据

被请求人主张先用权抗辩的，可以提供以下证据：

①在涉案专利的申请日前其已经制造、使用涉嫌侵权产品或方法的证据；

②在涉案专利的申请日前其尚未制造、使用，但已经作好制造、使用涉嫌侵权产品或方法准备的证据，如：在涉案专利的申请日之前其已完成的设计图纸和工艺

文件，在涉案专利的申请日之前其已购置的设备、原材料及产能的资料。

（5）涉及合法来源抗辩的证据

被请求人主张合法来源抗辩的，可以提供证明合法来源的证据，如买卖合同、租赁合同、发票、运输单据等，以及其他证明交易合法成立的证据；必要时，也可以提供封存的样品、产品的图片等相关证据。

3. 管理专利工作的部门收集的证据

管理专利工作的部门收集的证据主要分为两种类型。

（1）就专门技术问题委托鉴定的证据

管理专利工作的部门将案件争议的技术问题委托具有一定权威性的机构组织专家进行鉴定，鉴定人将鉴定意见以证据的形式提交给管理专利工作的部门，经当事人质证后作为定案依据。鉴定可以采用委托专门机构进行技术鉴定、召开专家咨询或专家论证会、专家证人参与等方式。鉴定意见通常为书证。

（2）依申请或依职权调取的证据

管理专利工作的部门依据当事人的申请或依职权调取的证据通常包括：

①查阅、复制的与案件有关的合同、账册、生产记录等书证；

②采用拍照、摄像等方式对被控侵权产品、被控侵权方法的生产操作过程、场所布置情况等进行保全形成的视听资料证据；

③采用复制计算机数据、电子文档等方式形成的电子证据；

④对易于调取的书证、产品实物等采用登记保存、抽样等方式提取的证据；

⑤对不易搬动的大件物品或被控侵权产品等采用测量等方式进行现场勘验或检查形成的勘验或检查笔录；

⑥在勘验现场时对相关人员进行调查、询问等形成的录音资料或调查询问笔录。

（二）证据的分类

1. 原始证据与传来证据

按照证据的不同来源，可以将证据划分为原始证据与传来证据。

凡是直接来源于案件事实本身的证据材料即为原始证据，例如专利证书的原件、专利侵权产品原物。凡是经过中间传抄、转述环节获取的证据材料即为传来证据，也称为派生证据，例如证人转述的别人所说的情况等。

2. 直接证据与间接证据

根据证据与待证事实的关系，可以将证据划分为直接证据与间接证据。

凡是能够单独证明案件主要事实的证据为直接证据，例如直接见证销售侵权产品的公证书。凡是只能证明案件事实的某一个侧面或者某一个环节，需要与其他证据结合使用才能证明案件事实的证据为间接证据。例如，销售某款产品的销售发票，虽然能证明发票开具日以前已经销售了某款产品，但是，该产品的形状、内部结构需要结合其他证据才能确定。

3. 言词证据与实物证据

根据证据的表现形式，可以将证据划分为言词证据与实物证据。

凡是能够证明案件情况的事实是通过自然人的陈述形式表现出来的证据，称为言词证据，例如销售人员出具的在某时某地销售某产品的证言。凡是能够证明案件情况的事实是通过物品的外部形态特征或者记载的内容思想表现出来的证据，称为实物证据，例如涉嫌侵权的产品或者产品使用说明书。

4. 本证与反证

根据证据与证明责任承担者的关系，可以将证据分为本证与反证。

凡是由负有证明责任的一方当事人提出的用来证明该方主张事实的证据，即为本证。凡是为了推翻对方所主张的事实而提出的与对方相反的即相抵消的事实根据，称为反证。

（三）证据的表现形式

根据证据的不同表现形式，证据一般分为八种法定形式。

1. 书证

书证是指用文字、符号或图形所表达的思想内容来证明案件事实的证据，是以其内容来证明待证事实的有关情况的文字材料。凡是以文字来记载人的思想和行为以及采用各种符号、图案来表达人的思想，其内容对待证事实具有证明作用的物品都是书证。书证形式上取决于它所采用的书面形式，内容上取决于它所记载或表达的思想内涵与案情具有关联性。

专利纠纷中常见的书证包括各个国家、地区的专利说明书、公证书、期刊、报纸、杂志、发票、单据、合同等。

2. 物证

物证，即以物品、痕迹等客观物质实体的外形、性状、质地、规格等证明案件事实的证据，如被控侵权产品等。

3. 视听资料

视听资料是指以音响、图像等方式记录有信息的载体。视听资料一般可分为三种类型：

（1）视觉资料，也称无声录像资料，包括图片、摄影胶卷、幻灯片、投影片、无声录像带、无声影片、无声机读件等。

（2）听觉资料，也称录音资料，包括唱片、录音带等。

（3）声像资料，也称音像资料或音形资料，包括电影片、电视片、录音录像片、声像光盘等。

4. 证人证言

证人证言，是证人就其所感知的案件情况所作的陈述。以本人所知道的情况对案件事实作证的人，称为证人。

专利纠纷中，证人证言通常包括两种类型：自然人证言和单位证明。其中，单位证明形式上是一种书证，但实质上还是一种证人证言。对于单位行政职权范围内的证明内容，通常不需出庭质证即可认定其真实性（内容），但对于非行政职权范围内的证明内容，需要派员出庭质证并可能需要与其他证据结合使用才能认定其真实性。

证人证言有口头形式与书面形式、录音形式、视听资料形式等，无论以何种形式表现的证人证言，都应按照内容划为证人证言，而不应按照载体来划分为书证、视听资料等。

5. 当事人陈述

当事人陈述是当事人就案件事实向合议组所作的陈述。广义上，当事人陈述还包括当事人关于请求的陈述、关于与案件有关的其他事实的陈述以及关于案件性质和法律问题的陈述。

作为证据形式的当事人陈述是以询问当事人本人为手段所获得的关于案件事实的证据。

代理人的承认视为当事人的承认。但是，未经特别授权的代理人对事实的承认直接导致承认对方请求的除外；当事人在场但对其代理人的承认不作否认表示的，视为当事人的承认。

6. 鉴定意见

鉴定意见，是具有某方面知识的专家凭自己的专业知识、技能，利用相关工艺以及各种科学仪器、设备等，对特定事实及专门性问题进行分析鉴别后所作的专门性意见。该证据的产生依赖科学技术方法而不是对有关情况的回忆。

7. 勘验笔录

勘验笔录，是管理专利工作的部门指派的勘验人员对案件涉及的标的物和有关证据经过现场勘验、调查所作的记录。

勘验笔录可以用文字记载，也可以附以拍照、摄像、绘图或制作模型等。勘验人应当将勘验情况和结果制作笔录，由勘验人、当事人和被邀请参加人签名或者盖章。

管理专利工作的部门可以依当事人的申请勘验现场，也可以依职权主动对现场进行勘验。

8. 电子证据

电子证据是指基于电子技术生成、以数字化形式存在于磁盘、光盘、存储卡、手机等各种电子设备载体，其内容可与载体分离，并可多次复制到其他载体的文件。

电子证据可以分为以下几种类型：

（1）文字处理文件：通过文字处理系统形成的文件，由文字、标点、表格、各种符号或其他编码文本组成。

（2）图形处理文件：由专门的计算机软件系统辅助设计或辅助制造的图形数据，通过图形人们可以直观地了解非连续性数据间的关系，使得复杂的信息变得生动明晰。

（3）数据库文件：由若干原始数据记录所组成的文件。数据库系统的功能是输入和存储数据、查询记录以及按照指令输出结果，它具有很高的信息价值，但只有经过整理汇总之后，才具有实际的用途和价值。

（4）程序文件：计算机进行人机交流的工具，软件就是由若干个程序文件组成的。

（5）影、音、像文件：即通常所说的“多媒体”文件，通常经过扫描识别、视频捕捉、音频录入等综合编辑而成。

二、当事人举证

（一）举证责任的分配

请求人和被请求人应对自己主张的利己事实承担举证责任。

1. “谁主张谁举证”

“谁主张谁举证”就是当事人对自己提出的主张有义务提供证据并加以证明。在专利侵权纠纷处理中，“谁主张谁举证”一般体现为请求人提供证据来证明被请求人存在侵权事实，被请求人提供证据证明不构成侵权。

若被请求人承认存在侵权事实，则构成自认，此时无须请求人证明，即可将自认事实作为决定的依据；若被请求人否认侵权事实的存在，则请求人对存在侵权事实承担举证责任。

无论是请求人对存在侵权事实的举证，还是被请求人对不构成侵权的举证，举证若达不到相应的证明标准，负有举证责任的当事人即需承担举证不能或不利的后果。

【案例 2-2-1】

请求人获得的“竹块不夹发枕席”实用新型专利在有效期内。请求人认为被请求人所生产的竹块枕席侵犯了其专利权，向所在地知识产权局提出专利侵权纠纷处理请求。被请求人在口头审理过程中陈述认为：涉案专利的申请日之前，在20世纪90年代初期，浙江义乌的小商品市场上早已有这种结构的枕席出现。但被请求人未提交相关证据。

经审理，被请求人生产的枕席落入涉案专利的保护范围，且虽然被请求人主张其使用的是现有技术，但未提供相关证据，合议组最终对被请求人的现有技术抗辩主张不予支持。

分析与评述：

本案中，被请求人主张涉嫌侵权产品已于20世纪90年代初期进行生产、销售，即涉嫌侵权产品实施的是现有技术。但是，被请求人并未提交任何能够证明涉嫌侵权产品实施的是现有技术的证据，未能完成对所主张的不构成侵权的事实承担的举证责任，因此其主张不能获得支持。

【案例 2-2-2】

请求人获得的“墨盒”发明专利在有效期内。请求人认为被请求人销售的若干型号的某品牌墨盒在产品技术特征上与涉案专利完全一致，向所在地知识产权局提出专利侵权纠纷处理请求。审理过程中，被请求人辩称：被请求人自公司成立之日起从未制造墨盒，所销售的墨盒是从其他企业购买再进行分销的，对所购买的墨盒是否涉嫌侵权并不知晓。被请求人提交了营业执照、销售合同原件作为证据，同时出示了从某公司处购买墨盒的合同原件、发货凭证、增值税发票原件等证据。

经审查，合议组认为：首先，被请求人持有的营业执照上所表明的经营范围以及销售合同均限于分销墨盒等产品，并不涉及生产墨盒；其次，从被请求人提交的购买墨盒的合同、发货凭证等证据来看，被请求人虽然销售了涉嫌侵权产品，且未经专利权人许可，但其销售的墨盒具有合法来源，因此可免除其赔偿责任。

分析与评述：

本案中，被请求人主张其并未生产墨盒，其销售的墨盒也具有合法来源，不应承担赔偿责任，并且提交了相关证据以证明其并未生产涉嫌侵权产品，同时进一步提供证据证明所分销的涉嫌侵权产品具有合法来源。在这些证据均能被认可的情况下，被请求人完成了对其所主张的事实应承担的举证责任，因此，其主张得到了合议组的支持。

【案例2－2－3】

请求人获得的“瓷盘”外观设计专利在有效期内。请求人认为某厂生产、销售的彩色瓷盘侵犯其外观设计专利权，于是向所在地知识产权局提出专利侵权纠纷处理请求，同时提交了一份公证书复印件。公证内容是：在某商场购买彩色瓷盘并拍照、封存所购买的彩色瓷盘。公证书后附有购买彩色瓷盘的发票复印件以及所拍摄的彩色瓷盘照片。在口头审理当庭，请求人提交公证书原件，并将公证时封存的瓷盘当庭开封。

经审理，合议组对请求人所提供的证据予以采信。经技术特征对比，认定被请求人生产并销售的该彩色瓷盘落入了涉案专利的保护范围，构成侵权。

分析与评述：

本案中，请求人主张某厂生产并销售的彩色瓷盘侵犯其外观设计专利权。为证明被请求人存在侵权事实，请求人通过公证购买、封存所购买产品的方式固定证据，提交了相关公证书和涉嫌侵权产品的样品作为证明被请求人存在侵权事实的证据。可见，请求人已经完成了相应的举证责任，所提交的证据也足以支持其主张。

【案例2－2－4】

请求人获得的“作弊探测器”实用新型专利在有效期内，该专利的申请日为

2006年1月4日。请求人认为被请求人在未获得其允许的情况下生产和销售名为“作弊克”的产品构成侵权，于是向所在地知识产权局提出专利侵权纠纷处理请求。

经审查，被请求人生产并销售的产品“作弊克”落入了涉案专利的保护范围。被请求人辩称，“作弊克”在涉案专利申请日前就已经投放市场，为此，被请求人提交了一系列证据，其中包括如下证据：

证据1：2006年1月6日的《×××晨报》原件，其上刊登有：“考场‘黑匣子’在××研制成功”一文，文中记载：“近日，在进行全国大学英语四、六级考试×××大学考场中，巡考教师手中的‘黑匣子’吸引了众人的目光。这是由×××大学科研团队自发研制成功的‘隐形耳机作弊探测仪’（学名作弊克）。”

证据2：某省招考办中招字某号文件，其上记载：全国大学英语四、六级考试的时间为2005年12月24日。

证据3：某大学研制的“作弊克”产品实物。

经审查，合议组认定这些证据表明“作弊克”于涉案专利申请日前已投放市场使用，被请求人的现有技术抗辩成立，“作弊克”未侵犯涉案专利权。

分析与评述：

本案中，被请求人主张涉嫌侵权产品已于涉案专利申请日之前投放市场使用，即该涉嫌侵权产品使用的技术属于现有技术。为证明该主张，被请求人提交了报刊、招考文件等作为证明涉嫌侵权产品使用的技术属于现有技术的证据，完成了对所主张的不构成侵权的事实所应承担的举证责任。鉴于其所提交的证据均可采信，并形成了完整的证据链，因此其主张得到了合议组的支持。

2. 举证责任倒置

专利行政执法中，涉及举证责任倒置的法定情形仅有一种，即对于新产品制造方法发明专利，不是由请求人举证被控方法侵权，而是由被请求人对其产品制造方法不同于专利方法承担举证责任。

被请求人承担证明其产品制造方法不同于专利方法的举证责任需要满足一定的前提条件，即请求人必须举证证明两项内容：（1）依照所述制造方法权利要求获得的产品为“新产品”；（2）被控侵权产品与依照专利方法直接获得的产品相同。如果请求人未完成以上两项内容的证明责任，则举证责任不能转移，被请求人无须举证证明“其产品制造方法不同于专利方法”。

被请求人应当就其制造方法不同于专利方法举证，而不是提供证据证明使用不同于专利方法的另外一种方法也可以制造出相同产品。

（1）“新产品”的举证责任分配

请求人对于“新产品”的举证应当是初步举证。请求人完成该初步举证责任的形式可以是提供该产品在某一国家被授予专利权的证明、提供相关部门出具的检索报告等。

如果请求人能够初步举证，则举证证明该产品是已知产品的责任就转移给被请求人。如果被请求人不能提供相应的证据证明该产品是已知产品或者制备该产品的技术方案在专利申请日前已为公众所知，则认为请求人已经完成了证明其专利方法获得的产品为新产品的举证责任。

（2）“被控侵权产品与依照专利方法直接获得的产品相同”的举证责任

请求人举证证明“被控侵权产品与依照专利方法直接获得的产品相同”可能采用多种形式，例如提供司法鉴定中心出具的鉴定报告、被控侵权产品的产品说明书等。

关于依照专利方法直接获得的产品的认定，参见本指南第三章第一节第六部分之（二）“‘依照专利方法直接获得的产品’的含义”中相关内容。

【案例2－2－5】

请求人的“以亮菌为原料制备液体口服药物的方法”获得发明专利权。请求人曾与被请求人（某制药公司）签订合作生产该药品的合同，但在该合同解除后，被请求人仍在生产亮菌口服液。请求人因此向所在地知识产权局提出专利侵权纠纷处理请求。其除了提交经某公证处公证封存的被请求人生产的亮菌口服液实物、从某药店公证购买亮菌口服液的公证书之外，还提交了两份证据：证据一是国家知识产权局专利检索咨询中心出具的检索报告，称在涉案专利之前未检索到与涉案专利相同的亮菌口服液；证据二是某司法鉴定中心出具的鉴定报告，该中心在对被请求人的亮菌口服液进行鉴定后认为，其与请求人专利中的组成完全相同。但请求人未提供涉嫌侵权的口服液制造方法的相关证据。

被请求人辩称：该专利是产品制造方法专利，其生产销售的亮菌口服液的生产方法与专利生产方法相比，在工艺、原料配比上存在重大不同，为此提交经批准的《亮菌口服液生产工艺规程》。同时，被请求人申请当地知识产权局执法人员前往口服液生产车间了解口服液生产过程。当地知识产权局执法人员赴其生产场所对口服液生产车间进行现场勘验，并详细记录了其生产方法的流程、处方等内容。最终判定被控侵权技术方案没有落入专利权保护范围，不构成侵权。

分析与评述：

本案涉及产品制造方法的发明专利，根据《专利法》第六十一条第一款的规定，“专利侵权纠纷涉及新产品制造方法的发明专利”的，“制造同样产品的单位或者个人应当提供其产品制造方法不同于专利方法的证明”。本案实行举证责任倒置，即由被请求人举证证明其口服液生产工艺与专利方法不同的前提条件是，请求人需要举证证明专利方法中亮菌口服液是新产品，同时被请求人生产的亮菌口服液与专利方法得到的亮菌口服液相同。请求人提交的证据一和证据二分别证明了以上内容，因此，提供其产品制造方法不同于专利方法的证明责任转移到被请求人。

被请求人提交的证据包括《亮菌口服液生产工艺规程》，其中记载了被请求人生产亮菌口服液的工艺、处方、培养基配方、工艺标准等内容。从该规程记载的内容看，被请求人的生产方法与请求人的专利方法不同。进一步地，当地知识产权局现场勘验结果也表明，被请求人的亮菌口服液虽与涉案专利所要求保护的方法所得到的最终产品组成相同，但二者在培养基配方、工艺和标准方面均存在区别。

本案中，在请求人完成了其对产品为新产品、被控侵权产品与涉案专利方法所得到的产品相同的情况下，由被请求人承担证明其生产涉嫌侵权产品的方法不同于专利方法的举证责任。

【案例2-2-6】

请求人已获得“空心砖”发明专利权并维持其有效。其中，权利要求保护一种制造空心砖的方法，包括特征“……使得所述空心砖的空心率为25%～35%……”。请求人认为被请求人（某空心砖厂）生产的空心砖侵犯上述专利权，向当地知识产权局提出专利侵权纠纷处理请求，并提交了购买被请求人生产的空心砖的购买凭证以及购买的空心砖样品作为证据。

被请求人辩称：其空心砖的制造方法与专利方法并不相同，不构成侵权。

将请求人提交的空心砖样品与涉案专利权利要求进行比对，大部分特征均吻合，但涉案权利要求中还包括涉及空心率具体数值的特征，合议组要求请求人证明被请求人生产的空心砖的空心率落入权利要求所述的25%～35%的范围。对此，请求人提交了上述所购买的空心砖的随附说明书，但其中未涉及被请求人生产空心砖的空心率的具体数值。

分析与评述：

本案涉及产品制造方法的发明专利，根据《专利法》第六十一条第一款的规定，请求人除需要对依照专利方法制造的产品属于新产品初步举证外，还需要证明被控侵权产品与依照专利方法直接获得的产品相同。本案中，请求人所提交的证据无法证明被控侵权产品与涉案专利方法制造的空心砖的空心率相同，从而无法证明两产品相同，因此请求人未完成“相同产品”的证明责任，举证责任不能转移，被请求人无须举证证明“其产品制造方法不同于专利方法”。

（3）举证责任倒置的注意事项

举证责任倒置与被请求人举证是两个完全不同的概念。前者是指对于请求人提出的事实主张，本该由提出该主张的请求人加以举证证明，但是法律却将相应的举证责任交由被请求人承担。相对地，被请求人举证除了举证责任倒置的情形外，还存在另外一种情形，即被请求人提出某一事实主张，其需承担证明该主张成立的举证责任。例如，被请求人根据《专利法》第六十二条的规定，主张“其实施的技术或者设计属于现有技术或者现有设计”，该主张属于有利于被请求人的抗辩事实，被请求人对此作出证明，属于举证责任的一般性分配原则，即“谁主张谁举证”的范畴。

3. 举证责任的免除

以下情形，当事人可免于举证：

（1）一方当事人陈述的案件事实，另一方当事人明确承认的；

（2）众所周知的事实；

（3）自然规律及定理；

（4）根据法律规定或者已知事实和日常生活经验法则，能推定出的另一事实；

（5）已为人民法院发生法律效力的裁判所确认的事实；

（6）已为仲裁机构的生效裁决所确认的事实；

（7）已为有效公证文书所证明的事实。

其中，第（2）、（4）、（5）、（6）、（7）项，当事人有相反证据足以推翻的除外。

（二）证据的提交

1. 物证和书证

请求人提交被控侵权产品的样品、照片、相应的购买发票、购物收据或者购买被控侵权产品的公证文书、宣传画册等物证或者书证作为证据的，原则上应当提交原物或者原件，或者在质证时应对方当事人的要求出示原物或原件。确有困难无法提交或出示原物或原件的，应当提交经受理该案的管理专利工作的部门核对无异的复制品或者复制件。

仅提交复制品或者复制件未提交原物或原件，导致无法核实复制品或复制件与原物或原件是否一致，从而无法认可其真实性，同时对方当事人也不认可其真实性的，将由承担举证责任的一方当事人承担举证不利的后果。

【案例2-2-7】

请求人申请了三项外观设计专利均获得专利权，分别是“双炮小礼花弹”“三炮小礼花弹”“礼花弹（四炮形）”。请求人认为被请求人（某烟花厂）制造的“双炮弹”“三炮弹”和“四炮弹”分别侵犯了其外观设计专利权，向所在地知识产权局提出专利侵权纠纷处理请求并提交了相关证据。

被请求人辩称：上述专利申请日之前，“双炮弹”“三炮弹”和“四炮弹”已经设计并制造、销售，因此不构成对涉案专利权的侵犯。被请求人提交了如下证据：

（1）八家单位分别致被请求人的生产订单复印件，其上显示盖有相关单位的公章，生产订单上记载的时间早于上述涉案专利的申请日，涉及的产品名称包括“双炮弹”“三炮弹”“四炮弹”等，上述单位包括烟花制造有限责任公司A、B，花炮股份有限公司C，烟花进出口有限公司D等。

（2）被请求人的财务票据复印件共17张，包括：增值税发票10张、与发票相关的销售明细表4张，以及银行转账通知单3张。上述票据开出时间均早于上述专利申请日，销售明细表记载的产品名称包括“双炮弹”“三炮弹”“四炮弹”。

经审查，合议组认为，被请求人生产的“双炮弹”“三炮弹”“四炮弹”落入涉案专利保护范围。然而，被请求人所提交的生产订单和财务票据均是复印件，在审理过程中，被请求人未能提交上述票据的原件，请求人也不认可上述票据的真实性，因此合议组对上述证据无法采信，被请求人不能证明被请求人在专利申请日前就已制造并销售涉嫌侵权产品，现有设计抗辩不成立。

分析与评述：

本案中，被请求人主张涉嫌侵权产品的生产时间早于涉案专利的申请日，也即主张涉嫌侵权产品使用的设计属于现有设计。被请求人提交生产订单和财务票据作为证据，但是，其仅提交了生产订单和财务票据的复印件，并未提交原件，导致无法核实复印件与原件或原物是否一致，从而无法认可其真实性，因此须承担举证不能的法律后果。

2. 外文证据

请求人提交外文证据的，应当提交相应的中文译本；未提交中文译本的，该外文证据视为未提交。请求人仅提交外文证据部分中文译本的，该外文证据中没有提交中文译本的部分，不能作为证据使用。

3. 域外证据及在我国港澳台地区形成的证据的证明手续

（1）一般证明手续

在中华人民共和国领域外形成的证据，应当经所在国公证机关予以证明，并经中华人民共和国驻该国使领馆予以认证，或者履行中华人民共和国与该所在国订立的有关条约中规定的证明手续。

对于在香港地区形成的证据，主要应当通过委托公证人制度进行办理；对于在澳门地区形成的证据，需要由中国法律服务（澳门）有限公司或者澳门司法事务室下属的民事登记局出具公证证明；对于在台湾地区形成的证据，首先应当经过台湾地区的公证机关予以公证，并由台湾财团法人海峡交流基金会（台湾海基会）根据《两岸公证书使用查证协议》提供相关证明材料。

【案例2-2-8】

请求人申请并获得了“茶叶袋”的外观设计专利。请求人认为被请求人销售的袋泡茶所使用的茶叶袋涉嫌侵犯其专利权，向当地知识产权局提出侵权纠纷处理请求，并提交了相关证据。

被请求人辩称，自己销售的袋泡茶早于涉案专利申请日就已进入市场，其是通过美国A公司原装进口的。被请求人提交其与A公司在国内签订的中英文合同及其随附的产品规格参数要求等文件原件，用以证明袋泡茶的进口。

请求人对A公司提出质疑。被请求人随即提交如下证据以证明A公司是真实存在的美国公司：

证据1：马萨诸塞州州务卿签名并加盖州印的证明以及由某翻译公司翻译的中文译文，用以证明马萨诸塞州州务卿为William Francis Galvin，以及所附文件上其签名真实。

证据2：马萨诸塞州州务卿签署的证明文件以及由某翻译公司翻译的中文译文，用以证明A公司是依法成立、合法存在并且状况良好的马萨诸塞州内公司。

证据3：中华人民共和国驻纽约总领事馆出具的认证，粘贴于证据1的背面，用以证明其前面文书上美国马萨诸塞州州政府的印章和该州州务卿 William Francis Galvin 的签字均属实。

口头审理当庭，请求人对被请求人提交证据 1 ~ 3 的真实性有异议，对其中文译文准确性无异议。合议组认为，上述证据 1 ~ 3 是 A 公司的注册地政府出具的证明，并由中华人民共和国驻纽约总领事馆认证，能够证明 A 公司是在美国马萨诸塞州注册并存在的一家公司，是真实、有效的证明文件。

分析与评述：

本案中，证据 1 和证据 2 用于证明 A 公司是真实、合法存在的。由于证据 1 和证据 2 形成于我国领域外，因此需要由我国驻该国使领馆对其予以认证。本案中证据 3 即我国驻美领事馆出具的认证，履行了证明手续。证据 1 ~ 3 构成证据链，应当予以采信。

（2）难点问题处理原则

当双方当事人就是否属于域外证据或者是否应当办理公证、认证等证明手续存在争议时，管理专利工作的部门可以根据以下原则适当进行变通。

①证明当事人主体资格的证据，例如法人或其他组织资格证明、形成于域外的授权委托书等，应当办理相应的证明手续。

②以下几种情况，当事人可以不履行公证、认证等证明手续：有证据证明对方当事人已经认可；已被法院生效判决或仲裁机构生效裁决确认的；能够从官方或公共渠道获得的公开出版物、专利文献等。

管理专利工作的部门在对证据关联性、真实性、合法性进行审查时，不应直接以“未履行相应的公证、认证手续”为由直接否定证据，须结合相关案情全面考虑。

三、调查收集证据

管理专利工作的部门可以根据需要依职权调查核实有关证据。当事人因客观原因不能自行收集证据的，可以请求管理专利工作的部门调查收集证据。

调查收集证据的途径可以是现场勘验、委托鉴定、证据保全等。管理专利工作的部门在调查收集证据时，应当遵守有关法律规定。

（一）调查收集证据的条件

1. 当事人请求调查收集证据的条件

以下情形，当事人及其代理人可以请求管理专利工作的部门调查收集证据：

（1）请求调查收集的证据属于国家有关部门保存并须管理专利工作的部门依职权调取的档案材料；

（2）当事人及其代理人确因客观原因不能自行收集的其他材料；

（3）证据可能灭失或者以后难以取得。

当事人及其代理人请求管理专利工作的部门调查收集证据，应当提交书面申请。管理专利工作的部门认为符合依申请调查取证条件的，应当启动调查取证程序；认为不符合调查取证条件的，可以不进行调查取证。

【案例2－2－9】

某工业陶瓷厂申请并获得了“新型耐火隔热空心球成型机”发明专利权，后将专利权转让给某工贸公司。该工业陶瓷厂的员工韩某向某科技发展公司提供了空心球成型机（本案中涉嫌侵权的产品）设备草图等技术材料、操作设备，培养操作人员，并收取报酬。该工贸公司随即向当地公安分局以韩某涉嫌假冒专利为由报案，当地公安分局开展调查，查明韩某在某科技发展公司帮助生产空心球成型机等基本事实。但是，公安机关认为侵犯专利权的行为属于民事行为，未予立案，因此该工贸公司（请求人）转而向所在地知识产权局提出专利侵权纠纷处理请求，请求对该科技发展公司（被请求人）侵犯其专利权进行处理，并提交了相关证据。

当地知识产权局成立合议组对该案进行口头审理。请求人请求合议组调取此前韩某涉嫌假冒专利案的相关资料。合议组认为请求人申请调查取证的请求符合相关条件，到当地公安分局调取“韩某涉嫌假冒专利”案卷宗。

分析与评述：

请求人曾向公安机关以涉及假冒专利为由报案，该案中的涉嫌假冒专利产品即本案的涉嫌侵权产品，公安机关展开调查取证，但由于不属于假冒专利，因此并未处理。尽管如此，相关的调查取证证据已经作为档案材料存在公安机关。本案中，请求人针对同一产品向当地知识产权局提出侵权纠纷处理请求时，请求当地知识产权局调取公安机关在涉嫌假冒专利案件中依职权调查取得的涉及涉嫌侵权产品的证据，属于上述情形（1），即申请调查收集的证据属于国家有关部门保存并须管理专利工作的部门依职权调取的档案材料。因此，当地知识产权局认为符合依申请调查取证的条件，启动了调查取证程序，从当地公安机关调取了相关证据。

2. 依职权调查收集证据的条件

专利侵权纠纷调处中，管理专利工作的部门可以根据案情需要或者在证据可能灭失或以后难以取得的情况下，对侵权可能性大的案件依职权调查收集证据。依职权调查收集证据尤其要针对那些对解决争议可能有决定作用的事实证据。

【案例2-2-10】

请求人申请并获得了“包装袋”外观设计专利权。请求人认为被请求人（某烧烤调料店）销售的“美味鲜”包装袋侵犯其专利权，向当地知识产权局提出专利侵权纠纷处理请求，同时提交了涉案专利证书复印件、授权公告文本以及年费缴费收据复印件、落款为被请求人（某烧烤调料店）的收条复印件一张、涉嫌侵权的“美味鲜”产品照片、被请求人店面照片等证据。

当地知识产权局初步审理后认为，请求人所提交的证据表明被请求人侵权可能性很大，但是尚缺乏被请求人正在销售侵权产品的直接证据，不足以证实请求人所主张的侵权事实，因此前往被请求人处现场勘验，进行调查取证。经取证，当地知识产权局获得“美味鲜”产品的进货及销售凭证、在被请求人货架上销售“美味鲜”的货架陈列照片以及正在销售的“美味鲜”产品的样品。

经审理，合议组认为被请求人销售的“美味鲜”包装袋侵犯了请求人的相关专利权，发出侵权纠纷行政裁决书。

分析与评述：

本案中，请求人提交了涉嫌侵权产品的照片以及被请求人销售涉嫌侵权产品的初步证据，从这些证据来看，被请求人存在侵权行为的可能性极大，但还不足以完全证实请求人所主张的侵权事实。由于涉嫌侵权产品的销售证据对解决争议有决定作用，因此管理专利工作的部门通过现场勘验，查证核实了相关事实。采取的取证方式包括对请求人所销售的涉嫌侵权产品抽样取证，收集能够证明其销售行为的相关证据，如对货架陈列的涉嫌侵权产品进行拍照，对其进货、销售、送货等相关凭证进行收集和取证。

（二）调查收集证据的途径

1. 现场勘验

现场勘验系指执法人员对涉嫌专利侵权的场所进行勘验检查，采取法定方式固定、采集证据的工作。

（1）现场勘验方式

现场勘验中，除了对现场客观情况与环境进行取证外，执法人员也可以对相关人员进行询问。进行现场勘验的方式包括但不限于：

①对被请求人的生产场地、储存仓库、陈列展示柜台等有关场所进行勘验检查；

②对相关的产品、模具、模板、专用工具以及包装物等物品进行测绘、拍照；

③对现场勘验检查过程进行录音、摄像；

④对涉嫌侵权产品予以清点，抽取样品；

⑤对于无法进行抽样取证的证据，应当拍照、摄像或者进行证据登记保存；

⑥涉及方法专利的，要求被调查人进行现场演示，对生产方法和工艺过程进行拍照和摄像；

⑦查阅、复制与案件有关的档案、图纸、资料、账册等证据，复制件应当要求被调查人签名并加盖公章，并将有关情况记录在勘验检查笔录中；

⑧对相关人员进行询问。

（2）现场勘验笔录

现场勘验笔录需要记载的重要事项参见《专利行政执法操作指南（试行）》相关规定。现场勘验检查笔录应当交由被调查人员核对、确认、签章；当事人及有关人员拒绝签名或者盖章的，执法人员应当注明原因，并可以要求其他在场人员签名或者盖章予以证明。当事人及有关人员和其他在场人员拒绝签字或盖章的，由执法人员注明情况。

2. 委托鉴定

管理专利工作的部门可以就专业性问题委托专门机构进行鉴定或提供咨询。

（1）技术鉴定的提出

是否需要委托鉴定机构或专家对技术问题出具鉴定或咨询意见，合议组既可以根据案情需要自行决定，也可以根据当事人的申请决定。

（2）鉴定机构的确定

鉴定或咨询机构由双方当事人协商确定，协商不成的可以由合议组指定。

原则上，鉴定机构或者鉴定人应当具有鉴定资格。如果没有符合资格的鉴定机构或鉴定人，由具有相应技术水平的专业机构或专业人员进行鉴定。所述专业机构或专业人员一般是相关技术领域的权威机构或专家，应当具有相关技术领域的专门性知识和技术，并且具备必要的鉴定设备和条件。

（3）鉴定范围的确定

委托鉴定前，鉴定材料应当交由双方当事人认可，并在听取双方当事人意见的基础上确定鉴定范围。

当事人对鉴定范围有异议的，应当提出相应的证据予以证明，管理专利工作的部门可以结合异议人提出的证据综合确定鉴定范围和内容。

双方当事人均申请鉴定但鉴定范围不尽相同的，管理专利工作的部门应当组织双方就鉴定的范围和理由进行说明，综合确定鉴定范围。

（4）重新委托鉴定

当事人对鉴定意见不服，申请重新委托鉴定的，由当事人协商一致决定是否重新委托新的鉴定机构；当事人不能协商达成一致意见的，由管理专利工作的部门决定是否重新委托鉴定。对于当事人提出的重新委托鉴定的理由，管理专利工作的部门应当予以严格审核。

（5）鉴定意见的作出

经管理专利工作的部门允许，鉴定人可以向当事人收集其认为必要的技术资料，对当事人的技术人员进行询问，查看技术实施现场，进行必要的测试检验等工作。

鉴定意见应当包括下列内容：

①委托人姓名或者名称、委托鉴定的内容；

②委托鉴定的材料；

③鉴定的依据及使用的科学技术手段；

④对鉴定过程的说明；

⑤明确的鉴定结论；

⑥鉴定人的鉴定资格；

⑦鉴定人员及鉴定机构签名、盖章。

【案例2－2－11】

请求人申请并获得了“一种能使金刚石刀头冷却的药剂”发明专利权。请求人认为被请求人（王某）生产销售的某型号冷却液侵犯其专利权，向当地知识产权局提出专利侵权纠纷处理请求并提交如下相关证据：

证据1：涉案专利证书的复印件以及涉案专利授权公告说明书复印件；

证据2：被请求人开具的销货收据和使用配方复印件；

证据3：被请求人销售的产品照片及宣传网站有关网页的打印页。

当地知识产权局立案并开展调查。被请求人向合议组提交涉案专利申请日前被请求人开具的销货收据复印件（证据1′）。

执法人员进行现场勘验，取得如下证据：

证据A：执法人员现场勘验时对有关人员的调查笔录；

证据B：执法人员在被请求人销售场所拍摄的销售场所照片、所销售化学品实物照片；

证据C：从被请求人处提取的“冷却液”实物样本3份。

当地知识产权局委托某市化学工业研究所对现场勘验抽样取证的冷却液样品（上述证据C）其中一份进行鉴定。该研究所出具《化学品鉴定报告》认为：所委托鉴定的样品含有与涉案专利权利要求中相同的化学成分。当地知识产权局根据鉴定意见作出行政裁决，认定涉嫌侵权产品落入涉案专利保护范围，构成专利侵权。

被请求人对行政裁决不服，起诉到人民法院，理由如下：

（1）抽取样品的场所（即销售被请求人生产的冷却液的经销处）的营业执照上登记的经营者并不是被请求人，因此，现场抽样的被抽样人非被请求人，且当地知识产权局也无有效证据来证明被请求人当时在抽样现场；

（2）案件审理过程中，被请求人不认可送鉴样品为其销售的产品，当地知识产权局也不能提供证据证明送鉴样品为被请求人所生产销售，因此，抽样取证不符合依法行政的正当程序原则；

（3）该鉴定单位所作的《化学品鉴定报告》鉴定意见落款处只有鉴定单位公章，无鉴定人签名和鉴定人鉴定资格的说明，该报告不能作为专利纠纷处理依据。

经审理，法院判决撤销了上述行政裁决。

分析与评述：

经查，本案现场勘验时，由于该经销处的实际控制人是被请求人，且被请求人王某始终在场，执法人员没有注意到该经销处的个体工商户营业执照登记的经营者为被请求人的父亲王某某；执法人员在现场勘验、取证过程中，未取得被请求人在场并同意和确认取样相应的录像、照片证据；现场勘验时，在勘验笔录、勘验检查登记表和取样样品上签字的均是王某某（被请求人的父亲）。

将样品送鉴获得的《化学品鉴定报告》，依照检验单位的固定格式，在登记页面有检验人员签字，但是，在附页中的送鉴结论中没有鉴定人签名，且没有鉴定人鉴定资格的说明。

本案中，现场勘验和样品鉴定环节均存在一定的瑕疵，导致证据链出现脱漏，最终使得法院未能采信勘验证据和鉴定意见。

本案的启示在于：

（1）现场勘验时，需要注意：①应确认现场勘验取证与当事人的关联性；②勘验检查登记表应有当事人签字，当事人拒不签字的，应当有其他证明材料（录像、照片、案外人签字等）佐证；③取证过程应当采用照相、摄像、录音等措施进行记录，必要时可以采用隐蔽拍摄方式。

（2）委托鉴定时，需要注意：①需要鉴定的，鉴定机构可由双方当事人协商确定，协商不成的可以由合议组指定；②由具备资质的鉴定机构提供的书面鉴定意见应当由出具该意见的单位加盖公章，同时由制作人员签字并附具鉴定单位的资质证明。

3. 登记保存

（1）登记保存的条件

当事人申请管理专利工作的部门对证据进行登记保存或者管理专利工作的部门根据实际需要依职权对某些证据进行登记保存应当满足以下条件：

①证据可能灭失或者以后难以取得；

②请求或者需要保全的证据对待证事实有证明作用；

③请求或者需要保全的证据的线索清晰。

（2）登记保存的方式

登记保存时，应当根据证据的不同特点采取不同的方法，以客观地反映案件的真实情况：

①对于证人证言，可以采取制作笔录或录音、摄像的方法；

②对于物证，如涉嫌专利侵权的机器、设备及其他物品，可以采取登记保存、拍照、摄像的方法，同时清点涉嫌专利侵权物品的数量并制作笔录；

③对于书证，如财务账册等，可以采取登记保存或就地封存的方式并辅之以复制、拍照等方法；

④对于计算机软件等证据材料，可以采取下载、拆下硬盘、由双方当事人指派的专家当场对内存上的软件进行比对并制作笔录等方法。

【案例 2－2－12】

请求人在网上发现被请求人在未经许可的情况下使用请求人的烫印机专利技术，生产销售某型号液压烫印机。请求人向当地知识产权局提出侵权纠纷处理请求，并提交了涉案专利证书原件、被请求人宣传其产品的相关网页打印件作为证据。同时提出因被请求人生产经营活动私密，难以取得证据，请求当地知识产权局依职权调取相关证据。

当地知识产权局执法人员赴被请求人生产厂勘验取证，但该厂工作人员称不能私自打开厂房，当天未能完成保全。执法人员次日再次进行勘验，在厂房内发现正在组装的烫印机15台，但缺少关键部件，被请求人称上述烫印机正在研发阶段，尚未进行销售。经仔细检查，执法人员在仓库中发现已经组装完毕、部件完全的烫印机1台，执法人员对组装完毕的烫印机进行了拍照、封存等登记保存措施。经审理，被请求人生产的烫印机构成侵权。

分析与评述：

本案中，由于请求人无法进入被请求人的生产经营场所，难以取得证据，因此向管理专利工作的部门书面提交调取相关证据的请求。经审查，该请求符合相关规定，依请求人的请求，执法人员进行调查取证。在第一次勘验由于被请求人方不能配合打开厂房而未能进行的情况下，被请求人得知已存在专利侵权纠纷请求后将涉嫌侵权产品的关键部件转移的可能性很大。此时证据容易被转移或灭失而难以取得，因此在再次进行勘验时，当发现装配完毕的涉嫌侵权产品时，应及时对其进行登记保存。对具有一定体积和重量、搬运困难的大型机械，对其与涉案专利相关部分现场进行拆解并拍照、摄像，对关键部件可采用抽样取证的方式进行登记保存，同时结合对相关人员的询问制作笔录，对事实进行周密详尽的调查。

（三）调查收集证据的注意事项

管理专利工作的部门依职权调查收集证据需要注意以下事项。

1. 区分专利侵权纠纷调处与假冒专利行为查处案件

在专利侵权纠纷调处中，管理专利工作的部门应当更严格地审查是否确实存在依职权调查取证的需求、当事人是否确实无法自行收集或由公证机关公证收集证据、需要依职权调取的证据是否确实对案件事实有决定作用等，避免成为请求人的“代言人”。

2. 注重调查取证的方式

管理专利工作的部门调查收集证据应注重调查取证的方式方法，避免对被请求人正常生产、经营造成不必要的影响。例如，对于需要保全的产品采用抽样取证，对设计、生产图纸可采用复印并由当事人签字、盖章方式确认来代替直接取走原件，以笔录、照相、摄像等方式详尽记载勘验或检查的产品等。

第三节　案件审理

一、审理程序

（一）口头审理前的准备

1. 口头审理的决定

管理专利工作的部门处理专利侵权纠纷，可以根据案情需要决定是否进行口头审理，并确定合议组组长、成员。

2. 口头审理的通知

（1）管理专利工作的部门在处理专利侵权纠纷程序中，确定进行口头审理的，应当向当事人发出《口头审理通知书》及《口头审理回执》，通知进行口头审理的时间、地点等事项，并要求其在规定的时间内向管理专利工作的部门提交《口头审理回执》。《口头审理通知书》及《口头审理回执》应当确保当事人在口头审理3个工作日前接收到。

（2）口头审理的时间、地点一经确定一般不再改动，遇特殊情况需要改动的，应当提前通知双方当事人。

（3）《口头审理通知书》的送达应当按照本指南第一章第二节第四部分中的规定执行。

（4）专利侵权纠纷请求人无正当理由不参加口头审理的，视为撤回请求；被请求人无正当理由不参加口头审理的，可以缺席审理。

3. 审理

在口头审理开始前，合议组应当完成下列工作：

（1）对于案情比较复杂、证据材料较多的案件，可以在口头审理前组织当事人交换证据并先行质证。

（2）合议组成员阅读和研究案卷，了解案情，掌握争议的焦点和需要调查、辩论的主要问题。特别需要注意的是，口头审理前，应当查询涉案专利是否经过无效宣告程序、权利要求是否作过修改、修改后的权利要求的具体内容等。

（3）召开口头审理前的合议组会议，研究确定合议组成员在口头审理中的分工、调查的顺序和内容、应当重点查清的问题，以及口头审理中可能出现的各种情况。

（4）准备必要的文件。

（5）除不公开进行口头审理以外，口头审理 3 个工作日前应当公告该口头审理的有关信息，包括：请求人姓名或者名称、被请求人姓名或者名称、审理时间、地点、涉及的专利号、专利名称等。

（6）口头审理其他事务性工作的准备。

（二）口头审理的举行

口头审理应当按照《口头审理通知书》指定的时间、地点进行。口头审理应当公开进行，但根据国家法律、法规等规定需要保密的除外。请求人与被请求人相同、被控侵权物相同，涉及多项专利权的，可以合并审理。案件合并审理时，各案件的案号、专利号、具体事实、理由、证据、当事人的陈述等应当分开记录写明。核对参加口头审理到庭人员身份信息，确认其是否具有参加口头审理的资格，委托代理人的，代理人身份信息是否与授权委托书相符。

口头审理可以分成以下三个阶段。

1. 第一阶段：口头审理开始

口头审理由案件合议组组长主持。

（1）宣布口头审理开始。

（2）宣布口头审理纪律：所有参加人员关闭通信设备，未经允许不得拍照、录音、摄像，不得随意走动；当事人发言应当征得合议组组长同意；旁听者无发言权，不得向参加口头审理的当事人传递有关信息。

（3）简要介绍案由。

（4）双方当事人分别介绍各自信息，包括当事人名称（姓名）、住所、法定代表人（负责人）信息、委托代理人以及代理权限等；有双方当事人出庭的，还应当询问双方当事人对于对方出庭人员资格有无异议。

（5）宣读当事人的权利和义务。

①当事人的权利：

委托代理人，对合议组成员、书记员、鉴定人、翻译人员提出回避申请，收集、提供证据，申请证人出庭作证，进行辩论，请求调解，当事人可以自行和解，请求人可以放弃或者变更请求。

②当事人的义务：

当事人应当按照通知按时到达审理地点。请求人无正当理由拒不到庭的，按自动撤回请求处理；被请求人无正当理由拒不到庭的，合议组可以缺席审理。

在审理过程中，当事人应当自觉遵守审理秩序，未经许可不得中途退庭。请求人未经许可中途退庭的，按自动撤回请求处理；被请求人未经许可中途退庭的，合议组可以缺席审理。

当事人对自己提出的主张有举证责任，反驳对方主张的，应当说明理由。

（6）宣布合议组成员及书记员名单，询问双方当事人是否申请回避，是否请证人出庭作证或请求实物演示。

2. 第二阶段：口头审理调查阶段

口头审理的调查阶段一般按照以下顺序进行：

（1）请求人陈述和被请求人答辩。

①请求人陈述专利侵权纠纷请求事项及其理由，并简要陈述有关事实；

②被请求人答辩，对请求人的请求提出答辩意见，讲明具体事实和理由。

（2）质证，由请求人、被请求人、管理专利工作的部门（有调查取证的情况）分别出示证据。

当事人双方提交的证据应当在庭上出示，由当事人质证。当事人在口头审理前未提交但在口头审理时提交的证据是否质证，由合议组决定；当事人要求口头审理后继续提交证据的，合议组应当当庭指定提交时限，并要求当事人在指定期限内提交。

①应当要求当事人围绕证据的真实性、合法性、关联性，针对证据证明力有无以及证明力大小，进行阐述、说明与辩驳。

②质证按下列顺序进行：

a. 请求人出示证据，说明各证据要证明的内容，被请求人与请求人进行质证；

b. 被请求人出示证据，说明各证据要证明的内容，请求人与被请求人进行质证；

c. 管理专利工作的部门（在有调查取证的情况下）出示调查取证的证据，请求人与被请求人进行质证。

（3）进行专利侵权比对。

①口头审理时，应当询问请求人主张以哪项具体权利要求项作为该案的保护范

围，经合议组询问后请求人主张仍不明确的，默认其以权利要求 1 作为专利的保护范围，由请求人对主张的权利要求的全部技术特征与涉案产品或者方法逐项进行比对。

②被请求人对涉案产品或者方法是否落入涉案专利权的保护范围发表意见，提出自己的意见。

（4）总结双方争论焦点，进行辩论。

由合议组组长提出案件焦点问题，应当是对案件认定起到决定性作用的问题，例如在某个技术特征上是否存在等同、某个关键证据的法律效力等。

在辩论阶段应当要求当事人严格围绕焦点问题进行辩论，合议组认为已经能够通过当事人的辩论明确双方的观点或者对问题已经作出解答的，即可停止该焦点问题的辩论，进入下一个焦点问题的辩论，防止双方纠缠于语言文字等导致庭审时间过长，缺乏效率。

（5）最后意见陈述。

在双方当事人的辩论意见表达完毕后，合议组组长宣布辩论终结，由双方当事人作最后意见陈述。在当事人没有新的意见时，一般可以要求当事人坚持原有意见。

（6）调解。

最后意见陈述后，合议组应当就是否同意调解征求双方意见。如果双方同意调解的，可以在口头审理结束后立即进行调解，也可以另行约定时间进行调解。如果代理人表示需要当事人授权后才能发表是否同意调解的意见的，应当如实记入口头审理笔录，要求代理人及时征求当事人意见，并另行向合议组说明。

调解应该贯穿于专利侵权纠纷处理整个程序之中，但为了保证口头审理程序的完整，若非必要，一般不在口头审理过程中穿插调解程序。

口头审理调查中应当查明以下问题：

①专利权何时申请、何时授权、目前法律状态等专利基本情况；

②何时发现被请求人实施涉嫌专利侵权行为、被控侵权产品样品的来源；

③被请求人姓名或者名称、成立时间、电话、地址，法定代表人、经营范围等基本情况；

④管理专利工作的部门取得的证据，如有关样品、资料、账册的确认；

⑤在现场检查笔录（或询问笔录）上签名的有关人员与被请求人的关系；

⑥被控侵权产品样品（请求人提供或管理专利工作的部门提取）是否是被请求人制造（销售、使用、许诺销售、进口）的；

⑦被控侵权产品开始生产的时间、生产数量、进货情况、库存数量，销售的情况、产品的成本或进货价格、销售的价格；

⑧制造被控侵权产品的模具数量、存放地点、制作情况；

⑨被控侵权产品或方法是否落入涉案专利权的保护范围，并要求说明理由；

⑩被请求人认为不侵权的抗辩理由及事实；

⑪其他需要了解、核对的事项。

口头审理调查阶段需要注意以下事项：

①合议组成员可以就有关事实和证据向当事人或者证人提问，也可以要求当事人或者证人作出解释。合议组成员提问应当公正、客观、具体、明确；

②经合议组组长许可，当事人可以互相发问，当事人可以向证人或鉴定人员发问；

③被请求人对涉案专利的法律状态有异议的，应当要求请求人出具专利登记簿副本的原件或经与原件核对无误的复印件。

3. 第三阶段：口头审理结束

合议组组长宣告口头审理结束，双方当事人在核对完口头审理笔录后逐页签字并注明日期。

（三）口头审理的其他问题

1. 暂停口头审理

有下列情形之一的，合议组组长可以宣布暂停口头审理，并在必要时确定继续进行口头审理的时间：

（1）当事人当场请求审理人员回避的；

（2）因和解需要协商的；

（3）需要对发明创造进一步演示的；

（4）合议组发现案件事实尚未查清，需要当事人补充证据或者由管理专利工作的部门自行调查收集证据的；

（5）合议组认为必要的其他情形。

2. 当事人中途退场

当事人未经合议组许可而中途退场的，或者因妨碍口头审理进行而被合议组责令退场的，应当就该当事人已经陈述的内容及其中途退场或者被责令退场的事实进行记录，并由当事人或者合议组签字确认。

3. 证人作证

（1）出具过证言的证人可以就其证言出庭作证；当事人在口头审理中提出证人出庭作证请求的，合议组可以根据案件的具体情况决定是否准许。

（2）证人出庭作证时，应当要求其出示证明其身份的证件，合议组应当告知其诚实作证的法律义务和作伪证的法律责任。

（3）出庭作证的证人不得旁听案件的审理。询问证人时，其他证人不得在场，但需要证人对质的除外。

（4）合议组可以对证人进行提问。双方当事人经合议组许可，可以对证人进行交叉提问。合议组应当要求证人对合议组、双方当事人提出的问题作出明确回答，证人对于当事人提出的与案件无关的问题可以拒绝回答。

（5）证人接受询问后，应当要求其在口头审理笔录中记载与其回答问题有关的页面上签名。

4. 口头审理笔录

在口头审理中，由书记员进行记录。担任记录的人员应当完整地记录庭审内容。条件允许的情况下，可以使用录音、摄像设备进行记录。

在口头审理结束后，合议组应当将笔录交当事人阅读。对笔录的差错，当事人有权请求更正。笔录核实无误后，应当由当事人、合议组成员、书记员签字并存入案卷。当事人拒绝签字的，应当在口头审理笔录中注明。

应当告知当事人可以对口头审理笔录进行阅读、复制、抄摘。

5. 口头审理的旁听

公开口头审理的案件允许旁听。

旁听者违反口头审理纪律的，合议组组长应当及时予以制止；不听劝告的，合议组组长应当责令其退场。

必要时，管理专利工作的部门可以要求旁听者办理旁听手续。

6. 口头审理注意事项

（1）合议组组长负责主持口头审理的各项程序进行；

（2）合议组要及时制止当事人过激的情绪或与案件无关的议论，维护好秩序；

（3）合议组要认真、仔细听取各方的意见，不得对案件性质及证据效力发表意见，不得与当事人辩论；

（4）注意委托代理人的权限，特别是对于承认、放弃等事项的权限；

（5）口头审理笔录力求全面、准确，书记员来不及记录的，合议组组长应当示意当事人暂停或放慢陈述，以便于记录；

（6）重要的数字，如数量、价格、时间等，尽量不用大约、估计等模糊的、不确定的表述。

（四）案件的中止及恢复处理

1. 中止处理的情形

有以下情形之一的，当事人可以申请中止案件的处理，管理专利工作的部门也可以自行决定是否中止案件处理：

（1）被请求人申请宣告涉案专利权无效并被国家知识产权局受理的；

（2）一方当事人死亡，需要等待继承人表明是否参加处理的；

（3）一方当事人丧失诉讼行为能力，尚未确定法定代理人的；

（4）作为一方当事人的法人或者其他组织终止，尚未确定权利义务承受人的；

（5）一方当事人因不可抗拒的事由，不能参加审理的；

（6）该案必须以另一案的审理结果为依据，而另一案尚未审结的；

（7）其他应当中止处理的情形。

2. 因提出专利权无效宣告请求申请中止的情形

（1）提出中止申请的条件

被请求人以申请宣告涉案专利权无效为由提出中止处理的，应当满足以下条件：

①提起宣告专利权无效申请的是被请求人或者利害关系人；

②宣告专利权无效申请已被受理；

③有明确的无效宣告理由和相关证据。

（2）提出中止申请应当提交的材料

被请求人提出中止申请的，应当提交以下材料：

①书面《专利侵权纠纷案件中止处理申请书》；

②无效宣告请求受理通知书；

③影响涉案专利权稳定性的有关证据。

（3）中止申请的审查

被请求人以申请宣告涉案专利权无效为由提出中止处理请求的，管理专利工作的部门应当对其请求是否符合上述条件进行审查，符合条件的可以予以中止。管理专利工作的部门认为被请求人提出的中止理由明显不能成立的或者有下列情形的，可以不中止处理：

①当事人提出无效宣告请求，但未被国家知识产权局受理或者未在指定的合理期限内向管理专利工作的部门提供无效宣告请求书副本及国家知识产权局出具的无效告请求受理通知书；

②请求人提交的专利权评价报告未发现导致实用新型或者外观设计专利丧失专利性的；

③被请求人请求宣告专利权无效所依据的证据或者理由明显不充分的；

④当事人请求宣告无效的专利权属于发明专利或者经国家知识产权局审查维持专利权有效或部分有效的实用新型、外观设计专利；

⑤法律法规规定的其他情形。

3. 关于中止处理的程序

合议组应当在审查有关当事人关于中止处理的意见的基础上，依法作出是否中止的决定。决定中止的，向当事人发出《专利侵权纠纷案件中止处理通知书》；决定不予中止的，向当事人发出《专利侵权纠纷案件不予中止处理通知书》。

中止处理的专利侵权纠纷案件，国家知识产权局作出维持专利权有效或者宣告专利权部分无效的决定的，管理专利工作的部门应当及时恢复案件的处理，并通知双方当事人。

国家知识产权局宣告涉案专利权无效的，管理专利工作的部门可以告知请求人撤回处理请求；请求人不撤回的，管理专利工作的部门应当作出驳回处理请求的决定，并送达双方当事人。

二、证据交换与质证

证据调查程序一般包括提供证据、交换证据、当事人质证和证据审核认定等环节。提供、交换证据通常发生在案件审理前的准备阶段，案件审理时原则上先由双方当事人对证据进行质证，发表质证意见，之后由合议组结合全部证据的调查结果和案件事实的辩论结果最终认定案件事实。证据的审核认定按照本指南第四章执行。

（一）证据交换

1. 证据交换的时机

管理专利工作的部门应当在立案之日起 5 个工作日内将请求书及其附件的副本送达被请求人，要求其在收到之日起 15 日内提交答辩书并按照请求人的数量提供答辩书副本。被请求人提交答辩书的，管理专利工作的部门应当在收到之日起 5 个工作日内将答辩书副本送达请求人。

通过上述方式未送达的证据材料，双方当事人可在口头审理前提交并相互交换。

2. 依职权调查收集证据的出示

管理专利工作的部门依职权调查收集的证据未经质证，不能作为定案的依据。

在专利侵权纠纷处理中，依职权调查收集的证据可以在口头审理前或在审理中提交给双方当事人，由双方当事人对其进行确认和质证。

【案例 2－3－1】

请求人某玩具公司发现被请求人陈某在未经许可的情况下生产销售的电动玩具车侵犯了其专利权，向当地知识产权局提出侵权纠纷处理请求，并提交了涉案专利证书等相关证据。

当地知识产权局依职权到被请求人的生产场所进行勘验检查，查获涉嫌侵权产品电动玩具车共 175 箱、生产涉嫌侵权产品的模具共 8 套，对查获的涉嫌侵权产品抽样取证 3 箱，对模具抽样取证 1 套。执法人员制作了勘验检查笔录，并填写了勘验检查登记清单。

当地知识产权局选择书面审理，经审理发出行政裁决书，判定被请求人生产销售的电动玩具车侵权。

被请求人不服，向人民法院起诉。法院判决撤销了该行政裁决，主要理由是：在专利侵权纠纷行政裁决作出之前，当地知识产权局未告知被请求人作出行政行政裁决所依据的事实、理由和依据。

分析与评述：

程序合法是依法行政的基本准则，程序违法将会导致行政机关在行政诉讼中败诉的后果。在作出不利于当事人的行政决定之前，应当保证当事人对决定所依据的事实、理由和依据具有陈述、申辩的机会。本案中，管理专利工作的部门依照其依职权调查收集的证据作出对被请求人不利的结论。在作出决定之前，即使不举行口头审理，也应书面告知被请求人即将作出行政行政裁决的事实、理由和依据（包括依职权调查收集的证据），并给予被请求人一定的答复期限，以保证其有充分陈述和申辩的机会。

（二）质证

质证，是指在口头审理过程中，由案件的当事人就口头审理过程中出示的证据采取辨认、质疑、说明、辩论等形式进行对质核实，以确认其证据能力和证明力的活动。质证是口头审理的重点环节。证据只有经过质证程序后，才能作为定案的根据。

1. 质证的基本原则

质证中，当事人应当围绕证据的真实性、合法性、关联性，针对证据证明力有无以及证明力大小，进行质疑、说明与辩驳。

经合议组组长准许，当事人及其代理人可以就证据问题相互发问，也可以向证人、鉴定人或者勘验人发问。发问的内容应当与案件事实有关联，不得采用引诱、威胁、侮辱等语言或者方式。

在质证过程中，对与案件没有关联的证据材料，应予排除并说明理由。当事人双方均已认可的证据，无须进行质证。涉及国家秘密、商业秘密、个人隐私或者法律规定的其他应当保密的证据，不得在开庭时公开质证。

2. 质证顺序

质证一般按下列顺序进行：

（1）请求人出示证据，被请求人发表质证意见；

（2）被请求人出示证据，请求人发表质证意见；

（3）管理专利工作的部门依照当事人申请调查收集的证据，请求人和被请求人发表质证意见。

质证中，双方当事人可以围绕相关证据进行辩论。

3. 不同类型证据的质证

（1）书证和物证

对书证、物证进行质证时，当事人有权要求出示证据的原件或者原物，但有下列情况之一的除外：

①出示原件或者原物确有困难并经管理专利工作的部门准许出示复制件或者复制品的；

②原件或者原物已不存在，但有证据证明复制件、复制品与原件或原物一致的。

（2）证人证言

证人应当出庭作证，接受当事人的质询。

证人确有困难不能出庭的，可以提交书面证言或者视听资料，或者通过双向视听传输技术手段作证。“确有困难不能出庭”是指具有下列情形：

①年迈体弱或者行动不便无法出庭的；

②特殊岗位确实无法离开的；

③路途特别遥远，交通不便难以出庭的；

④因自然灾害等不可抗力的原因无法出庭的；

⑤其他无法出庭的特殊情况。

出庭作证的证人应当客观陈述其亲身感知的事实，不得使用猜测、推断或者评论性的语言。证人为聋哑人的，可以其他表达方式作证。

执法人员和当事人可以对证人进行询问。证人不得旁听口头审理；询问证人时，其他证人不得在场。合议组认为有必要的，可以让证人进行对质。

出具鉴定意见的鉴定人、进行现场勘验的勘验人虽然非典型意义上的证人，但其应当出庭接受双方当事人的质询（确因特殊原因无法出庭的除外）。

证人出庭作证的形式包括通过视频通信软件远距离传输图像、声音等形式。

三、结案

（一）结案形式

管理专利工作的部门处理侵犯专利权纠纷案件，应当在调查认定案件事实的基础上依法及时结案。

根据案件处理结果，结案形式包括：

（1）作出行政裁决，发出《专利侵权纠纷案件行政裁决书》，终止行政处理程序；

（2）调解结案，经调解当事人达成调解协议的，作出《专利侵权纠纷调解协议书》，终止行政处理程序；

（3）撤销该案件，发出《撤销专利侵权纠纷案件决定书》，终止行政处理程序。

（二）结案时限

管理专利工作的部门处理专利侵权纠纷，应当自立案之日起 3 个月内结案。案件特别复杂需要延长期限的，应当由管理专利工作的部门的负责人批准。经批准延长的期限，最多不超过 1 个月。

案件处理过程中的公告、鉴定、中止等时间不计入上述案件办理期限。

对因专利权无效宣告程序中止的案件，国家知识产权局作出无效宣告决定后，管理专利工作的部门应当及时恢复对案件的处理。

（三）合议

专利侵权纠纷案件结案之前，合议组应当对案件认定的事实、证据、法律责任、适用法律、处理结果进行全面合议。专利侵权行为的认定及专利侵权与否的判定分别参照本指南第三章和第五章执行。

合议由合议组组长召集并主持，合议组成员应当提出明确意见。合议组合议案件，根据少数服从多数的原则对案件涉及的证据是否采信、事实是否认定以及理由是否成立等进行表决，对行政裁决的内容作出结论。合议中的不同意见，书记员应当如实记入笔录。合议组合议笔录由合议组全体成员签名，并注明日期。合议组成员以及合议旁听人员应当对合议内容保密。合议组意见由合议组组长报管理专利工作的部门的负责人审批。

（四）结案形式具体事项

1. 作出行政裁决

除当事人达成和解协议以及有应当撤销案件的其他情形外，合议组应当及时作出行政裁决，并制作《专利侵权纠纷案件行政裁决书》。

（1）《专利侵权纠纷案件行政裁决书》内容

《专利侵权纠纷案件行政裁决书》应当事实叙述清楚，理由论述充分，法律条款援引准确，裁决结果具体、明确。

《专利侵权纠纷案件行政裁决书》应当载明以下内容：

①当事人的姓名或名称、住所。当事人是自然人的，注明身份证件名称及编号；当事人是法人或者其他组织的，注明其法定代表人或负责人的姓名、职务。当事人

委托代理人的，注明委托代理人的姓名、工作单位及职务、资格或身份证件名称及编号、地址。

②案由。

③口头审理及到庭情况。

④当事人的主张、支持其主张的理由以及有关证据材料。

⑤执法人员现场检查的情况。

⑥当事人对证据的质证意见，合议组对证据材料的采信情况。

⑦经查明的事实及证明事实的依据。

⑧认定侵犯专利权行为是否成立以及认定的理由和依据。

⑨裁决结果。认定侵犯专利权行为成立的，应当明确责令被请求人立即停止侵犯专利权行为的类型、对象和范围，对于请求人提出的不属于管理专利工作的部门职权范围内的请求事项应予以驳回；认定侵犯专利权行为不成立的，应当驳回请求人的全部请求；对于专利权无效或者不符合管辖条件的，应当驳回请求人的请求。

⑩费用的承担（如果适用）。

⑪当事人不服行政裁决提起行政诉讼的途径和期限。

⑫作出行政裁决的日期。

⑬合议组成员姓名。

《专利侵权纠纷案件行政裁决书》应当加盖管理专利工作的部门的公章。

（2）停止侵权的措施

管理专利工作的部门认定专利侵权行为成立，作出行政裁决，责令侵权人立即停止侵权行为的，应当采取下列制止侵权行为的措施：

①侵权人制造专利侵权产品的，责令其立即停止制造行为，销毁制造侵权产品的专用设备、模具，并且不得销售、使用尚未售出的侵权产品或者以任何其他形式将其投放市场；侵权产品难以保存的，责令侵权人销毁该产品；

②侵权人未经专利权人许可使用专利方法的，责令侵权人立即停止使用行为，销毁实施专利方法的专用设备、模具，并且不得销售、使用尚未售出的依照专利方法所直接获得的侵权产品或者以任何其他形式将其投放市场；侵权产品难以保存的，责令侵权人销毁该产品；

③侵权人使用、销售专利侵权产品或者依照专利方法直接获得的侵权产品的，责令其立即停止使用、销售行为，并且不得使用尚未售出的侵权产品或者以任何其他形式将其投放市场；尚未售出的侵权产品难以保存的，责令侵权人销毁该产品；

④侵权人许诺销售专利侵权产品或者依照专利方法直接获得的侵权产品的，责令其立即停止许诺销售行为，消除影响，并且不得进行任何实际销售行为；

⑤侵权人进口专利侵权产品或者依照专利方法直接获得的侵权产品的，责令侵权人立即停止进口行为；侵权产品已经入境的，不得销售、使用该侵权产品或者以任何其他形式将其投放市场；侵权产品难以保存的，责令侵权人销毁该产品；侵权产品尚未入境的，可以将行政裁决通知有关海关；

⑥责令侵权的参展方采取从展会上撤出侵权展品、销毁或者封存相应的宣传材料、更换或者遮盖相应的展板等撤展措施；

⑦停止侵权行为的其他必要措施。

管理专利工作的部门认定电子商务平台上的专利侵权行为成立，作出行政裁决的，应当通知电子商务平台提供者及时对专利侵权产品或者依照专利方法直接获得的侵权产品相关网页采取删除、屏蔽或者断开链接等措施。

2. 调解结案

管理专利工作的部门处理专利侵权纠纷案件时，可以根据当事人自愿的原则，按照有关法律、法规、规章的规定，在查明事实、分清是非的基础上，促使双方当事人相互谅解，达成调解协议。调解协议内容不得违反法律强制性规定，不得损害国家和他人的利益。

调解应当贯穿于专利侵权纠纷处理全过程。调解可以由合议组组长主持，也可以由合议组其他成员主持。

管理专利工作的部门进行调解时，可以用简易方式通知当事人及其代理人。经过调解达成协议的，由管理专利工作的部门制作《专利侵权纠纷调解协议书》，双方当事人应当在《专利侵权纠纷调解协议书》上签字或者盖章，在双方当事人签字或者盖章后，管理专利工作的部门在《专利侵权纠纷调解协议书》上加盖部门公章。

《专利侵权纠纷调解协议书》应当及时送达双方当事人，管理专利工作的部门留卷一份，并以《专利侵权纠纷调解协议书》的形式结案；调解未达成协议或者当事人在《专利侵权纠纷调解协议书》签收前反悔的，管理专利工作的部门应当及时作出《专利侵权纠纷案件行政裁决书》结案。

制作《专利侵权纠纷调解协议书》，应当写明以下内容：

①请求人、被请求人的名称或者姓名、地址，法定代表人姓名、职务，委托代

理人的姓名、职业、所在单位；

②处理请求、案件查明的事实和调解协议的主要内容。

3. 撤销案件

（1）适用范围

出现下列情形之一时，管理专利工作的部门可以撤销专利侵权纠纷案件：

①立案后发现不符合受理条件的；

②请求人撤回行政处理请求的；

③当事人在案件处理过程中自行达成和解协议，并向管理专利工作的部门提出撤回处理请求的；

④请求人死亡或注销，没有继承人，或者继承人放弃处理请求的；

⑤被请求人死亡或注销，没有遗产或剩余财产，或者没有应当承担义务的人的；

⑥其他依法应当撤销案件的情形。

（2）《撤销专利侵权纠纷案件决定书》内容

《撤销专利侵权纠纷案件决定书》应当载明以下内容：

①案件编号；

②双方当事人的姓名或名称；

③涉案专利号、专利名称；

④撤销案件的原因；

⑤准予或决定撤销的决定；

⑥费用的承担（如果适用）；

⑦作出撤销案件决定的日期；

⑧不服决定的救济措施。

《撤销专利侵权纠纷案件决定书》应当加盖管理专利工作的部门的公章。

（五）结案审批

合议组认为可以结案时，应当填写《专利侵权纠纷案件结案审批表》，经办案处（科）室负责人审核后，报部门负责人审批。

拟作出行政裁决的，应当将起草完成的《专利侵权纠纷案件行政裁决书》（草稿）作为《专利侵权纠纷案件结案审批表》的附件一并报批。

拟撤销案件的，应当简要说明理由，并将《撤销专利侵权纠纷案件决定书》

（草稿）作为《专利侵权纠纷案件结案审批表》的附件一并报批。

（六）结案文书送达

结案文书（《专利侵权纠纷案件行政裁决书》《撤销专利侵权纠纷案件决定书》《专利侵权纠纷调解协议书》）形成后，应当依据第一章的有关规定，送达当事人。

（七）重复侵权行为的处理

管理专利工作的部门或者人民法院作出认定侵权行为成立并责令侵权人立即停止侵权行为的行政裁决或者判决生效后，被请求人针对同一专利权再次作出相同类型的侵权行为，专利权人或者利害关系人请求处理的，管理专利工作的部门可以直接作出责令立即停止侵权行为的行政裁决。

（八）案件材料的归档

《专利侵权纠纷案件行政裁决书》《撤销专利侵权纠纷案件决定书》或者《专利侵权纠纷调解协议书》送达当事人后，管理专利工作的部门应当对全案材料按专利案件文书档案立卷归档制度的有关规定归档。

当事人不服行政裁决提起行政诉讼的，有关行政诉讼的所有材料应当及时单独归档。

（九）特别注意事项

办案部门认为案件的裁决结果可能涉及重大公共利益的，需将案件处理情况提交本单位主要领导集体讨论或报请法制机构审核后再作出裁决。

《专利侵权纠纷案件行政裁决书》《专利侵权纠纷调解协议书》或者《撤销专利侵权纠纷案件决定书》送达后，一般不再增删任何文字。

如果确有个别关键字词错漏，需要改正的，应当要求当事人将原法律文书交回，重新制作法律文书并送达当事人。当事人拒不交回原法律文书的，应当另行制作《专利侵权纠纷行政裁决修改更正通知书》，补充更正错误之处，送达当事人。

四、执行与公开

（一）行政裁决的效力

行政裁决一经作出即生效。当事人提起行政诉讼的，不停止行政裁决的执行。

但具有下列情形之一的，应当停止执行：

（1）法律规定停止执行的；

（2）人民法院裁定停止执行的；

（3）作出行政裁决的管理专利工作的部门认为需要停止执行的。

（二）自觉履行与现场监督

当事人自愿履行行政裁决的，应一方当事人或者双方当事人请求，合议组可以指定2名成员现场监督当事人履行义务，并制作执行笔录。执行笔录应当由在场当事人和在场执法人员签名。

（三）申请强制执行

管理专利工作的部门认定侵权行为成立的，可以责令侵权人立即停止侵权行为。当事人不服的，可以自收到裁决书知之日起15日内依照《中华人民共和国行政诉讼法》（以下简称《行政诉讼法》）向人民法院起诉；侵权人期满不起诉又不停止侵权行为的，管理专利工作的部门可以申请人民法院强制执行。

1. 强制执行的管辖

管理专利工作的部门依法作出的行政裁决，由被执行人住所地或财产所在地的省、自治区、直辖市、设区的市有权受理专利纠纷案件的中级人民法院执行。

2. 强制执行的提出

侵权人期满不起诉又不停止侵权行为的，请求人可以请求管理专利工作的部门申请法院强制执行。请求申请强制执行的，请求人应当于被执行人的法定起诉期限届满后提出，并填写《专利侵权纠纷行政裁决强制执行请求书》。

管理专利工作的部门也可以自行申请人民法院强制执行。

3. 申请强制执行的期限

管理专利工作的部门应当在被执行人的履行期限届满之日起3个月内提出。管理专利工作的部门在上述申请执行的期限内未申请人民法院强制执行的，生效的行政裁决确定的权利人或者其继承人、权利承受人在6个月内可以申请人民法院强制执行。

4. 申请执行的程序

管理专利工作的部门申请人民法院强制执行前，应当催告当事人履行义务。催告书送达10日后当事人仍未履行义务的，管理专利工作的部门可以向有管辖权的人民法院申请强制执行。

管理专利工作的部门申请强制执行，应当向人民法院提交下列材料：

（1）强制执行申请书；

（2）行政裁决书及作出决定的事实、理由和依据；

（3）当事人的意见及行政机关催告情况；

（4）申请强制执行标的情况；

（5）法律、法规规定的其他材料。

强制执行申请书应当加盖管理专利工作的部门的公章，并注明日期。

5. 配合协助执行

人民法院受理并开展执行工作时，管理专利工作的部门应当给予配合和协助。

（四）案件信息公开

1. 裁决结果可以公开的内容

认定侵权事实成立、作出行政裁决的专利侵权纠纷案件，公开内容应当包括：行政裁决书文号、案件名称、违法法人或者其他组织名称或自然人姓名、违法法人或者其他组织的组织机构代码或统一社会信用代码及法定代表人或者负责人姓名、主要违法事实、行政裁决的依据及履行方式和期限、作出行政裁决的机关名称和日期。

2. 公开的时限

对于认定侵权事实成立、作出行政裁决的专利侵权纠纷案件，自作出行政裁决之日起20个工作日内依法主动公开相关信息；因行政诉讼发生变更或撤销的，要在行政裁决变更或撤销之日起20个工作日内，公开有关变更或撤销的信息。

3. 公开的方式

管理专利工作的部门应当主要通过本单位官方网站公开行政裁决案件信息，也可以选择公告栏、新闻发布会以及报刊、广播、电视等便于公众知晓的方式予以公开。公开的案件信息应以适当方式便于公众查询。

五、专利执法行政诉讼

专利执法行政诉讼，是指当事人对管理专利工作的部门作出的与行政执法有关的行政行为不服，依法向人民法院提起的行政诉讼。

（一）针对专利侵权纠纷裁决提起行政诉讼的条件

管理专利工作的部门针对请求人提出的专利侵权纠纷处理请求进行的以下处理，当事人不服相应行政裁决的，可以向人民法院提起行政诉讼：

（1）认为不符合立案条件，向请求人发出《专利侵权纠纷处理请求不予受理通知书》的；

（2）经审理，认为需要作出行政行政裁决，向当事人发出《专利侵权纠纷案件行政裁决书》的；

（3）经审理，认为存在本指南本章第三节的“撤销案件”情形，向当事人发出《撤销专利侵权纠纷案件决定书》的。

调查取证、登记保存证据、中止等程序性行为，不属于行政诉讼范围。

（二）案件的管辖

依据《行政诉讼法》，专利侵权纠纷行政诉讼案件实行两审终审制。

1. 第一审案件

不服管理专利工作的部门所作行政行为提起的第一审行政诉讼案件，由各省、自治区、直辖市人民政府所在地中级人民法院和最高人民法院指定的中级人民法院或基层人民法院管辖。例如：

①不服北京市知识产权局、上海市知识产权局的行政行为提起的行政诉讼，分别由北京知识产权法院、上海知识产权法院管辖；

②不服广东省内（深圳地区除外）各管理专利工作的部门的行政行为提起的行政诉讼，由广州知识产权法院管辖；不服深圳地区管理专利工作的部门的行政行为提起的行政诉讼，由深圳市中级人民法院管辖；

③不服其他省、自治区、直辖市管理专利工作的部门的行政行为提起的行政诉讼，由各省、自治区、直辖市人民政府所在地中级人民法院或者最高人民法院指定的中级人民法院或基层人民法院管辖；

④受省、自治区、直辖市管理专利工作的部门委托进行执法的县、市级管理专利工作的部门所作的行政行为，当事人对其不服的，由各省、自治区、直辖市人民政府所在地中级人民法院或者最高人民法院指定的中级人民法院或基层人民法院

管辖；

⑤由地方性法规授权的县、市级管理专利工作的部门作出的行政行为，当事人对其不服的，由各省、自治区、直辖市人民政府所在地中级人民法院或者最高人民法院指定的中级人民法院或基层人民法院管辖。

2. 第二审案件

根据《全国人民代表大会常务委员会关于专利等知识产权案件诉讼程序若干问题的决定》（2018 年 10 月 26 日第十三届全国人民代表大会常务委员会第六次会议通过），当事人对专利等专业技术性较强的知识产权行政案件第一审判决、裁定不服，提起上诉的，由最高人民法院审理。

3. 再审案件

根据前述决定，对已经发生法律效力的专利案件第一审判决、裁定、调解书，依法申请再审、抗诉等，适用审判监督程序的，由最高人民法院审理。最高人民法院也可以依法指令下级人民法院再审。

按照审判监督程序决定再审的案件，应当裁定中止原判决的执行。

第三章　专利侵权行为认定

判断被控侵权产品或方法是否侵犯了某一项专利权，不仅需要判断所述产品或方法是否落入该专利权的保护范围，还应当认定被控侵权行为是否属于专利法意义上的侵权行为。缺少其中任何一方面，都无法直接得出被控侵权行为构成侵权的结论。实践中，前者重点是将被控侵权产品或方法与涉案专利进行技术比对，后者重点是考查被控侵权人实施的行为本身。二者的判断过程和标准相对独立，不存在固定的先后顺序。

判断被控侵权人是否具有侵犯专利权的行为，可以遵循以下步骤：(1) 被控侵权人是否存在实施他人专利的行为；(2) 被控侵权人实施他人专利的行为是否在专利授权之后且在专利权保护期内；(3) 被控侵权人是否经专利权人许可、是否不以生产经营为目的以及是否被《专利法》明确规定为不侵犯专利权。

第一节　实施专利的行为

根据《专利法》第十一条的规定，实施专利，对发明和实用新型专利权而言，是指制造、使用、许诺销售、销售、进口专利产品，使用专利方法以及使用、许诺销售、销售、进口依照该专利方法直接获得的产品；对于外观设计专利权而言，是指制造、许诺销售、销售、进口外观设计专利产品。

《专利法》第十一条列举的五种行为是对侵犯专利权行为的穷举，未列入其中的行为，不构成实施专利的行为，不能采用类比的方式将其纳入侵犯专利权行为的范畴。例如，设计专利产品的行为，如果未将该设计转化为专利产品，则设计行为本身不构成实施专利的行为；仓储和运输专利产品的行为，如果该专利产品不是由行为人制造，行为人也未销售或许诺销售该专利产品，则仓储和运输行为不构成实施专利的行为，但构成共同侵权的除外。

一、制造

制造，对于发明和实用新型专利权而言，是指做出或者形成具有与权利要求记载的全部技术特征相同或者等同的技术特征的产品；对于外观设计专利权而言，是指做出或者形成采用外观设计专利的图片或者照片中所表示的设计的产品。

制造行为的对象应当是专利产品，包括将原材料经化学反应、将零部件经物理组装形成权利要求所保护的专利产品等行为。

（一）产品的数量、质量和制造方法对制造行为的影响

在制造行为的认定中，通常需要关注制造的结果，即制造的产品是否为专利产品。产品的数量、质量或性能以及制造方法通常不影响对制造行为的认定，除非制造产品的数量极少从而影响到对生产经营目的的认定或者产品的质量或性能使得产品未落入权利要求参数限定的范围内，或者权利要求中同时限定了特定的制造方法。

（二）委托加工或贴牌生产行为

委托加工或贴牌生产，是指定作人或委托人提供样品或图纸，承揽人或加工人按定作人或委托人的要求完成产品，承揽人或加工人交付成品，定作人或委托人支付报酬的行为。企业接受委托加工或贴牌生产都属于加工承揽。

如果委托加工或者贴牌生产的产品侵犯专利权，承揽人或加工人的加工行为构成实施专利的行为，定作人或委托人的委托行为也构成制造专利产品的行为。

【案例3－1－1】

A公司与B公司签订委托加工合同，约定B公司按照A公司提供的产品图纸及相关技术要求进行产品加工，所加工产品由A公司贴牌销售，产品涉及的知识产权风险由A公司承担。后C公司在市场发现，A公司上述产品侵犯了其专利权，遂以A公司、B公司侵犯其专利权为由向当地知识产权局请求调处。

分析与评述：

不论是否直接参与产品制造，在产品上标识自己为制造者的主体，通常被认定为法律规定的“制造者”或者“生产者”。A公司应对其产品承担相应的法律责任，其委托加工的行为应当认定为《专利法》第十一条规定的“制造”行为。同时，B公司是产品制造行为的实际参与者，依法也应当承担侵权责任。并且，由于名义制造人的行为和实际制造人的行为密切联系，缺一不可，共同导致了侵权后果的发生，故一般应认定两者都构成侵权，承担连带责任。A公司不能以其未直接制造专利产品为由不承担赔偿责任，B公司也不得以其相应的加工承揽合同中有免责条款为由抗辩C公司的主张。当然，B公司可以在对C公司承担赔偿责任后依合同免责条款向A公司追偿。

（三）在已有产品上添加图案和/或色彩获得专利产品的行为

外观设计是指对产品的形状、图案或者其结合以及色彩与形状、图案的结合所作出的富有美感并适于工业应用的新设计。组成外观设计的要素是形状、图案和色彩。外观设计专利保护的对象有：单纯形状的设计，单纯图案的设计，形状和图案结合的设计，形状与色彩结合的设计，图案与色彩结合的设计，形状、图案和色彩结合的设计。被控侵权人从他人处获得已有产品，并在产品上添加图案和/或色彩，如果最终的产品落入外观设计专利保护的范围，则该添加图案和/或色彩的行为属于制造专利产品的行为。

【案例3－1－2】

张三拥有名称为“出租汽车”的外观设计专利，该专利系在某特定外形轮廓的小汽车上设有黄黑相间的图案。李四从汽车厂商处购买了相同型号的小汽车，并对其进行重新喷漆，最终获得的汽车外观落入了张三外观设计专利的保护范围。张三主张李四侵犯了其外观设计专利权。

分析与评述：

在这一侵权纠纷中，虽然李四并未制造汽车本体，但汽车本体只是一个中间产品，其在车身上喷涂相应的图案并获得最终专利产品的行为，类似于发明或实用新型专利侵权中购买零部件并组装成专利产品的情形，故应认定李四实施了制造专利产品的行为。

（四）制造产品仅供出口的行为

未经专利权人许可擅自制造侵权产品并全部出口到国外的行为，虽然因产品全部销往国外，并不会损害专利权人在本国市场销售其专利产品，但其仍然构成制造专利产品的行为，属于侵权行为。

二、使用

使用，对于发明或者实用新型产品专利而言，是指权利要求所记载的产品技术方案的技术功能得到了应用，该应用不局限于专利说明书中指明的产品用途，除非权利要求中已明确记载该用途；对于方法发明专利而言，是指权利要求记载的专利方法技术方案的每一个步骤均被实现，使用该方法的结果不影响对是否构成侵犯专利权行为的认定。

单纯使用侵犯外观设计专利权的产品的行为不属于侵犯专利权的行为。

（一）将专利产品组装成另一产品

将侵犯发明或者实用新型专利权的产品作为零部件或中间产品制造另一产品的，一般应当认定属于对侵权产品的使用。

【案例3-1-3】

在某锁具发明专利侵权纠纷中，专利权人A称，其拥有一项名称为“锁”的实用新型专利，市场上销售的一款防盗门中安装的锁具侵犯了该专利权，因此其认为该防盗门的制造者兼销售者B公司制造并销售了该锁具，应当承担侵权责任。B公司辩称，锁具是从C公司购买的，B公司并未制造该锁具，也未销售锁具，其销售的是防盗门，不应承担侵权责任。B公司提供了从C公司购进该锁具的证明。

分析与评述：

专利权人A主张B公司制造了侵权产品的主张于事实无据，因为B公司提供的证据能够证明该锁具是成品购进的，B公司并未参与制造行为，不能认定其制造了侵权产品。B公司虽然实施了锁具的安装、连接等装配行为以保证防盗门防盗功能实现，但该行为实际上是一种通过对侵权产品的整体使用，达到其制造防盗门的目的，而非“制造”侵权产品的行为。但是，B公司未经专利权人A许可，为生产经营目的，购买了侵犯专利权的锁具产品以制造防盗门的行为，构成使用侵权产品的行为。另外，B公司认为自己未销售侵权产品的主张不能成立。虽然B公司是整体销售防盗门，并未单独销售锁具，防盗门的销售价格中也未列明锁具所占比例或金额，但该锁具是实现防盗门功能的主要部件，不具备该部件的防盗门即便能够单独销售，其价格也必然低于配备锁具的防盗门，消费者以特定价格购买防盗门即隐含已为该锁具支付了价款，因此销售防盗门产品包含了对锁具的销售，B公司为生产经营目的而进行的销售行为也构成了对专利权的侵犯。

（二）拥有、储存或保存侵权产品

拥有、储存或保存侵犯专利权产品的行为，通常不构成使用侵权产品的行为。

判断拥有、储存或保存侵权产品是否构成使用行为，需要考虑产品的性质以及储存或保存的目的等因素。例如，如果行为人购买了侵权产品，但仅存放于库房中，尚未进行下一步的销售行为，其本身也不具备使用该产品的条件，则储存行为不应被认定为使用侵权产品的行为。但是，对于某些属于备用性质的产品，例如急救装置、救火设备等，只要将其按照使用要求在建筑物内予以配置，就构成使用行为，不能认为只有在救火或急救中的使用才构成专利法意义上的使用。同样，如果储存或保存某种产品的目的是随时投入使用，则只要备用状态存在，也构成使用侵犯专利权产品的行为。

（三）使用专利方法

专利技术方案可以分为产品技术方案和方法技术方案，方法技术方案又可以分为产品制造方法和操作使用方法。产品制造方法是制造某种产品的方法，一般是通过设定一定条件、使用特定的装置设备并按照特定的工艺步骤使某种物品如原材料、中间产品在结构、形状或物理化学特性上发生变化并形成新的产品的方法。操作使用方法是对特定装置设备、特定产品的操作使用，如测量、计算、制冷、通信方法等。

使用专利方法，是指权利要求记载的专利方法技术方案的每一个步骤均被实现。使用专利方法的结果不影响对是否构成侵犯专利权的认定。对于产品制造方法专利，使用专利方法就是按照专利方法生产出相应产品的行为，通常表现为制造相关产品的过程，在结果上表现为制造出相应的产品；对于操作使用方法专利，使用专利方法就是生产经营过程中按照专利方法的步骤、条件逐一再现专利方法的全过程。

使用专利方法是专利方法的完整再现，如果专利方法有特定步骤顺序，则使用专利方法还应遵循该顺序。一般而言，省略专利方法的步骤或者未按专利方法的顺序完整地再现专利方法，均不构成使用专利方法的侵权行为。

三、销售

销售侵权产品，是指将落入专利权利要求保护范围的侵权产品的所有权、依照专利方法直接获得的侵权产品的所有权或者含有外观设计专利的侵权产品的所有权从卖方有偿转移到买方。搭售或以其他方式转让上述产品所有权，变相获取商业利益的，也属于销售该产品。

销售行为的完成，应以合同依法成立为判断标准，不要求合同实际履行完毕。如果合同成立后出卖人未交付产品，不影响销售行为已成立的定性。

【案例3－1－4】

A公司称，其向国家知识产权局提出的名称为“多功能木工凿”的外观设计获得专利权，B公司未经其许可，擅自生产、销售与其外观设计专利完全相同的木工凿，侵犯了其专利权，请求判令B公司立即停止侵权行为。经查，A公司委托的代理人曾与B公司联系要求提供木工凿产品，以决定是否购买。B公司工作人员遂向A公司的代理人寄送木工凿一只。经查，该“木工凿”与A公司的外观设计专利“多功能木工凿”是相同的产品。

分析与评述：

本案争议的主要问题是B公司寄送产品行为的性质如何认定。销售是将产品从卖方转移到买方、买方支付相应的对价给卖方的行为。也就是买方和卖方之间依约定形成的一方交付物品、另一方支付价款的合同关系。本案中，A公司与B公司并未订立书面的买卖合同，也未在口头上达成一致，因此，判断是否构成侵权主要考查双方是否形成事实合同关系。一般而言，要形成事实合同关系，出卖人与买受人应存在对价关系，即买方取得标的物的所有权是以给付价款为代价的，买卖合同的任何一方从对方取得物质利益，都须向对方付出相应的物质利益。本案中，B公司寄送产品给A公司的委托代理人，A公司的委托代理人实际占有了被控侵权产品，但A公司并未支付相应产品的价款，其取得被控侵权产品的行为属无偿取得，因此双方也未形成事实合同关系，即B公司尚未构成销售，但不排除属于许诺销售。

在现实经济活动中，还有一种凭样品买卖的情况，即按货物样品确定买卖标的物，出卖人交付的货物应当与买受人保留的样品具有相同的品质。订货交易多采用凭样品买卖的方式。凭样品买卖的特殊性主要表现在以货物样品来确定标的物。出卖人寄送样品的行为，如附有价款、交付期限等内容，一般可视为合同法上的要约，需买受人正式发出承诺后，方可视为买卖合同成立。本案中，A公司的委托代理人以准备定购其产品为名，要求B公司寄送样品，从而获得B公司的产品。这一过程看似看样订货，符合凭样品买卖的特征，但A公司在收到样品后，并未与B公司进行进一步磋商，正式订立买卖合同。因此，本案也不构成凭样品买卖。

根据相关法律、法规规定，一般产品或包装上应标注生产企业名称、地址、商标等识别性标记，如果标注这类识别性标记，即可认定是标注者生产制造。而本案中，B公司提供的产品样品并未注明生产者等识别性标记，且B公司又否认制造行为，所以，A公司认为B公司制造被控侵权产品举证尚不充分。本案B公司寄送样品的行为应属于“为销售而提供”的许诺销售行为。

（一）将侵权产品作为零部件制造另一产品并销售

将侵犯发明或者实用新型专利权的产品作为零部件，制造另一产品并销售的，应当认定属于销售侵权产品的行为。

将侵犯外观设计专利权的产品作为零部件，制造另一产品并销售的，应当认定属于销售侵犯外观设计专利权的产品的行为，但侵犯外观设计专利权的产品在另一产品中仅具有技术功能的除外。仅具有技术功能，是指该零部件在最终产品的正常使用中不产生视觉效果，只具有技术功能。不产生视觉效果，既有可能是零部件位于最终产品的内部等不可视部位，也有可能是零部件部分被遮挡，无法从整体上体现出侵权产品与现有设计的区别。

【案例3－1－5】

在某专利侵权纠纷中，请求人拥有一项“导气堤式侧向螺旋进气道的单杠直喷式柴油机缸头”的实用新型专利权。在某次产品订货会上，请求人发现A公司展示的柴油机上装有侵犯该专利权的产品，并且，A公司已经就该柴油机与B公司签订销售合同。请求人因此要求A公司承担侵权责任。A公司辩称，该缸头购自某农机具厂，并非自己制造，A公司仅是将其用于组装柴油机，属于善意使用，不构成侵权。

分析与评述：

销售侵权产品并不意味着必须将侵权产品直接作为销售的对象，只要销售的产品中包含侵权产品，就可能构成销售侵权产品的行为。本案中，A公司展示并销售的柴油机上装有侵犯实用新型专利权的缸头产品，构成对专利产品的许诺销售和销售行为。如果A公司能提供缸头有合法来源的证明，则可依据《专利法》第七十条的规定，不承担赔偿责任，但应停止侵权行为；如果不能提供上述证明，则应停止侵权并承担赔偿责任。

（二）搭售、搭送

搭售，是指销售商要求消费者在购买其商品或服务的同时购买另一种商品或服务。搭售行为构成侵犯专利权既包括搭售品构成侵权的情形，也包括被搭售品构成侵权的情形。无论搭售行为在形式上是否具有独立性，只要搭售品或者被搭售品构成侵犯专利权，则搭售行为应被认定为侵权行为。

搭送，是指销售者在销售某种商品或提供服务时，基于广告宣传等目的免费赠送某种商品或服务。与搭售行为不同，搭送行为从形式上对消费者是免费的。但这并不意味着即便搭送的是侵权产品，销售商也不承担侵权责任。如果销售商搭送的产品或服务侵犯了他人专利权，即使销售的产品未侵权，搭送行为和主销售行为合并成为一种特殊的销售行为，也构成侵犯专利权的行为。

四、许诺销售

在销售侵犯他人专利权的产品的行为实际发生前，被控侵权人作出销售侵犯他人专利权产品的意思表示的，构成许诺销售。

以做广告、在商店橱窗中陈列、在网络或者在展销会上展出、寄送供试用的侵权产品等方式作出销售侵犯他人专利权产品的意思表示的，可以认定为许诺销售。许诺销售的方式还可以是口头、电话、传真等。

许诺销售既包括合同法上的要约，也包括合同法上的要约邀请。许诺销售成立的关键，不在于订立合同的意向最先由谁提出，只要被控侵权人一方作出将会提供侵权产品的意思表示即可构成许诺销售。

许诺销售行为本身即构成独立的直接侵犯专利权的行为，并非实际销售行为之前的准备性工作，不能以其后确实发生实际销售行为来认定许诺销售行为成立。许诺销售侵权产品，其后实际销售的产品未落入专利权保护范围的，即便以销售方式侵犯专利权的行为不能成立，也不影响对以许诺销售方式侵犯专利权的行为成立的认定。

【案例 3－1－6】

在某发明专利侵权纠纷中，请求人于1996年2月18日申请CN96117461.7号发明专利“多层园林绿化建筑”，国家知识产权局于2001年5月23日授予专利权。被请求人于2001年至2003年在某市开发了××花园C区和D区的空中花园商品住宅。为了宣传促销，被请求人印发了××花园C区和D区的宣传广告画册，在广告画册中印有C区、D区空中花园样板房实景图，同时还多次在《××商报》上整版或半版刊登有空中花园结构特征的广告。根据被请求人已建成并销售入住的C区和在建D区及宣传广告行为，请求人于2003年5月26日向某省知识产权局提出请求，要求责令被请求人停止许诺销售和销售侵权行为。

分析与评述：

许诺销售是指以做广告、在商店橱窗中陈列或者在展销会上展出等方式作出的销售商品的意思表示。要确认许诺销售行为，首先，行为人应当有做广告、在商店橱窗中陈列或展销会展出等销售商品的意思表示；其次，广告、陈列或展出的商品落入专利权的保护范围，方构成专利法意义上的许诺销售行为。本案中，首先，被请求人印发的××花园C区、D区宣传广告画册和在报纸上发布的广告，修建的D区样板房，以及标注的空中花园销售价格都表明被请求人销售商品的意思表示；其次，被请求人印发的××花园C区、D区宣传广告画册和在报纸上发布的广告，以及修建的D区样板房所展示的技术特征完全覆盖“多层园林绿化建筑”专利的技术特征。因此，这种广告、展示的行为是许诺销售行为。

通常情况下，许诺销售与实际销售的标的物是一致的，但由于技术创新、产品改进或其他原因，实践中也存在许诺销售与实际销售的标的物不一致的情况。根据《专利法》第十一条第一款规定，制造、使用、许诺销售、销售、进口这几种侵权行为是并列平行的关系，即当事人未经专利权人许可实施上述行为中的任何一种行为都是专利侵权行为。因此，判断许诺销售行为是否构成专利侵权，以表示在广告或展示中的标的物为准，而判断销售是否构成专利侵权，以实际销售的标的物为准。由于被请求人在报纸上发布的××花园C区、D区的广告和印制的广告画册，以及在D区展示的实景样板房都十分明确地体现了“多层园林绿化建筑”发明专利的技术特征，广告中既有户型，又有价格和支付方式，表明了销售的意思表示，因此，属于许诺销售侵权产品的行为。但由于被请求人向业主卖房时交付的是清水房，其空中花园缺少“生长植物的种植层”这一必要技术特征，因此，被请求人最终的实际销售行为不构成侵权。

五、进口

进口侵权产品，是指将落入产品专利权利要求保护范围的侵权产品、依照专利方法直接获得的侵权产品或者含有外观设计专利的侵权产品在空间上从境外运进境内的行为。

无论被控侵权产品自哪一国家进口，这种产品在其制造国或者出口国是否享有专利保护，该产品是专利产品还是依照专利方法直接得到的产品，进口者的主观状态如何，只要该产品越过边境进入海关，都属于进口侵权产品的行为。

进口行为的成立，不以产品交付给进口商为判断基准，只要产品进入海关即可判定进口行为成立。

专利权人或者其被许可人在我国境外售出其专利产品或者依照专利方法直接获得的产品后，购买者将该产品进口到我国境内以及随后在我国境内使用、许诺销售、销售该产品的，不构成侵犯专利权的行为。

六、产品制造方法专利的延伸保护

所谓“产品制造方法专利的延伸保护”，是指一项产品制造方法发明专利权被授予后，任何单位或者个人未经专利权人许可，除了不得为生产经营目的使用该专利方法外，也不得为生产经营目的使用、许诺销售、销售或者进口依照该专利方法直接获得的产品。

（一）延伸保护仅涉及产品制造方法

方法专利包括制造方法、加工方法、作业方法、物质的用途等专利。只有产生专利法意义上的产品的方法才涉及延伸保护，不产生专利法意义上的产品的方法不涉及延伸保护。

专利法意义上的产品，是指符合专利法定义的，具有一定结构、组成、性状、功能的产品，不仅包括常规的物品，还包括物质、机器、装置、系统等。

产生专利法意义上的产品的方法主要是制造方法和加工方法。产生专利法意义上的产品既可以是通过将原材料经一系列加工步骤处理后获得一种全新的产品，也可以是对原有物品的性能、结构进行改进后获得一种不同于原有物品的产品。

【案例3－1－7】

某发明专利涉及一种新的发电方法。在专利侵权纠纷中，专利权人除主张某发电厂未经许可使用其专利方法从而侵犯其专利权外，还同时认为使用了该发电厂输送的电能的单位用户也侵犯了其专利权，因为这些单位用户使用了依照专利方法直接获得的产品。

分析与评述：

产品制造方法能够延伸到该产品制造方法直接获得的产品，但该产品必须是专利法意义上的产品，产品本身必须能够作为专利法保护的客体。本案中，虽然依据所述专利方法可获得电能，但是电能并不属于专利法意义上的产品，因此专利权人所能获得的保护仅限于禁止他人未经许可使用其发电方法。如果在此基础上进一步扩展其保护范围，限制他人使用由这种方法产生的电能，则不合理，也不可行。因此所述方法专利不能获得延伸保护。

（二）“依照专利方法直接获得的产品”的含义

产品制造方法专利权只能延伸到依照该专利方法直接获得的产品。

所谓“依照专利方法直接获得的产品”，是指完成专利方法的最后一个步骤后所获得的最初产品。当权利要求的主题名称中的目标产品与完成最后一个方法步骤后获得的最初产品一致时，主题名称中的目标产品就是制备方法直接获得的产品；当主题名称中的目标产品与完成最后一个方法步骤后获得的最初产品不一致时，需要根据说明书的内容，考查二者的关系。如果说明书中已经明确最后一个方法步骤获得的最初产品能通过常规的方法转化为主题名称中的目标产品，则该权利要求直接获得的产品是所述主题名称中的目标产品；如果说明书中没有明确最后一个方法步骤获得的最初产品如何转化为主题名称中的目标产品，并且转化方法非现有技术，则该权利要求直接获得的产品是最后一个方法步骤获得的最初产品。

【案例3-1-8】

说明书中公开的制备方法是：原料A与B反应形成C，C经过转化形成D。

情形1：

权利要求为：产品D的制备方法，其特征在于由A与B反应形成C，然后C转化为D。

情形2：

权利要求为：产品C的制备方法，其特征在于由A与B反应形成C，然后C转化为D。

情形3：

权利要求为：产品D的制备方法，其特征在于包括使A与B反应形成C的步骤。

分析与评述：

情形1中，权利要求主题名称中的目标产物与最后一个工艺步骤获得的产物完全一致（均为D），此时，该制备方法权利要求直接获得的产品应当是D。

情形2中，权利要求主题名称中的目标产物为C，但工艺步骤特征中，C仅仅作为中间产品存在，C 还通过另外的步骤转化为产品 D。此时，如果将 C 视为该制备方法权利要求直接获得的产品，将会导致在解释权利要求时实质上忽略将 C 转化为 D 的步骤，这显然与解释权利要求的一般性规则相违背。因此，该制备方法权利要求直接获得的产品应当是 D。

情形 3 中，权利要求的工艺步骤特征不完整，仅仅包括得到中间体 C 的步骤，缺少由中间体 C 转化为最终产物 D 的步骤描述，由此导致主题名称中的目标产物与工艺步骤得到的产物表面上不完全一致。此时，如果说明书中已经明确 C 通过常规的方法转化为 D，则结合该说明书的内容和本领域技术人员的通常理解，将该制备方法权利要求直接获得的产品理解为 D 应当是合理的。但是，如果说明书中未明确 C 是如何转化为 D 的，并且也无证据表明 C 转化为 D 的方法为公知技术，此时，即便结合说明书的内容和本领域技术人员的常识，也无法知道 C 如何转化为 D，这种情况下，把该制备方法权利要求直接获得的产品理解为 C 应当是合理的。

（三）延伸保护与是否获得新产品无关

对于依照专利方法直接获得的产品，无论该产品是新产品还是已知产品均可获得延伸保护。只要制造方法本身被授予专利权，即使该方法直接获得的是已知产品，任何单位或个人未经专利权人许可许诺销售、销售、使用、进口该已知产品的行为也构成侵犯专利权的行为。

第二节　不侵犯专利权的行为

根据《专利法》第十一条的规定，如果被控侵权人实施专利经过专利权人许可，或者不以生产经营为目的，或者被《专利法》第六十九条明确规定为不侵犯专利权，则该行为不构成侵犯专利权的行为。

一、经专利权人许可

专利权人许可分为明示许可和默示许可。专利权人明示许可是指专利权人以书面或口头形式确定其不会对被许可方实施专利的行为追究侵权责任。专利权人默示许可是指虽然不存在明确表示，但专利权人存在语言或行为暗示，使得他人认为其可以实施专利而不会被控侵权。

（一）专利权人明示许可

专利实施许可合同是专利权人作出明示许可的主要方式。专利实施许可合同是指专利权人、专利申请人或者其他权利人作为许可人，授权被许可人在约定的范围内实施专利，被许可人支付约定使用费所订立的合同。

根据许可人是否保留实施权以及是否有权再许可他人实施，专利实施许可按许可方式分为普通实施许可、排他实施许可和独占实施许可。

普通实施许可，是指专利权人将专利技术许可被许可人在一定范围内实施，同时保留在该范围内对该专利技术的使用权与转让权。普通专利实施许可的特征是，技术的使用权许可给被许可人的同时，专利权人仍保有使用这一专利技术的权利，同时不排斥其继续以同样条件在同一区域许可他人实施。

排他实施许可，是指专利权人在约定许可实施专利的范围内将该专利仅许可一个被许可人实施，但专利权人依约定可以自行实施该专利。排他实施许可的特征是，被许可人在约定的范围内享有对合同约定的专利技术的使用权，专利权人仍保留在该范围内的使用权，但排除任何第三方在该范围内对同一专利技术的使用权。

独占实施许可，是指专利权人在约定许可实施专利的范围内，将该专利仅许可一个被许可人实施，专利权人依约定不得实施该专利。独占实施许可的特征是，被许可人在约定的范围内享有对合同约定的专利技术的使用权，专利权人或任何第三方均不享有在该范围内对该项专利技术的使用权。

双方当事人对专利实施许可方式没有约定或者约定不明确的，认定为普通实施许可。专利实施许可合同约定被许可人可以再许可他人实施专利的，除当事人另有约定外，该再许可应当认定为普通实施许可。

（二）专利权人默示许可

专利权人默示许可是默示合同的一种形式。专利权人默示许可包括基于产品销售产生的专利默示许可和基于先前使用产生的专利默示许可等。

1. 基于产品销售产生的专利默示许可

对于产品专利，如果专利权人或其被许可人并非销售专利产品本身，而是销售专利产品的相关零部件，并且这些零部件只能用于制造该专利产品，不能用于其他任何用途，同时专利权人或其被许可人在销售这些零部件时没有明确提出限制性条件，此时应当认为购买者获得了利用这些零部件制造、组装专利产品的默示许可，其制造、组装行为不构成专利侵权行为。对于方法专利，如果专利权人或其被许可人销售的设备或产品只能专用于实施其专利方法，同时专利权人或其被许可人在销售这些专利设备或产品时没有明确提出限制性条件，此时应当认为购买者获得了实施专利方法的默示许可。

基于零部件或专用设备、产品的销售认定存在专利默示许可时应当满足两个条件：第一，专利权人或其被许可人销售的零部件、专用设备或产品除了用于实施专利技术外，没有其他任何用途；第二，专利权人或其被许可人在销售零部件、专用设备或产品时没有明确提出限制性条件。

【案例 3-2-1】

在某专利侵权案件中，请求人拥有一项“全耐火纤维复合防火隔热卷帘”的实用新型专利权，其权利要求 1 如下：“一种全耐火纤维复合防火隔热卷帘，其有卷帘面、连接螺钉和薄钢带，其特征在于卷帘面中包含耐高温不锈钢丝、耐火纤维毯以及贴铝箔的耐火纤维布，耐高温不锈钢丝在耐火纤维毯的中间，耐火纤维毯的二边分别是耐火纤维布和贴铝箔的耐火纤维布。”该专利的发明点主要在于卷帘面本身的结构，而连接螺钉和薄钢带均为现有连接卷帘布的技术。请求人仅出售了涉案专利中的卷帘面，未出售带有连接螺钉和薄钢带的卷帘，但其卷帘面的产品说明书中载明，卷帘面须加装薄钢带和连接螺钉配套使用。A 公司从请求人处购买了卷帘面后，加装了连接螺钉和薄钢带形成了卷帘成品，并将该卷帘成品进行售卖。请求人认为 A 公司侵犯了其专利权。

分析与评述：

本案中，请求人出售了专用于涉案专利产品的半成品，而生产这些半成品的目的是销售给他人用于实施该项专利技术；该半成品的说明书也明确告知用户须加装薄钢带和连接螺钉配套使用，从中可以看出，该半成品包含了涉案专利的实质性特征。购买人购买该卷帘面后，注定会依照专利方法进行完工。因此，请求人对半成品卷帘面的销售行为本身就意味着对涉案专利的默示许可，A 公司从专利权人处购买卷帘面并加工成专利产品的行为不构成侵犯专利权。

2. 基于先前使用而产生的专利默示许可

如果专利权人先前存在允许他人使用的行为，则他人有可能基于该先前使用获得实施专利的默示许可。

【案例3-2-2】

在某专利侵权纠纷中，请求人拥有一项“单程线性内存模块”的发明专利权。请求人向A公司提供了涉及该专利的图纸和其他技术细节，A公司据此制造并销售该内存模块长达6年之久，其中该内存模块也销售给了请求人，但请求人并未告知A公司其已就此技术获得专利权。6年后，请求人主张A公司制造销售该内存模块的行为侵犯了其专利权。

分析与评述：

本案中，事实表明，请求人曾通过提供设计、建议和样品，诱使A公司进入内存模块市场，而请求人最终也向A公司购买了该内存模块产品；同时，双方长达6年的合作已经让A公司合理地相信请求人同意其制造和销售专利产品。基于合理信赖的基本原则，A公司已经基于对专利技术的在前先使用获得了实施专利的默示许可，其行为不构成侵犯专利权的行为。

二、指定许可或强制许可

根据《专利法》第十四条的规定，对于国有企业事业单位的发明专利，其对国家利益或者公共利益具有重大意义，且经国务院有关主管部门和省、自治区、直辖市人民政府报经国务院批准，决定在批准的范围内推广应用而指定被控侵权人实施的，构成指定许可，不属于侵犯专利权的行为。

根据《专利法》第四十八条至第五十一条的规定，国家知识产权局对于发明或者实用新型专利给予被控侵权人专利实施强制许可的，不构成侵犯专利权。

三、不以生产经营为目的

以生产经营为目的是指为工农业生产或者商业经营等目的，不包括以非商业为目的的私人消费行为。

（一）以私人方式实施专利的行为

判断私人方式实施专利的行为是否属于“以生产经营为目的”的行为，重点在于判断其是否为商业目的。为满足个人使用或者消费目的实施专利的行为通常不构成“以生产经营为目的”的行为，私人方式的许诺销售和销售则应认定为“以生产经营为目的”。例如，未经权利人许可，以私人方式将专利产品销售给朋友、邻居的行为，构成侵犯专利权的行为；未经权利人许可，雇佣他人实施专利供私人使用，由于被雇佣人获得了利益，因此被雇佣人实施专利的行为，也构成侵犯专利权的行为。

（二）在公共服务、公益事业、慈善事业中实施专利的行为

判断从事公共服务、公益事业、慈善事业等是否属于“不以生产经营为目的”，应该结合具体案情具体分析，单位的性质并不能决定其行为的非生产经营性，应结合具体案情具体分析，重点考查行为本身是否为以生产经营为目的。如果政府机关、非营利性单位、社会团体的制造、使用、进口等行为不单纯是为了公共服务、公益事业或慈善事业，也可能构成生产经营行为。市场化运行的公共服务主体，在公共服务行为中，未经许可实施专利，不能主张“非生产经营目的”抗辩。

以生产经营为目的并不要求以营利为目的，但以营利为目的的行为应当属于“以生产经营为目的”的行为。制造、使用、进口专利产品和使用专利方法的行为，可能为生产经营目的而实施，也可能为非生产经营目的而实施，但销售和许诺销售一般只能为生产经营目的而实施。单位为自己员工福利和需求，未经许可实施专利，虽然并没有营利，也不能主张“不以生产经营为目的”的抗辩。

【案例3-2-3】

甲为“宣传柜橱”外观设计的专利权人，其认为乙公司和丙交警支队协议建造的广告牌与其拥有的“宣传柜橱”外观设计专利近似，落入了其外观设计专利权的保护范围。专利行政执法部门认为：首先，从乙公司和丙交警支队的协议可以看出，丙交警支队提供某岗楼建造位置及规格、式样，负责办理设置服务板所需的一切手续及有关单位的审批手续，并对施工质量进行监督，乙公司按照丙交警支队提供图样和地点进行投资建造，两者为涉案广告牌的共同制造者；其次，乙公司和丙交警支队实施专利未经甲许可；最后，从乙公司和丙交警支队的协议看，三面翻广告牌有两面可由乙公司发布商业广告，故乙公司进行商业经营获利目的明显。对于丙交警支队，其发布公益广告的行为，虽不具有经营目的，但依照丙交警支队和乙公司的协议，丙交警支队为广告牌图样的提供方、广告牌的制作委托方和广告牌产权的所有者，虽未实际出资或支付建造费用，却成为广告牌的产权人，实际上是以一定期间广告牌的免费使用来换取广告牌的建造费用。广告牌建成后，乙公司仅在约定的期间内免费使用，期限届满后，该广告牌即变为有偿使用，只不过享有优先使用权。由此可见，丙交警支队的行为也具有经营性质。因此，丙交警支队、乙公司的行为均具备经营目的，共同侵犯了甲的专利权。

【案例3－2－4】

因某区环卫局未经许可制造并使用与请求人“坑位垃圾挤压机”实用新型专利完全相同的产品，请求人提起侵犯专利权纠纷处理请求。该环卫局认为，其制造、使用专利的行为出于社会公共利益，不属于“为生产经营目的”的行为。该抗辩理由未得到专利行政执法部门的支持。

分析与评述：

从上述两个案件可以看出，实施专利的行为是否属于“不以生产经营为目的”的行为需要具体案件具体分析。在“宣传柜橱”案件中，虽然其中有一部分也涉及公益事业的目的，但是，被控侵权人还具有获得经济利益的行为，这一行为具有商业性质，因此构成了“为生产经营目的”而使用专利的行为；在“坑位垃圾挤压机”案件中，公共服务本身不能成为否定“为生产经营目的”的理由，环卫局的工作虽然具有公共服务的性质，但其本身为市场化运行的公共服务主体，其对于垃圾的回收、处理和利用与单位的效益直接相关，因此，其在公共服务行为中使用专利的行为同样是“为生产经营目的”。

第四章　证据的审核认定

第一节　基本概念与一般规则

一、基本概念

证据的审核是指案件处理人员对证据进行的考查、检查、分析、研究等活动。证据的认定是指案件处理人员对证据的证据资格和证据力进行的判断、评断、认可、确认等活动。

（一）证据资格

证据资格，又称证据能力、证据的可采性。它是指证据作为定案的根据时应当具有的性质，是证据材料作为证据的能力。证据资格通常主要指证据的“三性”：真实性（客观性）、合法性、关联性。

1. 证据的真实性

证据的真实性，也叫作证据的客观性，是指证据所反映的内容应当是真实的、客观存在的。

案件审理中，应当根据案件的具体情况，从以下方面审查证据的真实性：

（1）证据形成的原因和方式；

（2）发现证据时的客观环境；

（3）证据是否为原件、原物，复制件、复制品与原件、原物是否相符；

（4）提供证据的人或者证人与当事人是否具有利害关系；

（5）影响证据真实性的其他因素。

需要注意，证据资格中所指的真实性是指形式上的真实性，即用于证明案件事实的证据必须在形式上或表面上是真实的。若完全虚假或者伪造，则不得被采纳。证据在实质上的真实程度，是指证据内容的可靠性大小，属于判断其证明力的范畴。

2. 证据的合法性

证据的合法性，是指提供证据的主体、证据的形式和证据的收集程序或提取方法必须符合法律的有关规定。不按照法定程序提供、调查收集的证据一般无法作为认定案件事实的根据。

证据的合法性主要从以下方面审查：

（1）证据是否符合法定形式；

（2）证据的取得是否符合法律、法规、司法解释和规章的要求；

（3）是否有影响证据效力的其他违法情形。

需要注意，对违反法定程序收集的证据，需具体情形具体分析。对严重违反法定程序收集的证据，应当坚决否定其证据能力；对那些虽违反程序，但仅属于程序瑕疵，既不影响对当事人权利的保障，也不破坏程序公正性的情形，应承认其证据的证据能力，以利于查清事实，提高效率。

3. 证据的关联性

证据的关联性，是指证据必须与案件所要查明的事实存在逻辑上的联系，能以其自身的存在单独或与其他事实一起证明案件事实。如果作为证据的事实与要证明的事实之间没有联系，即使它是真实的，也不能作为证明争议事实的证据。

（二）证明力

证明力是指具有证据能力的证据对案件的证明程度的大小。证明力越大，证据对案件事实的证明作用越大。证据的证明力取决于证据同案件事实的客观、内在联系及其联系的紧密程度。一般而言，同案件事实存在直接的内在联系的证据，其证明力较大；反之其证明力较小。

证明力的判断可以考虑以下几方面：

（1）原始证据的证明力大于传来证据；

（2）直接证据的证明力大于间接证据；

（3）物证、历史档案、鉴定结论、勘验笔录或者经过公证、登记的书证的证明力一般高于其他书证、视听资料和证人证言；

（4）证人提供的对与其有亲属或者其他密切关系的当事人有利的证言，其证明力一般小于其他证人证言。

（三）现有技术或者现有设计的公开性

在专利侵权纠纷案件中，被请求人有权主张被控侵权技术方案或者设计是现有技术或者现有设计，即申请日（有优先权的，指优先权日）以前在国内外为公众所知的技术或者设计。申请日（有优先权的，指优先权日）前在国内外出版物上公开发表、在国内外公开使用或者以其他方式为公众所知构成现有技术或者现有设计的公开性。

现有技术或者现有设计的公开性包括两层含义：一是公开，二是必须在申请日（有优先权的，指优先权日；不含申请日当天）之前公开。所谓公开，是指处于公众能够得知涉及的实质性技术内容或设计的状态。处于保密状态的技术或者设计内容不属于现有技术或者现有设计。所谓保密状态，不仅包括受保密规定或协议约束的情形，还包括社会观念或者商业习惯上被认为应当承担保密义务的情形（默契保密）。负有保密义务的人违反规定、协议或者默契泄露秘密，导致技术内容或者设计公开，使公众能够得知这些技术或者设计的，这些技术或者设计也就构成了现有技术的一部分。

1. 公开出版物构成现有技术或者现有设计的证据

专利法意义上的公开出版物，是指记载有技术或者设计内容的独立存在的传播载体，并且其上应当记载有或者有证据证明其发表者或出版者以及公开发表或出版的时间。

专利法意义上的公开出版物不仅包括由出版社、报社或杂志社出版的专利文献、书籍、期刊、文集、报纸等，也包括正式公布的会议记录或报告、产品样本、产品目录、小册子等。作为公开出版物的载体可以是印刷或打字的纸件，也可以是诸如光盘、影像资料等以电子信息方式存储的载体，还可以是诸如存在于互联网或其他在线数据库中等以其他形式存在的资料。需要注意，对于产品样本、手册、宣传册、产品目录、会议资料等，只有通过证明其被“正式公布”，处于公众可以获得的状态，才具有公开性。

通常情况下，国家标准、行业标准和地方标准属于专利法意义上的公开出版物。一般情况下，企业标准是内部标准，在没有证据证明其属于公众想得知就能得知的情况下，不属于公开出版物。

对于公开出版物，要注意核查其公开时间是否在专利申请日（有优先权的，指优先权日）前。一般情况下，出版物的印刷日视为公开日，有其他证据证明其公开日的除外。印刷日只写明年月或者年份的，以所写月份的最后一日或者所写年份的12月31日为公开日。

管理专利工作的部门认为出版物的公开日期存在疑义的，可以要求该出版物证据的提交人提出证明。

【案例4－1－1】

某侵权纠纷案中，涉案专利申请日为2001年6月30日。被请求人提交了《2000进口设备汇编》一书作为现有技术抗辩证据。该书没有记载出版时间和印刷时间，“前言”部分的落款时间为2001年4月22日，被请求人主张以此为公开日。

分析与评述：

“前言”部分的落款时间仅表明编辑完成“前言”部分的时间，并不排除例如该书编辑做好“前言”后搁置较长时间才印刷出版的可能性。所以，在没有其他证据予以佐证的情况下，并不能确定该书印刷时间和出版时间，也不能推定出其公开时间在涉案专利申请日前。因此不能认定该书所载内容构成涉案专利的现有技术。

【案例4－1－2】

某侵权纠纷案中，被请求人提交了青岛某食品有限公司在青岛市质量技术监督局备案的某食品企业标准，用以证明其为现有技术。

分析与评述：

首先，企业标准是企业组织生产、经营活动的依据，目的在于企业内生产和质量控制，其效力仅及于企业本身。其次，企业标准所规范的内容往往与企业掌握的核心技术有关，还可能涉及其技术秘密，因此，通常情况下不对外公布，备案后发布的通常是企业产品标准目录，而不是标准的具体内容，而且公众不能从备案机关获得该标准的文本。本案中并没有证据证明在涉案专利申请日前该企业标准已经公开，因此该证据不能作为现有技术证据使用。

2. 使用公开构成现有技术或者现有设计的证据

使用公开是指由于使用（如制造、使用、销售、进口、交换、馈赠、演示、展出等方式）而导致技术方案或者设计公开或者处于公众可以得知的状态。对于当事人主张使用公开构成现有技术或者现有设计的，管理专利工作的部门需核实相关证据链的完整性，以及技术内容或者设计是否在申请日前被公开。

【案例4－1－3】

某侵权纠纷案中，某市知识产权局在认定被控侵权人A公司以使用公开为由进行现有技术抗辩是否成立时，重点确定了如下事项：A公司提交了B某2002年3月、4月、6月分别从C公司领取样机的审批表，其中，2002年6月19日的《销售样机审批表》表明C公司销售的是型号为M-100CC的样机；C公司同日的《出库单》载明其销售了M-100CC产品1套。以上两证据能够互相印证，证明C公司在2002年6月19日已制造并公开销售M-100CC产品。证人B某对其在以上《申领样机审批表》和《出库单》中签名的真实性均予以确认。可以根据对账单、销售样机审批表、出库单、收款收据、产品型号、证人证言等认定A公司生产的产品在涉案专利申请日2005年2月4日前已经公开销售。某市知识产权局在对上述证据构成的证据链进行确认后，认定现有技术抗辩成立。

3. 以其他方式公开的现有技术或者现有设计的证据

为公众所知的其他方式主要是指口头公开，例如口头交谈、报告、讨论会发言、广播、电视、电影等能够使公众得知技术内容的方式。口头交谈、报告、讨论会发言以其发生之日为公开日；公众可接收的广播、电视或电影的报道，以其播放日为公开日。

二、证据认定的一般规则

（一）证据认定的考虑因素

管理专利工作的部门应当依照法定程序，全面、客观地对当事人提供和自行收集的证据进行审查，从各证据与案件事实的关联程度、各证据之间的联系等方面进行综合判断。

1. 单一证据的证明力判断

对单一证据有无证明力以及证明力大小，可以从下列方面进行审核认定：

（1）证据是否是原件、原物，复印件、复制品与原件、原物是否相符；

（2）证据与本案事实是否相关；

（3）证据的形式、来源是否符合法律规定；

（4）证据的内容是否真实；

（5）证人或者提供证据的人与当事人有无利害关系。

【案例4-1-4】

某专利权权属纠纷案中，A提交了与B共同签署的协议作为证据，欲证明A为涉案专利的共同申请人。该协议约定A与B共同作为药物“得力生注射液”的研制者申报国家新药。

发明创造的研制人与专利法所称的“发明人”并不一样。根据《专利法实施细则》第十三条的规定，发明人或者设计人，是指对发明创造的实质性特点作出创造性贡献的人。本案协议中未涉及A对涉案专利“参芪抑癌注射液”或药物“得力生注射液”技术方案的实质性特点作出创造性贡献的事实，协议中表述的“研制人”并不能证明A是涉案专利“参芪抑癌注射液”的共同完成人（对发明创造的实质性特点作出创造性贡献的人）。协议中对“参芪抑癌注射液”“得力生注射液”的技术方案申请专利的权利的归属并没有约定，不能证明双方是“参芪抑癌注射液”“得力生注射液”技术方案申请专利的共同权利人。根据《专利法》第八条的规定，如果合作各方没有就合作完成的发明创造申请专利的权利及专利权的归属达成协议，申请专利的权利及取得的专利权应当归属于完成或者共同完成发明创造的一方或几方。专利法中发明创造的归属原则侧重保护实际完成发明创造一方的利益，应当以是否对发明创造的实质性特点作出了创造性的贡献确定完成人，以保障共同完成人的权利，故《专利法》第八条中的“共同完成的单位或者个人”并不包括约定的研制者或发明人。本案中，即使当事人约定共同研制人的真实意思表示是将A约定为共同发明人，从法律效果讲也仅限于A为发明人的资格，不同于《专利法》第八条所称的“共同完成”的个人，不能延及申请专利的权利。因此，该协议在证明涉案专利的申请人问题上无证明力。

2. 多项证据的证明力判断

就数个证据对同一事实的证明力，可以依照下列原则认定：

（1）国家机关以及其他职能部门依职权制作的公文文书一般优于其他书证；

（2）鉴定结论、档案材料以及经过公证或者登记的书证一般优于其他书证、视听资料和证人证言；

（3）直接证据一般优于间接证据；

（4）法定鉴定部门的鉴定结论一般优于其他鉴定部门的鉴定结论；

（5）原始证据一般优于传来证据；

（6）其他证人证言一般优于与当事人有亲属关系或者其他密切关系的证人提供的对该当事人有利的证言；

（7）参加口头审理作证的证人证言优一般于未参加口头审理作证的证人证言；

（8）数个种类不同、内容一致的证据一般优于一个孤立的证据。

【案例4－1－5】

某专利侵权案件中，A公司提交了公证书证明B公司销售其专利产品，侵犯了其专利权。B公司辩称公证书本身就是错误的，该公证书认定“龙小姐”是B公司的员工与事实不符，违反了《公证法》的规定。B公司提供了该公司人事部门经理以及“龙小姐”出具的两份证人证言，欲证明“龙小姐”不属于B公司员工。

合议组经审理查明，2008年1月22日，A公司的受托人来到B公司一楼，由该公司龙姓女士接待，购买了025号计步器（蓝色）一部，并从该公司当场取得收据和产品清单各1张。该收据上除有B公司的印章外，还有“龍”字签名。该产品清单上载明，“1215，025，lPCS；8.00/lPCS，ABS透明料；10.0/ lPCS，亚克力，B公司龙小姐，TEL：0755－××××××”。广东省深圳市龙岗区公证处见证了上述过程，并出具公证书1份。

分析与评述：

本案涉及公证书的证据资格、证明对象及其证明力问题。

公证书只是一种特殊形式的书证，其特殊性在于公证书记载的内容具有推定的证明力，除非有相反的证据可以推翻。对于公证书，管理专利工作的部门同样应该全面、客观地进行审核，依据法律的规定，遵循职业道德，运用逻辑推理和日常生活经验，对公证书的证据资格、证明对象及证明力作出综合认定。

本案公证书由公证人员依法制作，具有证据资格。该公证书可以证明，一个自称为“龙小姐”的人在B公司的营业地接待了A公司的受托人，以B公司员工的名义出具了产品清单，以B公司名义出具了收据并在上面签名。因此，该公证书所证明的核心内容不在于“龙小姐”是否属于B公司的员工，而在于“龙小姐”的行为是否代表了B公司。“龙小姐”在B公司的营业地接待了A公司的受托人，销售了被控侵权产品，以B公司员工的名义出具了产品清单并在上面签名，在B公司没有证据证明“龙小姐”无权代表该公司的情况下，应该认为“龙小姐”代表B公司实施了上述销售行为，其行为所引发的责任应由B公司承担。公证书中关于“龙小姐”是B公司的职员，表述虽欠妥当，但其实质在于认定“龙小姐”代表B公司实施上述销售行为，因而并无明显不妥。B公司人事部门经理以及“龙小姐”均与B公司为利害关系人，在无其他证据证明的情况下，其证人证言不能证明“龙小姐”与B公司无关。

3. 证明责任

证明责任是证据审核认定的一项重要内容。

（1）当事人对自己提出的请求所依据的事实或者反驳对方请求所依据的事实有

义务提供证据加以证明。没有证据或者证据不足以证明当事人的事实主张的，由负有举证责任的当事人承担不利后果。

（2）因新产品制造方法发明专利引起的专利侵权纠纷，请求人就涉案产品为新产品以及涉案产品与所述新产品相同承担举证责任，制造同样产品的单位或者个人对其产品制造方法不同于涉案的专利方法承担举证责任。

（3）对当事人无争议的事实，无须举证、质证。

（4）对一方当事人陈述的事实，另一方当事人既未表示承认也未否认，经执法人员充分说明并询问后，其仍不明确表示肯定或者否定的，视为对该项事实的承认。

（5）当事人委托代理人参加纠纷处理的，代理人的承认视为当事人的承认，但未经特别授权的代理人对事实的承认直接导致承认对方请求的除外。当事人在场但对其代理人的承认不作否认表示的，视为当事人的承认。

【案例4-1-6】

某专利侵权纠纷案中，甲公司发明专利涉及药物A的制备方法，被控侵权人乙公司生产的产品为药物A已为乙公司所承认。该药物A在专利申请日前不为国内外公众所知，因此该专利属于新产品的制备方法，对此双方并无争议。乙公司认为甲公司并无直接证据证明乙公司生产药物A的制备方法就是专利方法，没有提供充分证据证明侵权事实存在。

分析与评述：

该药物A在专利申请日前不为国内外公众所知，对此乙公司并无异议，因此该专利属于新产品的制备方法。根据《专利法》第六十一条第一款的规定，专利侵权纠纷涉及新产品制备方法的发明专利的，被控侵权人负有举证证明其产品制备方法不同于专利方法的责任。由于乙公司未能证明其使用了不同于涉案专利的方法来生产药物A，故可认定其侵犯了甲公司的专利权。

4. 可以采信的证据

一方当事人提出的下列证据，另一方当事人提出异议但没有足以反驳的相反证据的，应当确认其证明力：

（1）书证原件或者与书证原件核对无误的复印件、照片、副本、节录本。

（2）物证原物或者与物证原物核对无误的复制件、照片、录像资料等。

（3）有其他证据佐证并以合法手段取得的、无疑点的视听资料或者与视听资料核对无误的复制件。

（4）一方当事人委托鉴定机构作出的鉴定结论。

（5）一方当事人提出的证据，另一方当事人认可或者提出的相反证据不足以反驳的，可以确认其证明力；一方当事人提出的证据，另一方当事人有异议并提出反驳证据，对方当事人对反驳证据认可的，可以确认反驳证据的证明力。

（6）双方当事人对同一事实分别举出相反的证据，但都没有足够的依据否定对方证据的，应当结合案件情况，判断一方提供证据的证明力是否明显大于另一方提供证据的证明力，并对证明力较大的证据予以确认。证据的证明力无法判断，导致争议事实难以认定的，应当依据举证责任分配原则作出判断。

（7）处理过程中，当事人在请求书、答辩书、陈述及其委托代理人的代理词中承认的对己方不利的事实和认可的证据，应当予以确认，但当事人反悔并有相反证据足以推翻的除外。

【案例4－1－7】

某专利侵权纠纷案中，证据2是一份某纺织印染厂出具的证明，内容为证明请求人于2005年10月8日在某纺织印染厂办理证据保全的设备的标牌为原始标牌，未作过改动。请求人在口头审理中出示了证据2的原件，但证据2所示证明材料仅有“××纺织印染厂”“2005年10月8日”的落款和单位名称，没有该单位印章和单位负责人的签名，缺少单位出具证明文书类证据的形式要件。但是由于被请求人对该证据的真实性以及所证事实并无异议，故合议组对该证据予以采信。

分析与评述：

本案中，某纺织印染厂出具的单位证明属证人证言，这类证言从证据形式要件角度考虑一般需要盖单位印章，同时附具单位负责人签名。如果缺少这一形式要件，同时又没有其他客观证据对相关事实加以佐证的话，该证言通常难以被采信。本案中，所述证据虽然缺少形式要件，但其仍被采信的原因在于，被请求人认可了该证据的真实性，同时对所证事实亦无异议。

5. 不能单独采信的证据

下列证据不能单独作为认定案件事实的依据：

（1）未成年人所作的与其年龄和智力状况不相适应的证言；

（2）与一方当事人有亲属关系、隶属关系或者其他密切关系的证人所作的对该当事人有利的证言，或者与一方当事人有不利关系的证人所作的对该当事人不利的证言；

（3）应当参加口头审理作证而无正当理由不参加口头审理作证的证人证言；

（4）难以识别是否经过修改的视听资料；

（5）无法与原件、原物核对的复制件或者复制品；

（6）经一方当事人或者他人改动，对方当事人不予认可的证据材料；

（7）只有当事人本人陈述而不能提出其他相关证据的主张，不予支持，但对方当事人认可的除外；

（8）其他依法不能单独作为认定案件事实依据的证据材料。

【案例4－1－8】

某专利侵权纠纷案中，被请求人提交的现有技术抗辩证据是证人证言，主张证人与被请求人所签订的技术培训协议可证明该技术为现有技术。证人并未出席口头审理，也没有证据显示其不出席口头审理有正当理由。由于未经质证的证人证言所述内容的真实性不能确定，因此不能作为定案依据，并且在只有证人证言但无其他相关证据显示该技术为现有技术的情况下，被请求人关于现有技术抗辩的主张不能成立。

分析与评述：

证人证言系证人向执法人员所作的关于自己亲身感知的案件事实的陈述。其形成包括感知、记忆和表达三个阶段。任何一个阶段的客观性、真实性都受到诸多因素，比如证人情绪、动机等的影响，因此，直接观察证人作出证言时的细节对于证言的采信与否非常重要。这也是未经质证的证人证言不能单独作为定案依据的原因所在。本案中，所述证人证言之所以未被采信，原因在于证人无合理理由不出席口头审理，同时又没有其他客观证据与证言所述内容相佐证来证明其真实性。

6. 不得采信的证据

凡有下列情形之一的证据不得采信：

（1）未经双方质证或一方有异议而无法确认的；

（2）不能说明证据合法来源的；

（3）非法取得的；

（4）证人证言前后不一致，且又不能获得印证的；

（5）当事人自行委托鉴定又未得到合议组审核查实的；

（6）没有原件印证的复印件，且另一方有异议的；

（7）不能正确表达意志的人的证言或书证。

【案例 4 －1 －9】

某专利侵权纠纷案中，请求人提交了从被请求人处购买被控侵权产品的销售发票复印件，口头审理中请求人解释该发票原件被对方当事人撕毁，并不是拒不提供原件，而是客观上无法提供。合议组认为，结合出库单、证人证言和视频录像等证据，可以认定被请求人撕毁发票的事实以及被请求人曾向请求人销售被控侵权产品的事实，对该发票复印件予以采信。法律及相关司法解释并未禁止对书证复印件证据的采用，在有其他证据与书证复印件相互印证的条件下，其仍可以作为认定事实的依据，以做到客观真实和法律真实的统一。

（二）公证书

公证是公证机构根据自然人、法人或者其他组织的申请，依照法定程序对民事法律行为、有法律意义的事实和文书的真实性、合法性予以证明的活动。

经过公证的文书，若没有相反证据足以推翻公证证明的事实，则应当直接将公证书作为确定案件事实的基础；有相反证据足以推翻公证证明的，可否定公证书的证据效力。

公证书必须经过质证才能采信。管理专利工作的部门在审核认定公证书时，不仅要审查其形式要件，还应对其是否符合证据的真实性、合法性、关联性进行实质审查。

如果公证文书在形式上存在严重缺陷，例如缺少公证人员签章，则该公证文书不能作为认定案件事实的依据。

如果公证文书的结论明显缺乏依据或者公证文书的内容存在自相矛盾之处，则相应部分的内容不能作为认定案件事实的依据。例如，公证文书仅根据证人的陈述而得出证人陈述内容具有真实性的结论，则该公证文书的结论不能作为认定案件事实的依据。

【案例 4 －1 －10】

案情同【案例 4 －1 －5】。该案中，请求人 A 公司提交的公证书公证了对 B 公司销售侵权产品取证的详细过程并附有相应证据，是认定 B 公司构成侵犯专利权行为的决定性证据；即使 B 公司提交的证人证言经过了公证，也仅能证明证人证言出具人确实进行了相应的意见陈述，不能代表其证人证言内容的真实。

（三）域外证据或在我国港澳台地区形成的证据

当事人提交此类证据的，一般应当履行相关的证明手续。

在专利行政执法案件中，证明主体资格的此类证据应当严格要求当事人办理公证、认证等相关证明手续；对于其他此类证据，是否需要办理，视每个案件的具体情况而定。

以下三种情况，当事人可以不办理相关的证明手续：

（1）该证据是能够从除香港、澳门、台湾地区外的国内公共渠道获得的，如从国家知识产权局获得的国外专利文件，或者从公共图书馆获得的国外文献资料；

（2）有其他证据足以证明该证据真实性的；

（3）对方当事人认可该证据的真实性的。

【案例 4－1－11】

某专利侵权纠纷案中，A 公司提交了提货单和销售证明，以证明其销售给 B 农科公司和 C 作物公司委托代理人的 500 克氟虫腈 800WDG 系 A 公司驻越南办事处在越南北宁省蒲山购买的农药样品，具有合法来源。该提货单和销售证明由越南店主 D 在越南北宁省出具。该证据系在中华人民共和国领域外形成，A 公司对此应履行公证和认证手续。但是，A 公司只对翻译 E 先生的身份及其保证将该提货单和销售证明由越南文翻译为英文履行了公证和认证手续，对于该提货单和销售证明的出具人越南店主 D 的身份及其签名的真实性并未履行公证和认证手续，也没有提供相关证据加以证明。在此情况下，该店主的身份、提货单及销售证明的真实性均难以确认，A 公司据此主张其销售的本案 500 克氟虫腈 800WDG 有合法来源，证据不足。

（四）自认

自认，是指一方当事人就对方当事人所主张的不利于己方的事实作出明确承认，或者不明确予以否认。

专利行政执法中，对于当事人的自认，可遵循以下规则：

（1）一方当事人明确认可的另外一方当事人提交的证据，管理专利工作的部门应当予以确认。但其与事实明显不符，或者有损国家利益、社会公共利益，或者当事人反悔并有相反证据足以推翻的除外。

（2）对一方当事人陈述的案件事实，另外一方当事人明确表示承认的，管理专利工作的部门应当予以确认。但其与事实明显不符，或者有损国家利益、社会公共利益，或者当事人反悔并有相反证据足以推翻的除外。另一方当事人既未承认也未否认，经合议组充分说明并询问后，其仍不明确表示肯定或者否定的，视为对该项事实的承认。

（3）当事人委托代理人参加案件的处理的，代理人的承认视为当事人的承认。但未经特别授权的代理人对事实的承认直接导致承认对方的请求的除外；当事人在场但对其代理人的承认不作否认表示的，视为当事人的承认。

为维护公共利益，某些情况下自认的效力应受到限制，使其不发生拘束当事人和行政机关的效力：

（1）应依职权调查的事项，不适用自认的规定。例如当事人资格事项、管辖事项等，不受当事人自认的约束；

（2）和解、调解中的让步不能视为自认；

（3）当事人在案件审理程序以外（包括在其他案件的审理程序中）对当事人主张作出的自认，不属于本案件审理中的自认，只能作为一种证据资料，供合议组参考；

（4）如果一方当事人的自认是因他人的欺诈、胁迫等违法犯罪行为而作出，或者是由于误解而承认了不真实的事实，允许当事人说明原因后撤回该自认，管理专利工作的部门应不予确认该承认的法律效力；

（5）自认应针对具体事实。对于法律问题和法律后果的承认，管理专利工作的部门不应仅依据其自认来进行审查，而应在认定事实的基础上根据相应法律、法规进行法律问题的判断。

需要注意，虽然当事人自认的事实可直接作为定案依据，但不宜仅依据当事人的自认定案。管理专利工作的部门应结合相关证据，对具体技术问题和事实进行分析认定，如果存在相反证据或自认明显与事实不符，可以否定自认。对于自认后又反悔的，应要求当事人提出反证或反证线索，不能提供反证或反证线索查证不属实的应采信自认。调查取证时当事人委托的代理人的承认视为当事人的承认，但应当提交经当事人特别授权的授权委托书；当事人在场但对其代理人的承认不作否认表示的，视为当事人的承认，但应当在询问调查笔录中进行记载。

【案例4－1－12】

某专利侵权纠纷案中，根据涉案专利的权利要求1，其必要技术特征应当包含：

(1) 一个干熄焦除尘设备的除尘单元；(2) 包括旋风子、直管和螺旋导向机构，螺旋导向机构内外侧与直管、旋风子之间紧密配合；(3) 螺旋导向机构与直管、旋风子制为一体。涉案专利的权利要求2又进一步强调涉案专利的三个部分之间制为一体。被控侵权物也由三部分组成，包括直管、直管导向器旋风子的综合件和旋风子的下半部分。被请求人某机械厂自认被控侵权物的三个部分之间也是必须紧密结合，否则无法实现除尘功能。合议组结合被控侵权人的解释，认定被控侵权技术覆盖了涉案专利的必要技术特征，落入了涉案专利权的保护范围。

分析与评述：

本案争议的焦点在于，被控侵权物与涉案专利的三个部分在组成及其连接关系上是否相同。除了用涉案专利的权利要求书（包括说明书）对涉案专利进行解释，结合被控侵权物相应的三个部分的作用及相互配合关系对被控侵权物作出解释，并将二者进行对比之外，被控侵权人对相关事实的自认也是合议组认定案件事实的重要依据。

（五）认知

认知是指在案件审理过程中，对某些特定的事项无需证明而直接确认其真实的一种证明制度。认知的内容一般为常识性、公认性及部分专业性的事实，包括：众所周知的事实；自然规律及定理；法律、法规；其他明显的当事人不能提出合理争议的事实。对于认知的内容也应履行听证程序，给予当事人陈述意见和提出反证的机会。

（六）推定

推定是指根据已知的事实可以认定推定事实存在，除非有相反证据推翻这种推论。

专利行政执法中，有证据证明一方当事人持有证据无正当理由拒不提供，如果对方当事人主张该证据的内容不利于证据持有人，可以推定该主张成立。

【案例4－1－13】

某专利侵权纠纷案中，通过对专利的必要技术特征进行分析，可以看出专利主要由接闪装置和接地装置组成。请求人A举证证明，从被控侵权人B百货公司所使用的避雷装置的外部形状看，被控侵权物的外部表现形式与涉案专利权利要求的接闪装置完全相同，唯一区别在于，仅从被控侵权物的外部形状无法知晓其使用的接地中和部分的结构。B 百货公司未举证证明其避雷设备与涉案专利有不同之处。

分析与评述：

作为避雷设备，接地中和部分是必备的，而这一部分的结构与设备一般不暴露在外部。本案中，被控侵权物的接地中和部分在其建筑物外部不可见，专利权人无法接触并自行取证。从技术角度讲，根据涉案专利的放电灭雷原理，该装置的稳定运行与专利要求的限流装置的功能密不可分。被控侵权的避雷设备已稳定运行多年，故可以直接推定被控侵权物采取了与涉案专利相同或等同的技术特征，解决了接闪设备放电所产生的脉冲电流的稳定、释放和中和作用。被控侵权物是否落入涉案专利的保护范围，本应由专利权人举证证明，但涉案被控侵权物由 B 百货公司掌控，故提交证据以证明被控侵权物内部结构的责任应由 B 百货公司承担。因此，在请求人 A 已举证证明 B 百货公司的设备具有与涉案专利相同的主动灭雷功能的外部结构后，即已完成其初步举证责任。此时，B 百货公司应当举证证明其设备采用了与涉案专利不同的内部结构进行避雷，但 B 百货公司未能完成证据提交责任，故应承担相应不利后果，因此可以认定 B 百货公司的避雷设备落入涉案专利的保护范围，构成专利侵权。

第二节　几种典型证据的审核认定

一、书证

书证是指用文字、符号或图形所表达的思想内容来证明案件事实的证据，是以其内容来证明待证事实有关情况的书面材料。

（一）书证的种类

1. 文字书证、符号书证或者图形书证

文字书证是以文字记载的内容证明案件事实，如各类公文文书、合同、账册、票据等；符号书证是以符号表达的内容证明案件事实的书证；图形书证是以图形表现的内容证明案件事实的书证，如图纸。

2. 公文书证和非公文书证

公文书证，是指国家职权机关在法定职权范围内制作的文书，包括国家权力机关、行政机关、审判机关以及法律、法规授权的组织制作的公文文书，如裁判文书、行政处罚决定书、公证文书等。非公文书证，是指公文书证以外的其他文书。

3. 处分性书证与报道性书证

处分性书证是以发生特定法律后果为目的而制作的书证，如行政处罚决定书、裁判文书、合同书等；报道性书证是记载了某种与案件事实有关的内容而不以发生特定法律后果为目的的书证，它是以书证中所记载或表述的内容，反映制作人对客观事实的认识或体会等，如会议记录、诊断书等。

4. 一般书证与特别书证

在条件、格式和程序方面有特别要求的为特别书证，否则为一般书证。行政处罚决定书、裁判文书均为特别书证。

5. 原本、正本、副本、节录本、影印本和译本

原本是最初制作的书证文本，是书证的初始状态，能够最客观地反映文书所记载的内容。正本是按照原本的内容制作（抄录或印制）的对外正式使用的文本，效力等同于原本。原本一般保留在制作者手中或存档待查，正本则发送给收件人。副本是照原本全文抄录、印制而效力不同于原本的文件，一般是发送给主收件人以外的其他须知晓原本内容的有关单位或者个人。节录本是指从原本或者正本中摘抄其部分内容形成的文本。影印本是指运用影印技术将原本、正本或副本进行摄影、复印形成的文本。译本是以另一种文字将原本或者正本翻译而成的文本。

（二）书证的提供要求

（1）提供书证的原件。原本、正本和副本均属于书证的原件。提供原件有困难的，可以提供与原件核对无误的复印件、照片、节录本；外文书证应当附有中文译文。

（2）提供由有关部门保管的书证原件的复制件、影印件或抄录件的，应当注明出处，经该部门核对无异后加盖其印章。

（3）提供报表、图纸、会计账册、专业技术资料、科技文献等书证的，应当附有说明材料。

（三）书证的审核认定

书证的证据能力审查，主要涉及对书证在制作上的真实性和合法性进行审查，

主要包括审查书证制作人的资格，审查制作书证的手续，审查制作书证的程序，审查书证有无伪造、变造的痕迹，审查书证获取的过程、是否提交原件。

书证的证明力认定，是指对书证所记载、表述的事实的真实性、可靠性等实质证据力进行审查，主要涉及书证的内容与待证事实的关联性。管理专利工作的部门应从以下几方面对书证的证明力加以审查认定：审查认定书证所记载、表达的内容的确切含义，审查认定书证内容是否为有关人员的真实意思表示，审查认定书证内容与待证事实是否具有内在的、必然的联系，审查认定书证内容是否与法律、法规抵触。

（四）常见书证的审核认定

专利案件中常见书证形式有：专利文献、科技杂志、科技书籍、学术论文、专业文献、教科书、技术手册、正式公布的会议记录或者技术报告、报纸、小册子、样本、产品目录、发票、合同等。

1. 专利文献

专利文献是各国专利局及国际性专利组织在审批专利过程中产生的官方文件及其出版物的总称。作为公开出版物的专利文献主要有：各种类型的发明专利说明书、实用新型说明书和工业品外观设计简要说明，各种类型的发明专利、实用新型和工业品外观设计公报、文摘和索引，发明和实用新型、外观设计的分类表。

各类专利说明书作为证据提交，一般应提交全文，仅使用部分内容的，在证明其真实性的基础上，可部分提交。发明专利的公开说明书和授权说明书由于内容和公开日期的不同，应视为不同的证据，根据情况分别审核。

中国专利文献的真实性可以在国家知识产权局网站核实，外国或国际组织的专利文献可以在该国专利局或该组织网站核实。缺少核实途径的，应当要求当事人提交其获取途径的证明（如图书馆馆藏证明或检索机构证明）。域外形成的应办理公证认证手续。外文专利文献应提交有资质的翻译机构或翻译人员出具的译文，其中外观设计专利应至少翻译文献的国别、类型、公开日期、专利名称、简要说明、附图说明等，以满足证据审查需求为准。

专利文献一般构成专利法意义上的出版物，其公开日期以其记载的公开日或授权公告日为准，有证据证明其未对公众公开或未在上述日期公开的除外。

2. 图书类出版物

图书类出版物指的是带有国际标准书号（ISBN）、国际标准刊号（ISSN）、国内统一刊号且通过正规渠道出版发行的书籍、期刊等。

在当事人提供原件或有证据证明复印件与原件一致时，图书类出版物的真实性一般应当予以认可。

图书类出版物的印刷日视为公开日。同版次多印次或者多版次多印次的图书类出版物，一般应当将该印次的印刷日视为公开日。有证据证明实际公开日的，应当以实际公开日为准。

【案例4-2-1】

某专利侵权案中，被请求人提交《汽车底盘设计与构造》一书用于现有技术抗辩。经合议组审查，该书虽已印刷完毕，但由于存在印刷错误导致该出版物并未实际在印刷日发行，因此应当将该出版物的实际发行日视为公开日。

【案例4-2-2】

某专利侵权案中，被请求人为进行现有技术抗辩提交的《计算机数据结构》一书的版权页上标有“1996年10月第1版　1998年6月第2次印刷”的字样，该书的公开日一般应当认定为1998年6月30日。但是如果有证据证明该书在1996年10月第一次发行以来未经任何修正或者对所使用的部分未经任何修正，则该书的公开日应当认定为1996年10月31日。

3. 产品样本、产品说明书类证据

产品样本、产品说明书类证据包括产品目录、产品样本、产品说明书、产品宣传册、产品宣传页等。

带有国际标准书号、国际标准刊号、国内统一刊号的产品样本、产品说明书类证据的真实性和公开日审核认定参照图书类出版物的规定。其他产品样本、产品说明书类证据，需有其他证据佐证其真实性和公开性。

当事人提交了产品样本、产品说明书类证据的原件，综合其他证据印证或者由证据本身载明的信息可以证明该产品样本、产品说明书类证据是专门机构（如行业协会、展会主办机构）定期出版发行的，可以认定该产品样本、产品说明书类证据的真实性和公开性。

【案例4-2-3】

某专利侵权案中，当事人提交了《×××行业采购大全》2005年上期、2005年下期、2006年上期以及2006年下期的原件，各期的《×××行业采购大全》封面上均印制有“××××年上期总第×期”或“××××年下期总第×期”、“××协会主编”以及该广告公司的地址、电话、传真号、索阅派发网点等信息。对方当事人虽对该证据的真实性提出质疑，但未提出充足的理由，也未提供证据支持其理由。在此情形下，可以认定该《×××行业采购大全》的真实性和公开性。

其他企业自行印制的产品样本、产品说明书类证据，即使当事人提供了原件或者提供证据证明复印件与原件一致，也需要其他证据予以佐证，才能认可其真实性。但对方当事人予以认可的除外。

产品样本、目录类证据通常用于推销产品，一般情况下对产品感兴趣的公众可以不受限制地得到这类资料。当这类资料具有可靠的载体，其真实性可以确认时，如果该资料上还记载有能够表明其发表者以及发表时间，或者有其他证据可以佐证其公开者或公开日期，可以认定其为专利法意义上的公开出版物。

可以佐证产品样本、产品说明书类证据的真实性和公开性的证据通常包括可以证明其来源的印刷证据、能够证明其公开性的销售证据等。

【案例4－2－4】

某专利侵权案中，当事人提交了某企业的产品宣传册和与该产品宣传册对应的印刷合同、发票原件作为证据使用，对方当事人虽对该证据的真实性提出质疑，但未提出充足的理由，也未提供证据支持其理由。在此情形下，应当认定该产品宣传册的真实性。

4. 带有版权标识的出版物

根据《世界版权公约》的要求，版权标记一般包括三项内容：（1）享有著作权的声明或将声明的英文缩写字母C外面加上一个正圆，对音像制品则是字母P外面加上一个正圆；（2）著作权人的姓名或名称；（3）作品出版发行的日期。在出版物上印有版权标记，表明作者愿意或者授权他人公开发表其作品。对于该类出版物的真实性，可以参照图书类出版物的认定方式。

在其真实性可以确认的情况下，印制有版权标识的印刷品一般可以视为专利法意义上的公开出版物，但因要求保密或者限定发行范围导致其不具备公开性的除外。该类出版物版权页上版权标识后所记载的首次出版年份，一般应当以该记载确定其公开日，但有相反证据的除外。

在当事人提供原件或有证据证明复印件与原件一致时，印制有国际标准音像制品编码（ISCR）的音像制品类出版物的真实性一般应当予以认可。

国际标准音像制品编码的音像制品类出版物的录制年码可用于确定其公开日。

【案例4-2-5】

某专利侵权案中，被请求人提交作为证据的光盘上标有“ISCR-CN-C12-97-21-0/VG4”的字样。以上标识中，“CN”为国家码，代表中国；“C12”为出版者码；“97”为录制年码；“21”为记录码；“0/VG4”为记录项码。可以认定该光盘的公开日为1997年12月31日。

【案例4-2-6】

某专利侵权案中，当事人提交一本版权页上标有“printed in U. S. A, Envirex Inc. 1989”的某美国公司的产品说明书，综合其他证据可以确认其真实性，且没有其他证据证明该产品说明书要求保密或者限定发行范围时，应当确认其公开日期为1989年12月31日。

5. 标准

为规范产品和产品生产而制定的标准包括国家标准、行业标准、地方标准和企业标准。

国家标准由国务院标准化行政主管部门制定。对没有国家标准而又需要在全国某个行业范围内统一的技术要求，通常通过制定行业标准来约束。行业标准由国务院有关行政主管部门制定，并报国务院标准化行政主管部门备案。对没有国家标准和行业标准而又需要在省、自治区、直辖市范围内统一的工业产品的安全、卫生要求，根据规定应当制定地方标准。企业生产的产品没有国家标准和行业标准的，根据规定应当制定企业标准，作为组织生产的依据。

通常情况下，国家标准、行业标准、地方标准都属于专利法意义上的公开出版物；企业标准是内部标准，不能视为专利法意义上的公开出版物。

药品领域中的《中国药典》、部颁药品标准汇编本、地方药品标准汇编，其他领域的国家标准、行业标准、地方标准一般应认定为专利法意义上的公开出版物。药品领域中进口药品标准一般不应认定为专利法意义上的公开出版物。药品领域中未汇编成册的部颁标准、地方药品标准、企业药品标准和其他领域的企业标准是否属于专利法意义上的公开出版物应当结合相关法规、规章及其他证据认定。

【案例4-2-7】

专利权人A指控B公司侵犯其专利权，其专利申请日为2003年1月20日。B

公司主张，根据《国家中成药标准汇编——中成药地方标准上升国家标准部分（骨伤科分册）》（以下简称“汇编”）一书可知，B公司实施的技术为现有技术，因此不应承担侵权责任。A认可该汇编的真实性，但认为，该汇编没有标明出版发行号、书号、条码、定价等国家规定的正规出版图书所应有的特征标识，不是国家公开出版发行物，也没有印刷日期，其公开日期也不能确定，因此不能作为现有技术抗辩证据使用。经查，该汇编封面上盖有“成都力思特制药股份有限公司资料专用章”，有“国家药品监督管理局编　二〇〇二年”字样，前言页记载“从2001年初开始，我局对尚未纳入国家药品标准管理的中成药地方标准进行了清理整顿工作。在广大中医、药学专家的帮助下，此项工作已全面完成……标准的试行日期为自2002年12月1日起”和落款日期“2002年11月20日”。

分析与评述：

专利法意义上的公开出版物，应当以其在申请日以前处于能够为社会公众获得的状态即可，并不以该出版物是否具有出版发行号、书号、条码等信息为必要条件。仅以汇编没有记载上述信息为由而否定其为公开出版物，依据不足。该汇编是由负责国家药品监督管理的行政部门编纂发行的药品标准汇编，目的是在全国范围内统一药品的生产工艺和质量标准，因此这种药品标准的汇编本是任何人不受约束都可获得的，理应处于公众想得知就能够得知的状态。该汇编上盖有“成都力思特制药股份有限公司资料专用章”，而该公司并不是此药品标准的提出单位，这也佐证了其是公开发行的，是公众可获得的。而对于该汇编的具体公开日期，根据封面和前言的记载可知，该书在2002年11月20日已汇编完成，其标准于2002年12月1日开始试行。出于在全国范围内统一药品的生产工艺和质量标准的目的，该汇编应当在试行起始日2002年12月1日前公开发行。即便考虑到从汇编完成到印刷完成的合理时间，其最迟公开日也应早于2003年。综上，该汇编属于专利法意义上的公开出版物，公开日早于涉案专利申请日，可以作为本案现有技术抗辩的证据使用。

【案例4-2-8】

A公司指控B公司的产品侵犯其专利权。B公司则主张，其依据《上海市××企业标准——××系列腰椎固定带》制造所述产品，该产品属于现有技术，因此不侵犯A公司的专利权。对此，A公司认为，该标准为企业标准，不属于公开出版物，因此不能作为现有技术抗辩的证据使用。

分析与评述：

《上海市××企业标准——××系列腰椎固定带》属于企业内部标准，双方对这一事实均予以确认。但是，在一般情况下，企业标准是内部标准，没有公开渠道能够查询其内容的，难以认定为专利法意义上的公开出版物。本案中，B 公司并未提交其他证据佐证该标准可以从公众渠道获得，该标准自身也未标注任何能够确认其公开时间的信息。在此情形下，即便该标准披露了被控侵权产品的技术方案，也不能认定 B 公司的现有技术抗辩主张成立。

6. 合同、票据、单据类

合同是平等民事主体之间设立、变更、终止民事权利义务关系的协议。通常与其他证据结合，证明某种产品销售行为的发生。票据是依法签发和流通的、反映债权债务关系、以无条件支付一定金额为目的的有价证券，包括汇票、本票和支票。单据通常是指办理货物的交付和货款的支付的一种依据，以及提取货物的货权凭证，其种类包括发票、保险单、订货单、销售单、出库单、运货单、提货单、装箱单、商检报告等。

商业发票由税务机关统一监制，由指定的印刷单位统一印刷，并由税务机关统一登记、发放和管理，与其他普通单据相比，具有较强的防伪性，其真实性容易得到确认。发票一般还记载货物名称、数量、单价、货款、买卖双方名称等，对于销售行为的发生具有较强的证明力。发票一般不会记载产品的技术内容，通常无法单独证明销售产品构成侵权，需要有其他证据佐证。

送货单、收据等的印制和发放不受税务机关的监督和管理，其真实性较难确认。对于送货单、收据等单据的真实性和证明力，应结合全案证据综合加以考虑，不能一概不予认定，也不能不加分析当作证据链中证明销售行为的主要证据一概接受。

【案例 4-2-9】

甲是某汽车锁专利的专利权人。2008 年 8 月 21 日，甲请求公证处对某网站（www.y888y.com）的相关网页内容进行了公证，该网页显示所有者为“天汇万博公司”，营业地址为“××市××区××路 1 号”。随后，甲和公证员来到××市××区××路 1 号，向自称为“天汇万博公司”业务经理的乙公证购买了车锁一台，取得加盖“天汇卧龙销售中心”财务专用章的发票一张，还取得一份载有 www.y888y.com 网址的产品宣传册。甲请求××市知识产权局对天汇万博公司的侵权行为进行处理。天汇万博公司辩称：公证书中销售发票落款是“天汇卧龙销售中心”，与天汇万博公司无关。甲主张：虽然销售发票落款是“天汇卧龙销售中心”，而不是“天汇万博公司”，但一个公司两块牌子很常见，只要公证的全过程真实可靠，对具有公信力的公证行为都应予认定。

分析与评述：

虽然销售发票上加盖的是“天汇卧龙销售中心”财务专用章，并非“天汇万博公司”，但实践中一个公司借用或者以其他机构的名义出具发票属于常见情形，并且，本案公证取证的地点与天汇万博公司网站中所载明的该公司地址一致，在天汇万博公司没有相反证据的情况下，在该营业场所接待客户并进行销售的人应推定为该公司的销售人员，其行为所引发的责任应由天汇万博公司承担。因此，××市知识产权局认定天汇万博公司实施了销售行为。

【案例4-2-10】

专利权人乙指控甲公司制造的M-100CC型号产品侵犯其专利权。甲公司辩称，被控侵权产品虽落入专利保护范围，但乙原为甲公司工作人员，申请日前乙向其领取过该产品，证明甲公司在申请日前已经制造相同产品，甲公司享有先用权，不侵犯该专利权。甲公司提交了《申领样机审批表》和《出库单》对这一事实予以证明。乙认为，《申领样机审批表》和《出库单》上乙的签名为自己所写，但《申领样机审批表》上的产品型号M-100CC并非自己所写，是甲公司后添加上去的，因此其不能证明该申领产品为M-100CC产品；此外，即便其型号为真，相隔数年生产都标明型号是M-100CC的产品，并不必然是同样的产品。甲公司M-100CC型号产品并未经有关部门备案或批准。所谓M-100CC完全是其自己所编制，其执行自己的型号带有很大的随意性。甲公司对于产品型号并非乙所写予以确认，但否认为事后添加，而是其他工作人员先填写型号由乙随后签字确认。

分析与评述：

《申领样机审批表》上记载乙领取型号为M-100CC的样品，《出库单》也载明乙领取了M-100CC产品。虽然乙否认《申领样机审批表》上的产品型号“M-100CC”是其所写，但其承认《出库单》上的型号为其所写，也承认两份证据上的签名为自己所写，也即乙并未否认《出库单》的真实性。在此情形下，由于《出库单》的佐证支持，甲公司关于《申领样机审批表》上型号并非事后添加的解释更为合理，应予采纳。因此，上述两份证据的真实性能够确认，两者相互印证可以证明乙公司在申请日前已制造型号为M-100CC的产品。依惯例，同一公司生产的同一型号的产品通常具有相同的结构和组成，根据“谁主张谁举证”的举证责任分配原则，乙如认为证据中的M-100CC产品与本案被控侵权产品不同，应该举证予以证明。在没有相反证据的情况下，应推定两者结构相同。因此，甲公司享有先用权，不侵犯乙的专利权。

二、物证

物证是能够证明案件事实的物品或者痕迹。物证一般不能直接用来证明案件事实，需要与其他证据结合发挥证明作用。

（一）物证的种类

物证有原物和派生物之分。原物是指直接来源于案件事实本身，并以自身存在的外形、重量、规格、损坏程度等特征来证明案件事实的一部分或者全部的物品或者痕迹。派生物是指并非直接来源于案件本身，但记载了能证明案件事实的物品或者痕迹的外形、重量、规格、损坏程度等特征的载体，比如物证的照片、复制品等。

（二）物证的提交要求

提供物证应当符合下列要求：

（1）提供原物。提供原物确有困难的，例如对于不便移动、保存或者提取的物品以及无法提取的大型物品，可以提供与原物核对无误的复制件或者证明该物证的照片、录像等其他证据。

（2）物为数量较多的种类物的，提供其中的一部分。

（三）物证的审核认定

物证的审核认定一般包括：

（1）审查判断物证是否伪造和有无发生变形、变色或变质的情况；

（2）审查判断物证与案件事实有无客观联系；

（3）审查判断物证的来源，查明物证是原物还是同类物或复制品。

原物的证明力优于复制品。无法与原物核对的复制品不能单独作为定案依据。当事人无正当理由拒不提供原物，又无其他证据印证，且对方当事人不予认可的证据的复制品不能作为定案依据。

对于物证，可以先对关联性、合法性、真实性进行认定，然后决定是否对其证明力进行认定。若经初步判断，能够确定所提交的物证材料不具有合法性或与案件不具有关联性的，可以不进一步认定其真实性；证据提交方无法证明其提交的物证的真实性，在对方当事人对该证据的真实性不予认可的情形下，可以不进一步判断其证明力；若经初步质证，可以认定物证真实性的，应当于口头审理当庭展示，审核其证明力。对于无法从外部直接得知其技术结构的物证，应当于口头审理当庭拆卸。对于公证保全的证据，在出示前，应当请双方当事人共同确认封条是否完整，详细记录当事人的意见和证据的封存情况，于口头审理当庭打开封存，演示证据，并详细记录演示情况；演示结束后如果有必要，可以制作封条，恢复封存，并请双方当事人在封条上签字确认。对于不作为证据的产品实物的一般性演示，其演示目的主要在于帮助合议组了解技术方案，仅供合议组参考，不能作为定案的依据，可不严格进行质证程序。

物证演示过程中，应注意以下内容的调查：

（1）设备铭牌所反映的信息，包括型号、生产厂家、出厂日期等。这些信息是物证与其他证据的关联性所在，决定物证是否可以与其他证据（如发票、合同等）构成证据链。

（2）派生物能否反映原物的结构，如复制件是否与原物相一致，照片、录像等是否是对原物结构的真实记录。

（3）实物所反映的具体结构。对于某些仅能演示产品功能的实物，关于其功能是如何实现的，应特别注意调查。

（4）对涉案专利的特征比对。

【案例4－2－11】

请求人A公司请求某市知识产权局处理被请求人B公司侵犯其“泪道探通导引针”实用新型专利权。请求人A公司称B公司仿制其专利产品，大量印制宣传资料宣传推广并招收代理商销售，请求责令被请求人立即停止生产销售的侵权行为。

请求人为证明其主张的事实存在，向合议组提交了以下证据：

证据1：被请求人的产品“鼻泪管支架”“泪道探通引导针、导丝”实物；

证据2：被请求人的产品网站资料公证书；

证据3：被请求人的产品宣传彩页；

证据4：被请求人的宣传光碟；

证据5：被请求人的产品说明书。

被请求人辩称：请求人的专利是一种泪道探通导引针，请求人提交的证据记载的内容中找不到请求人专利权利要求记载的技术特征。而判断被控侵权产品是否构成侵权，需要严格按照《专利法》相关规定进行对比，从而判断是否构成侵权。因此，请求人提供的证据不构成其指控被请求人侵犯其专利的依据。请求某市知识产权局驳回请求人的请求事项。

口头审理中，双方当事人对请求人提交的五份证据进行了质证，并发表了质证意见。被请求人意见如下：

对证据1“鼻泪管支架”“泪道探通引导针、导丝”实物的真实性有异议，认为请求人不能证明其合法来源。

对证据2“被请求人产品网站资料公证书”的真实性无异议，但认为与本案无关联性，网站内容只是宣传意向，没有说明被请求人生产销售涉嫌侵权产品，而且网站内容没有涉嫌侵权产品的结构。

对证据3“被请求人产品宣传彩页”的真实性有异议，没有相关证据证明该宣传彩页是被请求人的，不能作为证据使用。

对证据4“被请求人宣传光碟”的真实性有异议，没有相关证据证明该光碟是被请求人的，不能作为证据使用。

对证据5“被请求人产品说明书”的真实性有异议，“鼻泪管支架”包装盒是打开的，因此无法证明说明书是包装盒内的。并且，说明书仅仅是文字说明，没有产品结构说明。

合议组经审理后认为，请求人提交的证据1“鼻泪管支架”实物包装盒已开封，“泪道探通引导针、导丝”实物无生产企业标识，不能证明该“泪道探通引导针、导丝”实物是“鼻泪管支架”实物包装盒内的产品，请求人无法证明其合法来源，该证据不予采信。

请求人提交的证据2“被请求人产品网站资料公证书”形式无瑕疵，被请求人也认可该证据真实性，对该证据予以采信。

请求人提交的证据3“宣传彩页”，由于请求人无法证明宣传彩页的合法来源，对该证据不予采信。

请求人提交的证据4“宣传光碟”，因请求人无法证明该宣传光碟的合法来源，对该证据不予采信。

请求人提交的证据5“‘鼻泪管支架’产品说明书”，因“鼻泪管支架”包装盒是打开的，无法证明说明书是包装盒内的，无法证明其真实性，对该证据不予采信。

由证据2“被请求人产品网站公证书”中的网站图片可以看出被控侵权产品的部分技术特征。但从图片中无法看出“针芯在针管内自由拉动，针管的针头端封闭呈钝圆锥形，针管的针头端有一定长度的实体段，倾斜面与侧壁孔的后壁成钝角”等涉案专利权利要求记载的技术特征，不能认定其落入涉案专利权的保护范围，构成专利侵权。请求人提交的证据缺乏证明力，不足以支持其主张的事实，应当承担举证不能的法律后果。

分析与评述：

对于物证而言，如果取证过程中未能将证据来源予以固定，且该证据本身又不具有与其他证据相联系的信息，则该物证通常无法证明特定的使用和销售事实。对于经公证的网络证据，公证本身仅能确认证据形式上的真实性，对于证据内容的可靠性以及在案件中的证明作用，还需进一步判断。对于宣传彩页等制作随意性较大的书证，如果证据提交方不能证明其证据来源，对方当事人亦不认可的，通常难以确认其真实性。

【案例 4-2-12】

A 公司指控 B 公司销售的制动器总成侵犯其专利权，提供了从 B 公司公证购买的发票和实物予以证明。B 公司辩称，该制动器总成并非自己制造，而是购买于 C 公司，为此提供了增值税专用发票和照片为证，证明被控侵权产品有合法来源，不承担侵权赔偿责任。

经查，增值税专用发票记载 C 公司向 B 公司出售的产品为“1058 汽刹制动器”，照片中反映的制动器总成上印有产品型号“1058”和 C 公司名称，但看不到内部结构，被控侵权物与照片中产品外形相似，但外表无产品型号和制造厂商名称等信息。

分析与评述：

B 公司虽声称照片所摄为从 C 公司购买的产品，且其上具有产品型号和 C 公司名称，可以与增值税发票相互印证，但由于照片形成时间和过程不明，无法认定照片中的产品即为增值税发票中所指产品。在此情形下，即便 B 公司确实曾向 C 公司购买过 1058 汽刹制动器，但增值税发票所指产品与被控侵权产品无任何客观联系，不能证明后者有合法来源；其次，即便认定照片中产品即为 1058 汽刹制动器，但被控侵权物外表无产品型号和制造厂商名称等信息，照片中的产品也无法看到内部结构，不能确定两者技术特征相一致，即照片中产品并非与被控侵权产品指向相同，仍不能合理推断出被控侵权产品即为 1058 汽刹制动器。因此，B 公司有关产品合法来源的抗辩主张不能成立。

【案例 4－2－13】

专利权人傅某拥有名称为“茶叶包装盒”的外观设计专利，上述专利授权公告日为2003年10月25日。傅某称，2004年11月26日，自己在天方茶叶批发部发现被控侵权产品，遂购买了被控侵权产品一个，该批发部出具了一张饮食业发票，由包装可知，该产品为天方公司生产，因此天方公司应承担侵权责任。傅某提供了如下证据：(1) 被控侵权产品包装盒；(2) 饮食业定额发票1张。

经查，被控侵权产品茶叶包装盒上印有“天方公司荣誉出品”“天方”等字样，盒侧面贴有一张白色标贴，该标贴覆盖了茶盒上的部分说明文字，其上注有“生产日期2004年3月17日”等字样。饮食业定额发票上盖有“天方茶业批发部茶楼宾馆专用章”，但“客户名称”以及“开具日期”栏均为空白。对此，天方公司认为，被控侵权产品上的生产日期覆盖了包装上的产品介绍内容，违反了国家有关规定；饮食业定额发票与其购买的被控侵权产品之间无互相印证关系，因此，不能证明天方公司制造、销售了被控侵权产品。天方公司出示了其生产的部分茶叶产品包装，以证明其生产日期系以喷码形式印制。

分析与评述：

傅某提供的被控侵权产品上虽印有天方公司的相关信息，但用于证明该产品生产日期的标贴系另行贴附于包装盒上，容易拆卸，被控侵权产品的生产日期标注方式亦与天方公司在先产品中以喷涂方式标注生产日期的方式明显不同。傅某提供的饮食业定额发票中虽盖有“天方茶业批发部茶楼宾馆专用章”，但“客户名称”以及“开具日期”栏均为空白，不符合国家有关发票的管理制度，并且其为定额发票，其对应的产品也不明确，发票与被控侵权产品不能相互印证，无法证明天方公司销售了被控侵权产品。

三、视听资料

视听资料是指采用先进的科学技术，利用图像、音响及电脑等储存反映的数据资料等来证明案件情况的一种证据形式。

（一）表现形式

视听资料表现为录像带、录音带、传真资料、微型胶卷、电话录音、电脑储存数据和资料等具体形式。

（二）视听资料的提交要求

（1）当事人应当提供有关资料的原始载体。提供原始载体确有困难的，可以提供复制件。提供复制件的，应当说明其来源和制作经过。

（2）注明制作方法、制作时间、制作人和证明对象等。

（3）声音资料应当附有该声音内容的文字记录。

（三）视听资料的审核认定

1. 证据资格审核认定

视听资料证据资格主要审核证据的合法性，即证据是否为非法取得。所谓非法取得，主要指是否以窃听等违反法律禁止性规定的手段取得，或是否以侵害他人合法权益的方式取得。

2. 证明力审核认定

（1）视听资料载体、制作过程是否可靠

审查视听资料所依赖的设备、软件是否达到一定的质量标准，是否具备一定的灵敏度，使用期限如何等；视听资料制作、存储、传递的方法是否科学，程序是否合理。

（2）视听资料的真实性

审查视听资料有无被加工、改造的可能，必要时，可以运用鉴定方法。被当事人或者他人进行技术处理而无法辨认真伪的证据材料不能作为定案依据。难以识别是否经过修改的视听资料不能单独作为定案依据。

（3）视听资料形成时的条件

审查视听资料的制作主体、方式，形成时间、地点、条件及周边环境，确认由何人录制、摄制、输入，制作具体地点、时间和具体环境情况。例如，对于录音、录像资料，应当查明当事人的有关言辞陈述是否出于自愿或真实意思表示，是否是在受到威胁的情况下被迫作出的。

（4）视听资料的证明力判断标准

视听资料载体及其制作过程可靠性强，证明力也强。存有疑点的视听资料不能单独作为认定案件事实的依据。

四、当事人陈述及证人证言

（一）当事人陈述

当事人陈述是当事人就有关案件的事实情况向管理专利工作的部门所作出的陈述，包括当事人自己说明的案件事实以及对案件事实的承认。当事人陈述通常缺乏可靠性，难以单独作为定案依据。相比当事人作出的利己陈述，其作出的不利于己、只有利于对方当事人的事实陈述，可信度相对较高。

对于当事人陈述，主要审查当事人陈述与其他证据有无矛盾、是否能够相互印证。不仅要审查一方当事人陈述与其所提供的其他证据是否存在相互抵触，还要审查该当事人陈述与对方当事人及所提供的其他证据是否存在矛盾。

（二）证人证言

证人证言是人们对客观发生事件在头脑所形成印象的一种表达。

1. 证人资格

不能正确表达意志的人，不能作为证人，其证言不能作为定案依据。待证事实与其年龄、智力状况或者精神健康状况相适应的无民事行为能力人和限制民事行为能力人，可以作为证人。

2. 证人证言的审核认定

（1）证人作证的基本要求

证人应当陈述其亲历的具体事实。证人根据其经历所作的判断、推测或者评论，不能作为定案的依据。证人证言的质证应当结合提交的书面证言，围绕证人的感知、记忆能力、证言内容的真实性、证人身份及证人与案件的利害关系等进行。出庭作证的证人应当客观陈述其亲身感知的事实。证人为聋哑人的，可以其他表达方式作证。证人作证时，不得使用猜测、推断或者评论性的语言。

当事人提供证人证言的，应当符合下列要求：

①写明证人的姓名、年龄、性别、职业、住址等基本情况；

②有证人的签名，不能签名的，应当以盖章等方式证明；

③注明出具日期；

④附有居民身份证复印件等证明证人身份的文件。

（2）询问证人的程序和注意事项

询问证人应当包括如下步骤：

①核实证人身份（核对身份证件，并要求其提供复印件）；

②询问证人的姓名、年龄、性别、职业、住址等基本情况；

③告知证人有如实作证的义务及作伪证的责任；

④双方当事人对证人证言质证：

a. 提供证言一方询问和反方询问；

b. 正方再询问和反方再询问；

c. 如有多个证人，可以让证人对质；

⑤合议组成员对未予明确的问题询问。

合议组对证人的询问不得使用诱导性语言；合议组可以根据案件的具体情况，选择不同的询问方法，以查明证人的感知、记忆和表述能力，证人是否亲历其作证事实，证人与当事人或代理人有无利害关系，证言前后有无矛盾之处，证言与其他客观证据有无矛盾之处等。

当事人对证人询问不得使用诱导性的语言，不得威胁、侮辱证人，询问的事项应当与案件事实相关。询问和质证内容应当形成文字材料，可以在口头审理过程中记录并由证人签名，也可以由本人书写，并注明日期。出席口头审理作证的证人不得旁听案件的审理。合议组询问证人时，其他证人不得在场，但组织证人对质的除外。

（3）证人证言证明力的判断

对于证人证言的证明力，应通过对证人的智力状况、品德、知识、经验、法律意识和专业技能等的综合分析作出判断。针对同一事实，有多个证人证言的，应当综合分析、判断、相互印证。

其他证人证言一般优于与当事人有亲属关系或者其他密切关系的证人提供的对该当事人有利的证言；出庭作证的证人证言一般优于未出庭作证的证人证言。未成年人所作的与其年龄和智力状况不相适应的证言，与一方当事人有亲属关系或者其他密切关系的证人所作的对该当事人有利的证言，或者与一方当事人有不利关系的证人所作的对该当事人不利的证言，均不能单独作为定案依据。

（4）证人不能出庭的情形

证人确有困难不能出庭的情形，经管理专利工作的部门许可，证人可以提交书面证言或者视听资料或者通过双向视听传输技术手段作证。

如果证人无正当理由不出庭作证，其证言不能单独作为认定事实的依据。

（5）证人证言是否公证对证明力的影响

经过公证的证言仍然属于证人证言的范畴，只能证明证人作出了如书面证言所述的陈述，不能证明其所述情况属实。

3. 单位证明

单位证明是指以法人单位或者其他非法人组织的名义作出的，以其文字内容来证明案件事实情况的证明材料，如市场监督管理部门出具的企业法人变更登记情况表、国家图书馆出具的馆藏证明、档案馆出具的馆藏证明、企业单位出具的对产品销售情况的陈述、行业协会出具的意见等。

（1）单位证明的分类

根据所记载的内容或表达的思想，单位证明可分为以下几类：

①书证性质的单位证明，具体可分为公书证类证明和私书证类证明。公书证类证明是指国家机关（如市场监督管理部门、海关部门等）或者公共职能部门（如图书馆、标准馆、档案馆等）在职权范围内制作的证明；私书证类证明是指企事业单位提供的案件发生前和案件发生过程中形成的文件或档案等证明材料，或将单位持有的文件或档案进行摘录、总结归纳或将其作为附件而形成的证明材料。

②证人证言性质的单位证明。此类单位证明是指为证明某一案件事实，应一方或多方当事人的请求，以单位的名义出具的、对单位参与的业务活动的记忆性陈述，或者以单位的名义出具的，单位工作人员对案件事实的陈述。

③行业意见类单位证明，例如建筑材料行业协会出具关于某专利在该行业取得良好应用效果的说明、电器行业协会出具关于某种型号的电器已经公开使用的证明，以及其他行业协会或者专业技术部门出具的某种技术方案与涉案专利构成等同的意见等。这类单位证明类似于专家意见，是对某一案件事实的解释、说明。

（2）单位证明的审核认定

①单位证明的法定形式要求

由有关单位向案件审理机关提出的证明文书，应由单位负责人签名或者盖章，并加盖单位印章。对于单位证明，若其缺少单位的签章或单位负责人签名或者盖章，在对方当事人不予认可的情况下，应当不予采纳。单位在自然人（单位职员）的书面证明上盖章确认的，该份证明材料只能作为自然人的书面证言，不应该被当作单位证明，单位的盖章只能视为单位对证人身份资格的证明。

②证明力认定

关于书证性质的单位证明，国家机关、公共职能部门在职权范围内制作的公书证类证明文书，在确认复印件与原件一致，且无其他反证的情况下，可以确认其证明力。在认定能够作为公书证的单位证明时，应当注意辨别单位主体的性质、证明内容的性质、单位证明的形成时间以及该证明所涉及实体内容的形成时间，注意出具该材料的主体和材料内容是否符合要求。如果该单位不是依照法律、法规等授权而享有相应职能、职责的国家机关或公共职能机构，或者材料的内容不在上述单位的法定职权范围内，该单位证明不能被当作公书证，只能以私书证类证明或证人证言对待。对于私书证类证明，当事人一般应当提供出具该单位证明文书所依据的证明材料。在当事人取证确有困难的情况下，可以依当事人的申请调取证据；若当事人提交经公证的单位证明，且该公证书附有相关证据材料的复印件，而单位证明的内容又与所附材料相一致时，可以确认单位证明的证明力；若当事人提交经公证的单位证明而公证书未附所依据的证据材料的复印件，在对方当事人提出合理异议，且没有其他证据佐证的情况下，不宜确认其证明力。

对于证人证言性质的单位证明，质证规则可以适用证人证言的质证规则，当事人对单位证明存有异议的情况下，签字的单位负责人或者相关事项的具体经办人应当出庭接受质证。未经质证的单位证明，通常不能单独作为定案的依据。经过质证的单位证明的证明力通常要大于未出庭质证的单位证明的证明力。单位证明的证明力要大于自然人证言的证明力。

行业意见类单位证明的作用仅仅是帮助审案人员了解案情，解释、说明案件的情况，可以作为审查案件时的参考，一般不宜将其作为证据使用。

【案例 4 -2 -14】

请求人靳某就被请求人某烤肉店侵犯其“烧烤盘”实用新型专利一案，向某市知识产权局提出处理请求。

请求人靳某称：某烤肉店未经其本人授权，私自使用与其专利相同的烧烤盘并应用于相同的行业。上述事实已请公证处人员进行现场公证。请求人请求某市知识产权局责令被请求人立即停止侵权行为。

请求人提供了由某市公证处出具的第 1 号公证书作为证据。

被请求人某烤肉店辩称：被请求人使用的烧烤盘是被请求人到西安一家烤肉店购买的，具有合法来源，因此被请求人不承担侵权责任。

被请求人提供的证据有：

证据A：证人李某（被请求人员工）去西安拉货的证言；

证据B：被请求人提供的流水账复印件，同时出示了原件。

对请求人提供的公证书证据，被请求人无异议。对被请求人提供的证据，请求人认为：对证据A中的证人证言至多只能证明去西安拉货，不能证明从西安拉的货就是被控侵权产品；证据B的流水账只是随身笔记，形成时间不能确定。

合议组经审理后认为：被请求人提供的证据中，证人证言以及流水账复印件无法证明与本案中的被控侵权产品烧烤盘有关联性，不予采信；同时被请求人提供的证据无法证明与本案中的被控侵权产品烧烤盘有关联性，不予采信。因此，被请求人的合法来源抗辩不成立。

分析与评述：

本案中，被请求人虽提交了证人证言证明被控侵权产品购自西安某烤肉店，但该证人为被请求人员工，与本案具有利害关系，其证明力较弱，不能单独作为认定产品具有合法来源的依据。虽然被请求人还提交了流水账，但该证据同样来源于被请求人自身，其真实性难以确认，不能用于佐证证人证言的真实性。

【案例4-2-15】

专利权人A指控B公司在××住宅使用的产品侵犯其“纱窗拉梁堵头”专利权。B公司承认其使用的产品落入专利权保护范围，但主张被控侵权产品是由中天正阳塑料厂生产，学永建材经营部经销，B公司通过支付合理市场对价后购入，具有合法来源，不应承担赔偿责任。

B公司提交了如下证据予以证明：

（1）《中天正阳隐形纱窗厂证明》，其中载明：“××住宅小区的隐形纱窗配件是由我厂生产销售的，即中天正阳隐形纱窗厂”。

（2）学永建材经营部业主赵某出具的两张购货增值税发票：一张为辽宁省增值税专用发票，其中载明购货单位为B公司，销货单位为“鑫龙铝业有限公司”，货物名称“电泳铝型材”；另一张为山东省增值税专用发票，其中载明购货单位为B公司，销货单位为“建美铝业有限公司”，货物名称“铝型材”。

（3）赵某出具的《证明》，其中载明被控侵权产品是其从中天正阳塑料厂购进，学永建材经营部销售给B公司的，赵某委托建美铝业有限公司和鑫龙铝业有限公司代开发票。

(4) B公司的入库单、建设开发公司(×××项)赊货欠款单、记账凭证等，其中记载从赵某处购买隐形纱窗配件等货物，以及相应的金额。

上述证明中出证人均未出庭作证。

分析与评述：

本案中，B公司用于合法来源抗辩的证据主要包括两类，一是证人证言，包括中天正阳隐形纱窗厂出具的单位证明和赵某出具的证明材料；二是一些书证，如增值税发票、入库单、建设开发公司(×××项)赊货欠款单、记账凭证等。对于这些证据，一是要单独审核某一证据本身的真实性；二是要看这些证据之间能否相互印证，形成完整的证据链。

(1)《中天正阳隐形纱窗厂证明》系单位出具的证明，但经办人或负责人均未出庭作证，仅凭该证据无法认定其所述事实的真实性。

(2) 两张增值税发票中记载的货物名称均与被控侵权产品不符，与B公司主张的学永建材经营部业主赵某从中天正阳塑料厂购买被控侵权产品的事实不一致。

(3) 赵某出具的《证明》，其中载明被控侵权产品是赵某从中天正阳塑料厂购进，学永建材经营部销售给B公司的，赵某委托建美铝业有限公司和鑫龙铝业有限公司代开发票。但该《证明》和中天正阳隐形纱窗厂出具的证明所记载的生产销售单位不符，在没有其他证据佐证两者属于同一主体的情况下，两者无法相互印证。

(4) 关于B公司的入库单、建设开发公司(×××项)赊货欠款单、记账凭证等，由于该组证据均是B公司的内部材料，来源于本案一方当事人自身，且其制作随意性较大，较为容易修改，其真实性亦不能认定。

鉴于B公司提交的各组证据均无法证明其主张，其提出的被控侵权产品具有合法来源从而应免除赔偿责任的主张不能成立。

五、鉴定意见

鉴定意见是鉴定人接受委托或聘请，运用自己的专门知识和技能，对案件中所涉及的某些专门性问题进行分析、判断后所作出的结论性意见。

(一) 鉴定人与鉴定文书

具有鉴定资格的专业人员通常称作鉴定人，鉴定人有自然人和机构之分。鉴定意见以鉴定文书为载体。鉴定文书是鉴定委托、鉴定过程和鉴定结果的书面表达方式，是鉴定人将鉴定所依据的资料、鉴定的步骤与方法、鉴定的依据与标准、分析得出的数据图像等用文字和图片的形式表述出来的一种法律文书，包括鉴定书、检验报告书和鉴定意见书等形式。作出肯定或否定鉴定结论的为鉴定书，叙述检验过程和检验结果的为检验报告书，提供倾向性、可能性分析意见的为鉴定意见书。

（二）鉴定意见的审核认定

1. 证据资格审查

（1）鉴定书是否符合形式要求

鉴定书应当载明委托人姓名或名称、委托鉴定的事项、委托鉴定的材料、鉴定的依据和使用的科学技术手段、鉴定过程的说明、明确的鉴定结论、对鉴定人鉴定资格的说明，并应有鉴定人的签名和鉴定机构的盖章。

（2）鉴定机构与鉴定人是否合格

鉴定机构应当是依照法律、法规、规章的规定成立的具有鉴定资格的机构，鉴定人应当是具有某方面的专业知识并依法取得鉴定人资格的人员。审查鉴定意见时应首先审查鉴定机构与鉴定人的资质条件。

（3）鉴定程序是否合法

程序法定是保证鉴定质量的重要措施，鉴定对象的提取、保管、送鉴定、鉴定均须依照法定程序进行。鉴定人数与鉴定书不符合鉴定要求、鉴定人与当事人有利害关系应当回避而没有回避，都属于违反法定程序的情况。

（4）鉴定人有无受到不正常干扰和影响

应当对鉴定人是否受到不正常干扰和影响进行审查。如果鉴定人受到他人干涉，鉴定意见的正确性就可能受到影响。

2. 证明力审查

（1）鉴定意见依据的材料是否充分和可靠

鉴定所依据的材料应当真实、充分。应当审查鉴定人是否存在出于某种目的，故意更换、增减鉴定材料的情况。

（2）鉴定的方法是否科学，使用的设备和其他条件是否完善

应当审查鉴定人在鉴定过程中，检验、实验的程序规范或者检验方法是否符合法定标准或行业标准，所使用的技术设备是否先进可靠，技术手段是否有效可靠。

（3）鉴定意见是否符合逻辑

应当审查鉴定意见的论据是否充分、推论是否合理、论据与结论之间是否存在

矛盾、鉴定结论与其他证据是否存在矛盾、鉴定意见是否明确、内容是否完整。

（4）鉴定意见是否超越职权

鉴定意见只能解决事实问题，不能解决法律问题。鉴定意见中针对法律问题的结论虽不会导致鉴定意见必然无效，但该意见仅能供执法人员参考，不能被不加分析地直接接受。

（5）鉴定委托人的影响

鉴定委托人为案件一方当事人，其鉴定意见的证明力低于鉴定委托人为管理专利工作的部门、人民法院或其他中立机构的鉴定意见。

（6）鉴定人是否出庭接受质询

鉴定人无正当理由不出庭，对方当事人对其鉴定意见提出相反证据或合理怀疑足以推翻其结论的，该鉴定意见不能作为定案依据。

（7）鉴定意见的证明力大小

在证明同一个事实的数个证据中，鉴定意见优于其他书证、视听资料和证人证言。

3. 关于有专门知识的人出庭说明有关问题

当事人可以申请有专门知识的人出庭说明有关问题，包括对鉴定人作出的鉴定意见提出意见和对专业问题提出意见。

“有专门知识的人”，又称专家，是指在科学、技术以及其他专业知识方面具有特殊的专门知识或者经验的人。所谓“专门知识”，是指不为一般人所掌握而只有一定范围的专家熟知的那些知识，不包括现行法律、法规的规定等法律知识。

需要有专门知识的人出庭就鉴定人作出的鉴定意见或者案件事实所涉及的专门问题进行说明或者发表专业意见的，应当由当事人向审理机关提出申请，说明理由。审理机关接受申请后，应当进行审查。如果符合法律规定，理由充分，应当通知有专门知识的人出庭；如果不符合法律规定或者理由不成立，就应当驳回当事人的申请。

【案例 4－2－16】

2009 年 3 月，请求人张某请求某市知识产权局处理被请求人王某侵犯其名称为“一种能使金刚石刀头冷却的药剂”的发明专利权的行为。

该局立案后，于 2009 年 3 月 17 日到被请求人销售现场进行调查取证，于 2009 年 6 月 4 日到被请求人的销售现场对其经销的冷却液原料进行抽样取证，并委托某市化学工业研究所对样品进行鉴定，确定原料为涉案专利权利要求中对应的化学成分。该局据此作出〔2009〕第4号专利侵权纠纷行政裁决书，认定涉嫌侵权产品中的原料落入涉案专利保护范围，构成专利侵权。被请求人不服该局行政裁决，向该市中级人民法院提起行政诉讼。

该市中级人民法院审理认为：抽取样品的场所（即销售被请求人生产的冷却粉的经销处）的营业执照登记不是被请求人，现场抽样的被抽样人为王某某，非被请求人王某；该市知识产权局无有效证据证明被请求人王某当时在抽样现场；王某不认可送鉴样品为其销售的产品，该市知识产权局不能提供证据证明送鉴样品为王某生产销售的，抽样取证不符合依法行政的维护正当程序原则。鉴定单位所作的《化学品鉴定报告》鉴定结论落款处只有鉴定单位公章，无鉴定人签名和鉴定人鉴定资格的说明，违反了《最高人民法院关于行政诉讼证据若干问题的规定》第十四条，该报告不能作为专利纠纷处理依据。该市中级人民法院据此判决撤销该市知识产权局〔2009〕字第4号专利纠纷行政裁决书，由该市知识产权局重新作出具体行政行为。

分析与评述：

本案存在以下几个问题：(1) 请求人在提起侵权处理请求时，被请求人为王某。该局在取证过程中，并没有注意到该经销处的个体工商户营业执照登记的经营者为王某的父亲王某某；(2) 取证过程中王某在场，但未取得相应的摄像、照片证据；(3) 现场取证的被取证人签字为王某某，王某没有在取证记录及样品上签字。以上存在的问题导致证据无法相互印证，不能证明王某为取证样品的被取证人，也无法进一步证明王某为被控侵权产品的生产者，导致鉴定程序不合法。此外，《化学品鉴定报告》依照检验单位的固定格式，在登记页面有检验人员签字，但是在附页中的送鉴结论中没有鉴定人签名，且没有鉴定人鉴定资格的说明，也导致鉴定结果未被认可。

本案例的指引意义在于：(1) 执法人员在取证时，应当确认证据与当事人的关联性；(2) 取样登记表应当有当事人签字，当事人拒不签字的，应当有其他证明材料（录像、照片、案外人签字等）佐证；(3) 取证过程应当经采用照相、摄像、录音等措施进行记录，必要时可以采用隐蔽拍摄方式；(4) 鉴定意见应当有对鉴定人鉴定资格的说明，并应有鉴定人的签名和鉴定单位的盖章。

【案例4-2-17】

专利权人李某以公证购买的形式取得被控侵权产品、今晨实业广东营销中心出货单。被控侵权产品上印有“Jinchen”字样，外包装上印有今晨公司的名称、地址、服务热线、注册商标以及今晨公司的主页网址等相关信息；出货单上盖有“今晨公司”印章。据此，李某主张今晨公司应承担侵权责任。

今晨公司认为，出货单上的印章系伪造。为证明这一主张，今晨公司委托司法鉴定所进行了鉴定，鉴定意见为“倾向认为检材上复印的印文‘今晨公司’与样本1、样本2上的印文不是出自同一枚印章”。该鉴定意见书以今晨实业广东营销中心出货单复印件上的印文“今晨公司”为检材，以《印鉴样式》原件上加盖的印文“今晨公司”为比对印文样本1，以公司名称为“今晨公司”的《公司年检报告书》(2009年度）复印件上复印的印文“今晨公司”为比对印文样本2。

李某认为，鉴定意见书使用的鉴定材料样本系由今晨公司单方提供，其真实性有待确认。鉴定意见中的分析说明表明今晨公司系提供复印件作为检材，不具备准确性。此外，一个企业制有两枚公司印章属于常见现象，不能因为今晨公司本部的印章与其广东营销中心的公司印章不一致，就当然推出其广东营销中心公司的印章为假冒。

分析与评述：

鉴定意见书虽倾向认为，送货单复印件上的印文与样本1、样本2中的印文不是出自同一枚印章，但由于检材为复印件，并且出货单上载明的单位名称为“今晨实业广东营销中心”，样本1、样本2上的单位名称“今晨公司”，两者并不完全相同。因此，即使印文不完全一致，亦不足以认定出货单上的印文为伪造。

六、笔录及电子证据

（一）笔录

笔录分为勘验笔录和现场笔录。勘验笔录，是执法人员对于与案件有关的现场或者物品进行勘验所作的实况记录，是对物品、现场等进行查看、检验后所作的能够证明案件情况的记录。现场笔录，是专指行政机关及其工作人员在执行职务的过程中，在实施具体行政行为时，对某些事项当场所作的能够证明案件事实的记录。

1. 笔录的制作流程

勘验现场时，勘验人必须出示执法证件，并邀请当地基层组织或者当事人所在单位参加。当事人或其成年亲属应到场，拒不到场的，不影响勘验的进行，但应当在勘验笔录中说明情况。勘验人员应当制作勘验笔录，记载勘验的时间、地点、勘验人、在场人、勘验的经过和结果，由勘验人、当事人、在场人签名。勘验现场时绘制的现场图，应当注明绘制的时间、方位、绘制人姓名和身份等。勘验笔录的内容，一般包括笔录、现场照相、现场摄像和现场绘图。

现场笔录，由行政执法机关及其人员现场制作，应当载明时间、地点和事件等内容，并由执法人员和当事人签名。当事人拒绝签名或者不能签名的，应当注明原因。有其他人在现场的，可由其他人签名。

2. 笔录的审核认定

（1）程序是否合法

勘验必须严格依法进行，对笔录的审查应注意审查勘验的程序是否合法，例如参加人员是否符合法律规定、是否依照法定步骤进行、应当签名的人员是否签名等。

（2）笔录是否反映了现场、物品等的真实情况

对于笔录，应当审查笔录上所记载的物证、场地环境情况等与从现场收集到实物证据是否吻合；采用文字记录以及绘图、现场摄像、拍照方式反映案件事实的各个部分是否互相照应，有无互相抵触的情形；现场所记录的重要情况有无遗漏之处，所使用的文字表述是否确切，记录的数字是否准确无误；笔录所表述的内容有无推测之处。

（3）笔录的证明力大小

现场笔录、勘验笔录证明力优于其他书证、视听资料和证人证言。

行政机关主持勘验所制作的勘验笔录证明力优于其他部门主持勘验所制作的勘验笔录。

（二）电子证据

电子证据是以电子形式表现出来的、能够证明案件事实的一切材料。所谓电子就是在技术上具有电的、数字的、磁性的、无线电的、光学的、电磁的或类似的性能。电子证据的形式除了包括网站、电子公告、博客、电子邮件、交互式交流工具（QQ、BBS、微信等）、新闻组及 FTP 上下载文件等外，还包括表现为电子数据交换（EDI）、电子资金划拨（EFT）和电子签章（E－signature）等样式的各种证据。

1. 电子证据的审核认定

（1）合法性认定

域外形成的电子证据原则上应经过公证认证，否则不予采纳。对于国外网站信

息等可以在我国域内通过正当途径获得的电子证据，无须进行公证认证，可以直接作为证据予以接纳。取证手段的合法性主要需考虑证据的取得是否侵害他人合法权益（如故意违反社会公共利益和社会公德、侵害他人隐私等）或者采用违反法律禁止性规定的方法（如窃听），除此之外，不能随意认定为非法证据。未经对方当事人同意私自录制其谈话所取得的录音资料，如未违反上述原则，不宜简单以不具有合法性予以排除。

（2）真实性认定

当事人均认可的电子证据，一般予以采纳；对方当事人有充分理由反驳的，应当要求提交电子证据的当事人提供其他证据予以佐证。经查证属实，电子证据可以作为单独认定案件事实的依据。

审核电子证据的真实性时，还需要考虑以下因素：

①电子证据的形成过程，包括电子证据是否是在正常的活动中按常规程序自动生成的、生成系统是否受到他人的控制、系统是否处于正常状态等。

②电子证据的存储方式，包括存储方式是否科学、存储介质是否可靠、存储人员是否独立、是否具有遭受未授权的接触的可能性。

③电子证据的收集过程，包括电子证据的收集人身份是否适格，收集人与案件当事人有无利害关系，收集方法（备份、打印输出等）是否科学、可靠等。

④电子证据的完整性。一般情况下，应依法指派或聘请具有专门技术知识的人对其进行鉴定，就有关电子证据的技术问题进行说明，不能仅凭生活常识来判定电子证据有无删改。

（3）证明力认定

①经公证的电子证据的证明力大于未经公证的电子证据。经公证的电子证据仍然是电子证据，同样需要适用判断电子证据真实性的规则。

②在正常业务活动中制作的电子证据证明力，大于为诉讼目的而制作的电子证据。

③由不利方保存的电子证据的证明力最大，由中立的第三方保存的电子证据证明力次之，由有利方保存的电子证据证明力最小。

2. 网络证据的审核认定

网络证据是电子证据的一种，又称互联网证据，是指以数字形式存在的，以通信网络作为传播媒介，公众能够从不特定的网络终端获取，需要借助一定的计算机系统予以展现，并且用于证明案件事实的证据材料。

对于网络证据，既不能因其修改不易留痕迹的特点而一律不予接受，也不能不加分析地一概接受，而应根据个案情况综合加以认定。

网络证据认定的关键在于其真实性。网络证据真实性具有三个层面的含义：一是网络证据是否客观存在，即是否具有形式上的真实性；二是网络证据的内容是否反映了形成时的状态，即其内容是否具有真实性；三是网络证据是否反映事实的客观情况，表述的内容是否可靠。

形式真实性认定主要在于判断网络证据的表现形式是否能证明其来源。内容真实性认定主要在于判断网络证据是否经过篡改。是否经过篡改可以从网站的资质和网站与当事人之间的利害关系考虑。网络证据是否可靠主要从网站的资质进行判断。

在审核认定网络证据时，应先判断其是否具备形式真实性，然后综合考查网站的资质和与当事人的利害关系，判断其内容真实性，最后再综合判断其内容的可靠性。

（1）网络证据的表现形式

网络证据的表现形式主要包括两种：网页内容的打印件、记载网页内容打印件以及访问过程的公证书。

①网页内容的打印件

网页内容的打印件性质上属于复印件，如果通过审理案件现场演示的方式能够证明打印件与网页内容实质相同，则可以初步确认该网络证据的证据来源。

现场演示中，需要注意：a. 通常应采用案件审理者或中立方的计算机及网络进行演示。如受条件所限，确需采用一方当事人的计算机及网络进行演示的，应首先检验网络是否正常，并对计算机进行清洁性操作；b. 应注意核对网页网址、网页主要内容是否一致，网页容易发生改动部分（如广告）以及因为显示方式变化出现的细微差别不影响认定；c. 对于演示过程中表现出来的关键性内容及双方当事人的质证意见，应进行详细记录，防止当事人事后反悔；d. 现场演示无法访问该网页，或该网页与打印件内容实质不同时，可认定该证据来源不可靠；e. 现场演示可以证明证据来源的，一方当事人于事后主张该网页无法访问或内容发生较大变化的，不影响对该证据的认定，该证据的内容以现场演示时为准；f. 通过网页快照可以确认打印件内容与网页快照内容一致性的，该网络证据的来源应得到认可，有相反证据予以推翻的除外。

②记载网页内容打印件以及访问过程的公证书

网络证据的公证，是指公证机构根据当事人的申请，依照法定程序对网络证据的形成过程进行证明的活动。当事人提供记载了网页内容打印件及访问过程的公证书的，该公证书既能够证明该网络证据的证据来源，也能够证明该打印件与该打印件形成时间时的网页相一致，能够初步认定其形式上的真实性。需要注意，网络证据的公证仅能证明公证时相关网页的内容，不能证明网页内容的历史情况以及网页内容的真实性。

（2）网站的资质

网站的资质是指网站的内在属性。其主要取决于以下因素：网站系统的可靠性与稳定性、网站的权限管理机制。

网站系统的可靠性与稳定性是指构成网站系统的硬件、软件与固件的稳定情况以及正常运行的情况。如果网站的硬件系统没有出现过故障或者具有完备的日志系统与备份系统，网站的软件系统运行比较可靠，则网络证据被黑客入侵非法篡改的可能性较小。

网络的权限管理机制涉及网站中各个不同角色的权限情况，其标志着网站信息的可修改性以及修改的难易程度。如果网站的管理比较严格，具有完善的管理制度和权限分配机制，则该网站的网络证据被非法篡改的可能性较小。如果网站的管理比较宽松，没有完善的管理制度和权限分配机制，则该网站的网络证据被非法篡改的可能性较大。

（3）网站与当事人之间的利害关系

网站与当事人之间的利害关系主要指网站与本案件的当事人之间是否存在特殊关系，例如投资关系、合同关系、管理关系等。

如果网站属于独立运营的网站，与双方当事人没有任何利害关系，该网站管理者缺少篡改网络证据的动机，则该证据被篡改的可能性较小；如果一方当事人与网站有利害关系，例如系网站的赞助商或者广告商、该网站管理者，具有篡改网络证据的动机，则应对证据是否经过篡改予以认真审核。

（4）常见网站的分类及审核认定

常见网站的性质包括以下几种。

①政府网站、国际组织网站及公共组织网站类

政府网站主要包括全国人大、国务院及其组成部门与直属机构、最高人民法院、最高人民检察院以及地方各级人大、政府、人民法院、人民检察院等的网站。国际

组织网站包括联合国、欧洲专利局、国际标准化组织等的网站。

②公立学校网站、科研机构网站、非营利性事业单位网站、公益性财团法人网站类

公立学校网站是指政府财政拨款设立的大学、中学等学校的网站，例如清华大学网站、北京大学网站等。科研机构网站是指政府财政拨款设立的专门从事科学研究工作的科研单位的网站，例如中国科学院软件研究所网站、中国科学院计算技术研究所网站等。非营利性事业单位网站例如中国计算机学会、中国通信学会等的网站。公益性财团法人网站是指为了公益事业建立的非营利性的财团法人的网站，例如中国红十字会网站等。

③知名的专业在线期刊网站、知名的在线数据库类网站类

知名的专业在线期刊网站是指业界公认的专业期刊的在线网站，例如软件学报网站、计算机工程与应用网站、计算机应用网站等。知名的在线数据库类网站，例如中国知识基础设施工程（CNKI）网站、超星数字图书馆网站、万方数据网站、中国药物专利数据库检索系统网站等。

④具有一定知名度的门户网站类

该类网站例如新浪、搜狐、腾讯、网易等综合性门户网站。

⑤具有一定知名度的在线交易网站类

在线交易网站是指网络使用者能够输入意图出售的产品信息以及意图购买的产品信息，能够在计算机网络上完成买卖交易行为的网站。

上述五类网站的网络证据被篡改的可能性较小。对于门户网站和在线交易类网站，应在认定网络证据内容真实性的基础上，进一步判断其内容的可靠性。例如，某门户网站上发布了一则新闻，内容为某公司发布了某款产品，该网页新闻的真实性是指能够认定该网站曾发布相关内容的新闻，且并未被非法篡改；对于该新闻的可靠性，也即某公司是否发布了某款产品，应结合网站权威性、新闻来源等其他客观情况予以综合认定，不能简单地认为网页证据本身具有真实性即代表该证据能够起到证明作用。

⑥企业网站类

企业的网站是指由营利性公司运营的网站。该类网站因管理机制、可靠性与稳定性安全机制千差万别而需根据个案谨慎认定其真实性。在判断该类网站上的网络证据的真实性时，需要考虑网站和当事人之间的利害关系。

⑦BBS、个人讨论区、个人博客、个人网站类

对于BBS、个人讨论区、个人博客和个人网站等由网络使用者发布消息、相互交流的网站，因管理机制、可靠性与稳定性安全机制千差万别而需根据个案谨慎认定其真实性，对于该类网络证据内容的可信度也需要慎重审查。

（5）网络证据的公开

①网络证据公开性认定

下述类型的网站发布的信息一般被认为构成专利法意义上的公开：

a. 在搜索引擎上加以注册并能进行搜索的网站；

b. 其存在的位置为公众所知的网站（例如与知名网站链接的网站）；

c. 对于需要输入口令的网站，如果公众中的任何人通过非歧视性的正常途径就能够获得所需口令访问网站，则该网站发布的信息可被认为是公众可以得到的；

d. 对于需要付费的网站，如果公众中的任何人仅仅需要支付一定的费用就可以访问，则该信息可被认为是公众可以得到的。

下述类型网站发布的信息一般不能被认为构成专利法意义上的公开：

a. 其网络资源定位地址没有公开的网站；

b. 只有特定机构或者特定的成员才能访问，并且其中的信息被作为秘密对待的网站；

c. 网站信息采用了特殊的编码方式，一般公众无法阅读的网站。

②网络证据公开时间的认定

网络证据可能涉及的时间点包括网页的撰稿时间、网页的上传时间、网页的发布时间、网页上记载的时间以及网页中嵌入的Word、PDF等格式的特定文件信息中包含的时间。

网页的撰稿时间是指网页内容的撰稿人完成文件的撰写，并且将文件录入网站的内容管理系统的时间，通常表现为网站的内容管理系统记载的进入系统时间以及网页文件的生成时间。网页的上传时间是指撰稿生成的网页被上传到网站并且进入网站的数据库的时间。网页的发布时间是指网页被业务层应用于网站的事务管理中，网站访问者可以看到该网页内容的起始时间，同时也是搜索引擎能够抓取网页的起始时间。网页中嵌入的Word、PDF等特定文件信息中包含的时间，一般仅能表明该文件所涉及的信息被创作或修改的时间。

在网络证据具备真实性的前提下，第一，网页上记载的时间通常可以代表网页的发布时间，构成专利法意义上的公开的起始时间，除非当事人能够提供证据证明

网页经过修改；第二，网页的撰稿时间、网页的上传时间不能构成专利法意义上的公开的起始时间；第三，网页中嵌入的Word、PDF文件信息中包含的时间一般不能构成专利法意义上的公开的起始时间；第四，网络证据所标记或被证明的当地时间作为其公开时间，确定公开日时通常无须考虑时区的影响，但不考虑时区影响对当事人实体权益造成损害的除外。

第五章　专利侵权判定

第一节　发明、实用新型专利侵权判定

根据《专利法》第二条的规定，发明，是指对产品、方法或者其改进所提出的新的技术方案；实用新型，是指对产品的形状、构造或者其结合所提出的适于实用的新的技术方案。

发明与实用新型专利的保护对象都是智力成果，即对要解决的技术问题所采用的利用了自然规律的技术手段的集合，这决定了对于发明和实用新型的专利侵权判定方法基本上是一致的。目前，在判定被控侵权产品或方法（以下简称“被控侵权技术方案”）是否侵犯发明或者实用新型专利权时，首先要对权利要求的保护范围进行确定，然后再判断被控侵权技术方案是否落入专利权的保护范围。

在判定被控侵权技术方案是否落入专利权的保护范围时，首先要对专利权利要求和被控侵权技术方案进行技术特征划分，然后将相应的技术特征进行特征对比，之后判断被控侵权技术方案对于专利权利要求是否构成相同侵权。如不构成相同侵权，必要时还需进一步判定被控侵权技术方案对于专利权利要求是否构成等同侵权。在此过程中，还要考虑被控侵权人的抗辩理由，如现有技术抗辩是否成立。

一、发明、实用新型专利权保护范围的确定

《专利法》第五十九条第一款中规定，发明或者实用新型专利权的保护范围以其权利要求的内容为准，说明书及附图可以用于解释权利要求的内容。

（一）基本概念

在确定专利权的保护范围时，涉及几个最基本的概念。

1. 说明书与权利要求书

一项发明、实用新型专利文件都会包括说明书和权利要求书。

说明书，是申请人公开其发明或者实用新型的文件，其作用主要体现在以下三个方面：

（1）清楚、完整地公开发明或者实用新型的技术方案，使本领域技术人员能够

理解并实施该发明或者实用新型，并为社会公众提供新的有用的技术信息；

（2）为国家知识产权局进行审查、判断技术方案是否能够被授予专利权提供基础和依据；

（3）作为权利要求书的基础和依据，在专利申请被授权后，在侵权纠纷处理过程中，一定条件下用于解释权利要求书，以便准确地界定专利权的保护范围。

说明书包括说明书文字部分，必要时也包括说明书附图。

权利要求书，是提交专利申请和确定专利权保护范围不可缺少的文件，其存在包含以下两个方面的意义：

（1）表明申请人希望获得多大的法律保护。申请人在提交发明或者实用新型专利申请时，应当提交权利要求书。此时，权利要求书的作用在于划定申请人想获得的保护范围。国家知识产权局进行的审查，就是确定申请人提交的权利要求书限定的范围是否能够被接受。

（2）作为专利授权后确定专利权保护范围的依据。在专利侵权纠纷处理中，管理专利工作的部门和法院判断被控侵权技术方案是否侵犯专利权，要以权利要求书所界定的保护范围为基准。

2. 产品权利要求与方法权利要求

按照保护对象的不同，权利要求分为两种类型，一种是产品权利要求，另一种是方法权利要求。产品权利要求是关于物的权利要求，不仅包括常规概念之下的产品，还包括物质、机器、装置、系统等。方法权利要求则是关于活动的权利要求，通常包括制造方法、使用方法、通信方法、处理方法、生产工艺、用途等。

权利要求的类型体现于权利要求的主题名称。当权利要求的主题名称保护的是产品，即使特征部分涉及的均是方法特征，该权利要求也属于产品权利要求。相反，如果权利要求的主题名称保护的是方法，即使特征部分包括材料、产品特征，也不能改变权利要求类型为方法权利要求的属性。

3. 独立权利要求与从属权利要求

根据《专利法实施细则》第二十条第一款的规定，权利要求书应当有独立权利要求，也可以有从属权利要求。

独立权利要求是指从整体上反映发明或者实用新型的技术方案、记载解决技术问题的必要技术特征的权利要求。独立权利要求由前序部分和特征部分构成。

从属权利要求是指用附加技术特征的形式，对引用的权利要求作进一步限定的权利要求。从属权利要求包括其引用的权利要求的所有技术特征。从属权利要求也由两部分构成，即引用部分和限定部分。

独立权利要求确定了最大的保护范围，所有从属权利要求的保护范围都是其所引用的那项权利要求保护范围的一个子集合。在判断被控侵权技术方案是否构成侵权时，无论其落入专利的哪一项权利要求保护范围内，都将被认定构成侵权。一般情况下，如果认定被控侵权技术方案落入某一项从属权利要求保护范围内，其必然落入独立权利要求保护范围内；但是，如果认定被控侵权技术方案落入独立权利要求保护范围内，其并不必然落入某一项从属权利要求保护范围内。

4. 专利权的保护范围与权利要求限定的范围

《专利法》第五十九条第一款中规定的“专利权的保护范围”应当理解为权利人实际能够获得保护的最大范围，是指在权利要求限定的范围基础上，通过适用等同原则所扩展到的范围。是否存在等同范围，需根据具体案情个案分析。

所谓“权利要求限定的范围”，是指由专利授权公告文本中权利要求的文字界定的范围，该范围以权利要求的内容为准，但说明书和附图可以对权利要求的内容进行解释。

专利授权程序主要是通过对申请文件进行审查，通过审查员与申请人之间的交流互动，明确权利要求限定的范围。确权程序主要是国家知识产权局基于无效宣告请求人的请求，根据无效宣告请求人提出的理由和提交的证据，确定已授权的权利要求限定的范围是否合适。专利侵权判定，则是由管理专利工作的部门或者法院在解释权利要求限定范围的基础上，通过对是否适用等同原则以及等同范围的确定，明晰权利人实际能够获得的保护范围。

5. 申请文本、公开文本、授权公告文本和被生效法律文书确定的专利文本

申请文本：对于发明和实用新型专利而言，申请文本是指在提出专利申请时申请人提交的文本。

公开文本：发明专利申请经过初步审查合格后，国家知识产权局会公开该专利申请文本，该文本即为发明专利申请的公开文本。

授权公告文本：发明专利申请经过实质审查、实用新型专利申请经过初步审查，符合授权条件时，国家知识产权局将会授权并公告该专利，此为授权公告文本。

被生效法律文书确定的专利文本：当发明或实用新型专利经历过无效宣告程序后，所述专利有可能被宣告部分无效，当相关无效宣告请求审查决定（以下简称

“无效决定”）生效后，该无效决定维持有效的文本即为“被生效法律文书确定的专利文本”。

在确定发明、实用新型的保护范围时，应当以国家知识产权局公告授权的专利文本为基础；如果有被生效法律文书确定的专利文本，则以最后的被生效法律文书确定的专利文本为基础。

6. 内部证据与外部证据

内部证据是指在专利申请和授权过程中形成的材料，包括说明书和附图，权利要求书中的其他权利要求，初步审查、实质审查、复审和无效宣告请求审查中形成的审查档案，以及生效的授权、确权行政决定等文件。

外部证据，是指除内部证据之外，在确定专利权的保护范围时，能够用于对权利要求进行解释的证据，包括辞典（尤其是专业技术辞典）、技术工具书（尤其是技术手册、技术标准）、教科书、百科全书、专家证言等。

7. 技术方案、技术特征和技术手段

技术方案是指对要解决的技术问题所采取的利用了自然规律的技术手段的集合，而技术手段通常是由技术特征来体现的。

技术特征是指在权利要求所限定的技术方案中，能够相对独立地执行一定功能、产生相对独立的技术效果的最小技术单元。在产品技术方案中，该技术单元一般是产品的部件或者部件之间的关系。在方法技术方案中，该技术单元一般是方法的原料、产物、步骤或者步骤之间的关系。

（二）权利要求的解释

解释权利要求通常包括根据权利要求本身、相关的权利要求以及说明书和附图等专利文档或本领域技术人员的公知常识等，对权利要求中的技术术语或特征进行理解，澄清权利要求中技术术语或特征在表述上的不清楚之处，以明确权利要求限定的范围。

1. 权利要求解释的原则

（1）折中原则

确定发明、实用新型专利权的保护范围时，应当以其权利要求的内容为准，说明书和附图可以用于解释权利要求的内容。

所谓“权利要求的内容”，是指权利要求记载的技术内容，而不仅仅是权利要

求的文字或措辞的字面含义。确定权利要求记载的技术内容，应当根据权利要求概括的技术方案、说明书及附图、发明或实用新型解决的技术问题、专利对现有技术的贡献等因素合理确定，不能将专利权的保护范围扩大到本领域技术人员在阅读说明书及附图后需要经过创造性劳动才能联想到的内容。

（2）整体原则

确定发明、实用新型专利权的保护范围时，应当将权利要求中记载的全部技术特征所表达的技术内容作为一个整体加以考虑，记载在前序部分或引用部分的技术特征与记载在特征部分或限定部分的技术特征，在确定专利权的保护范围时起同等重要的作用。

（3）公平原则

解释权利要求时，不仅要充分考虑专利对现有技术所作的贡献，合理界定专利权利要求限定的范围，保护权利人的利益，还要充分考虑公众的利益，不能把不应纳入保护的内容解释到权利要求的范围当中。

2. 权利要求解释的主体

对权利要求作出解释的主体应当是本领域技术人员。

本领域技术人员，是一种假设的“人”，假定他知晓申请日或优先权日之前发明或者实用新型专利所属技术领域的所有普通技术知识，能够获知该领域的所有现有技术，并且具有应用该日期之前常规实验手段的能力，但他不具有创造能力。

3. 权利要求解释的基础

确定发明、实用新型专利的保护范围，应当以权利人主张的权利要求为准。权利人既可以主张以独立权利要求为基础，也可以主张以从属权利要求为基础，也可以同时主张独立权利要求和从属权利要求。

（1）当权利人主张以某一从属权利要求为基础确定专利权的保护范围时，应当以该从属权利要求的全部技术特征为基础，即将该从属权利要求的附加技术特征与其直接或间接引用的权利要求所记载的技术特征并在一起。

（2）当权利人未明确其用以主张权利的具体权利要求时，管理专利工作的部门应当释明其可以选择其中的一项或多项权利要求。经释明，权利人仍然拒绝明确或者未明确其用以主张权利的具体权利要求时，管理专利工作的部门以独立权利要求作为确定专利权保护范围的基础。

（3）当专利权利要求书中包括两项或两项以上的独立权利要求，权利人又未明确其用以主张权利的具体权利要求时，管理专利工作的部门应当根据权利人的具体事实和理由，解释其中相关的独立权利要求的保护范围。

（4）当权利人主张被控侵权技术方案既落入独立权利要求的保护范围，又落入从属权利要求的保护范围时，管理专利工作的部门应当予以全面审查。如果经审查认定被控侵权技术方案未落入独立权利要求保护范围之内时，可以直接认定被控侵权技术方案也未落入从属权利要求的保护范围；如果经审查认定被控侵权技术方案已落入独立权利要求的保护范围，则应当继续对被控侵权技术方案是否落入从属权利要求的保护范围作出认定。

4. 权利要求解释的规则

（1）“先内后外”

所谓“先内后外”，是指在解释权利要求时，应当首先依据内部证据进行解释，在依据内部证据仍不能明确权利要求的含义时，可以结合外部证据以及本领域技术人员的通常理解进行解释。

①内部证据

a. 说明书及附图

说明书包括一项发明或者实用新型专利的所有技术信息，是本领域技术人员理解和实施专利的最重要的文件，对于确定权利要求中技术特征或者技术术语的含义尤其具有重要的意义。

说明书附图是说明书的一部分，尤其是在实用新型专利中，附图对于帮助理解实用新型的技术方案具有重要的作用。很多情况下，附图要与说明书结合在一起，作为解释权利要求的依据。

【案例5－1－1】

专利权利要求1为：“一种玻镁、竹、木、植物纤维复合板，它由镁质胶凝竹、木、植物纤维复合层和玻璃网格布层或竹编网增强层组成，其特征在于：镁质胶凝竹、木、植物纤维复合层至少有两层，玻璃网格布层或竹编网增强层至少有一层，两层镁质胶凝竹、木、植物纤维复合层置于玻璃网格布层或竹编网增强层的上面或下面。”

本案的争议点在于：专利权利要求中“镁质胶凝竹、木、植物纤维复合层”中的“竹、木、植物纤维”是同时具备还是可以选择，即“竹、木、植物纤维”中的标点符号“、”究竟表示“和”还是“或”。

分析与评述：

根据该专利说明书具体实施例所述："镁质胶凝植物纤维层是由氧化镁和竹纤维或木糠或植物纤维制成的混合物"，显然，该复合层在说明书中被进一步明确为由三种材料中的一种、两种或三种构成，三者是选择而非并用关系，即权利要求1中"竹、木、植物纤维"应当为竹或木或植物纤维。

b. 权利要求书中的相关权利要求

在一份专利申请文件中，通常情况下相同的术语应当解释为具有相同的含义。在不同的权利要求中，对于具有相同或类似技术含义的概念，当采用不同的术语时，可以推定这些术语具有不同的含义，除非根据说明书的解释或者本领域技术人员阅读权利要求书、说明书和附图可以确定具有相同含义。当对一项权利要求中的某一术语的含义无法准确界定时，可以根据其他权利要求中相应术语的含义加以解释。

【案例5-1-2】

涉案专利权利要求如下：

"1. 一种水烟筒，包括烟筒和烟嘴，烟筒内设有一条烟管，其特征在于：所述的烟筒的上端连接有一个烟锅座，烟锅座上连接有一个烟锅，烟锅的底部设有多个小通孔，该小通孔与烟筒内的烟管相通；烟筒的下端连接有一个盛水容器，烟筒内的烟管伸入盛水容器中，烟筒的下端与盛水容器的连接处设有一个空腔；烟筒的下端还设有一个烟孔接头，该烟孔接头与空腔连通，烟嘴通过一个长软管与烟孔接头连接。

"2. 如权利要求1所述的水烟筒，其特征在于：所述的烟筒的下端还设有一个排烟阀，排烟阀与烟筒下端的空腔连通。"

涉案专利图示说明：图1和图2为涉案专利的结构分解图。其中包括：烟筒1、烟嘴2、烟管3、烟锅座4、烟锅5、空腔8、烟孔接头9、长软管10、排烟阀11、托盘12。

本案的争议点在于：权利要求1中的术语"空腔"具体的含义。

分析与评述：

涉案专利中的术语"空腔"，根据权利要求1的记载，空腔设置在"烟筒的下端与盛水容器的连接处"，根据权利要求2的记载"排烟阀与空腔连通"，说明书明确标注了空腔的位置为8。据此，空腔应当解释为是在烟筒下端，盛水容器瓶口上方，并与烟孔接头连通，作用在于盛水容器内烟气浓度过大时，可拧松排烟阀，从烟嘴处吹气，排出浓烟，因此，结合权利要求2和说明书中关于空腔的结构与作用，权利要求1中空腔的形状只能被理解为环绕烟管四周的中空结构，且连通烟孔接头与排气阀。

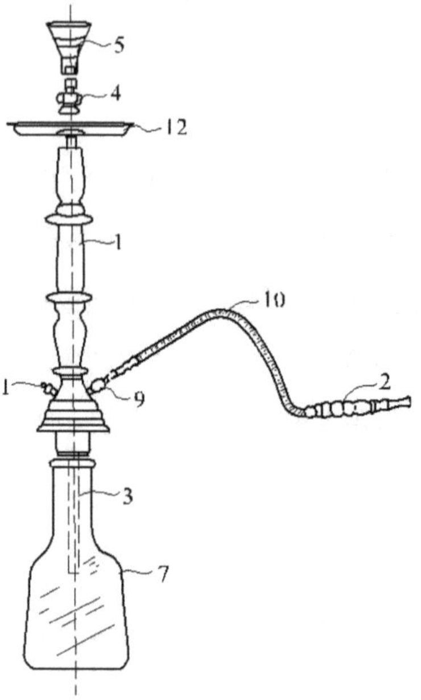

图1

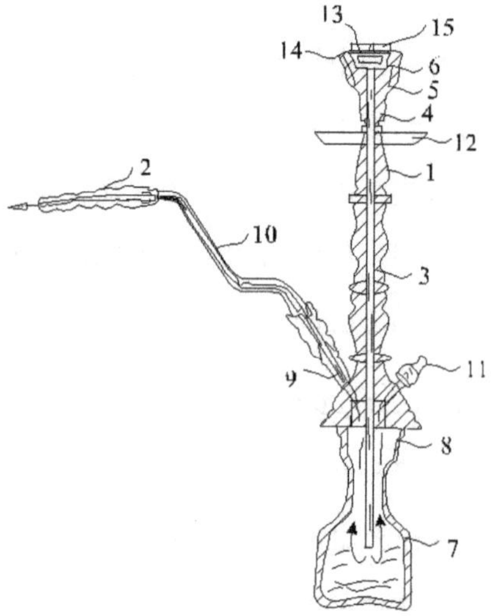

图2

【案例5-1-3】

某发明专利，权利要求14中限定可视透光体的层结构为包括介电层、介电外层以及“喷积绝缘体”（sputter-deposited dielectric）等的多层结构。

专利权人主张，权利要求中的“喷积绝缘体”包括以前喷积后经过氧化转化的绝缘体层。被控侵权人举证认为，在专利申请审查过程中，专利申请人（即专利权人）曾针对一项权利要求36陈述意见，称其与在先技术的区别在于，专利发明通过喷射直接形成绝缘层。对于被控侵权人的这一意见，专利权人称，其在审查过程中所作的如上陈述是针对一项权利要求36提出的，不适用于案中所争议的权利要求14。

分析与评述：

本案中，争议点在于如何解释权利要求14中的术语“喷积绝缘体”。

在解释权利要求时，应当对权利要求的用语进行连贯性解释，即针对同一技术术语，对于所有权利要求中使用的该技术用语都应当作相同的解释，不能在不同的权利要求中作出不同的解释，除非权利要求书、说明书和附图有明确的相反指示。本案中，权利要求14和36中出现了相同的技术术语“喷积绝缘体”，但专利权人将权利要求36中的“喷积绝缘体”解释为“通过喷射直接形成绝缘层”，却将权利要求14中的“喷积绝缘体”解释为“以前喷积后经过氧化转化的绝缘体层”，这种对相同技术术语作出不同解释的做法不符合权利要求解释的基本规则。

c. 专利审查档案

专利审查档案，是指专利申请审查和无效宣告程序中的档案，包括专利审查、复审、无效宣告程序中国家知识产权局发出的审查意见通知书、专利申请人或者专利权人作出的书面答复、会晤记录、口头审理记录、专利复审请求审查决定书、专利无效宣告请求审查决定书等。

有些情况下，专利审查档案是解释权利要求不可或缺的载体。例如，当专利文件中存在印刷错误，且该印刷错误影响到专利权保护范围的确定时，可以依据专利申请档案、专利复审及无效档案对所述印刷错误进行解释。当专利申请人在授权程序中或者专利权人在确权程序中，为了克服审查意见或者是无效宣告请求指明的缺陷对权利要求的某些技术术语或特征作出限缩性解释时，专利审查档案也可以成为解释权利要求的依据。

【案例5－1－4】

涉案专利独立权利要求为：“在管式反应器中将硝酸与氨进行中和，以生产浓硝酸铵溶液的方法，其特征在于，当反应物总流量是使产物的产量低于150公斤/(小时·平方厘米）时，在有循环比为1至5的硝酸铵溶液循环物存在的情况下进行该中和反应；或当反应物总流量高于150公斤/(小时·平方厘米）时，在没有硝酸铵溶液循环情况下，进行该中和反应。”

本侵权纠纷处理过程中，对于该独立权利要求究竟是一个技术方案还是包括两个技术方案，双方当事人存在争议。

根据专利申请审查档案可知：专利申请人原始提交的前四项权利要求为：

“1. 用氨中和硝酸制备浓缩硝酸铵溶液的方法，其特征是中和反应在管式反应器中实现。

“2. 根据权利要求1的方法，其特征是反应物总流量相当于低于150公斤/(小时·平方厘米）的产量，中和反应是在有循环的硝酸铵物流存在下实现的。

“3. 根据权利要求2的方法，其特征是循环比率为1～5之间。

“4. 根据权利要求1的方法，其特征是反应物总流量高于150公斤/(小时·平方厘米)，且其中的硝酸铵不进行循环。”

针对该原始申请文本，审查员在审查意见通知书中指出权利要求1已被对比文件公开，并且权利要求1没有从整体上反映发明的主要技术内容。将发明与对比文件中公开的现有技术相比，二者的区别仅在于“中和反应应在有循环的硝酸铵存在下进行”，这一点应当是发明的必要技术特征，然而独立权利要求1缺少这一特征，因而不符合《专利法实施细则》第二十条第二款的规定。针对该审查意见，申请人提交意见陈述书，并将专利权利要求修改为授权公告时的权利要求。

分析与评述：

本案的审理需要考虑专利审查档案的内容，从专利权人获得专利权的审查过程看，审查员在审查意见通知书中认为，“中和反应在有循环的硝酸铵存在下进行”是发明的必要技术特征。专利申请人根据该意见，对权利要求书进行了修改。这说明专利权人也同意该专利的发明目的是在管式反应器中将硝酸与氨进行中和，在低流量时进行循环以防止产生烟雾。专利说明书也阐述了该发明的优点在于有循环。因此，流量低于150公斤/(小时·平方厘米）时有循环和流量高于150公斤/(小时·平方厘米）时没有循环是一个独立的技术方案，并非包括两个技术方案。

【案例5－1－5】

涉案专利是一件分案申请，其授权公告的权利要求1为：“一种现浇砼空心模壳构件，包括上底（4）、周围侧壁（5）、下底（6），上底（4）和周围侧壁（5）构成模壳（7），模壳（7）与下底（6）彼此围成有封闭空腔（8）的模壳构件（3），其特征在于所述的模壳（7）由至少两块分块模壳板（9）拼接组装而成，分块模壳板（9）有至少一根加强杆（12）支撑。”

涉案专利说明书中记载：分块模壳板为包括部分上板和与之相连的部分侧壁的成型件……模壳由至少两块分块模壳板拼接组装而成，分块模壳板由至少一根加强杆支撑。分块模壳板为包括部分上板和与之相连的部分侧壁的成型件。

权利要求4记载，根据权利要求1的现浇砼空心模壳构件，其特征在于周围侧壁（5）由四块分块模壳板组成。但母案申请中没有记载该权利要求4的内容。

专利权人认为，根据分块模壳板本身的含义以及涉案专利权利要求4，涉案专利中的分块模壳板既包括由部分上板和与之相连的部分侧壁的成型件形式，也包括上板为一整块、周围侧壁为四块板片的形式。

本案争议点在于：如何解释涉案专利中的术语“分块模壳板”。

分析与评述：

涉案专利说明书对“分块模壳板”的含义给出了明确界定，即“模壳由至少两块分块模壳板拼接组装而成，分块模壳板由至少一根加强杆支撑。分块模壳板为包括部分上板和与之相连的部分侧壁的成型件”。根据该含义，分块模壳板由部分上板和部分侧壁构成，并且，部分上板与部分侧壁之间相互连接。由于分块模壳板至少为两块，上板只有一块，因此，构成分块模壳板的上板只能为上板的一部分，也即涉案专利权的保护范围不包括模壳的上底为一块整板的结构。

虽然从权利要求4可以得到，组成周围侧壁的四个板片似乎也可归入涉案专利“分块模壳板”的范畴，但所述权利要求4在母案申请文件中并未记载。由于分案申请要受到母案申请文件的约束，对于分案申请而言，母案申请将构成其特殊的专利审查档案，母案申请文件中未记载的内容不能作为权利人基于分案申请主张权利的依据。因此，专利权人基于涉案专利权利要求4，将“分块模壳板”解释为可呈单独一块板片的形式的主张不能成立。

基于涉案专利中将“分块模壳板”明确定义为“包括部分上板和与之相连的部分侧壁的成型件”，其截面结构呈“┌┐”或“┌”形式，而被控侵权产品是一种建筑用叠合箱，由四个侧框板组成相邻侧框板通过四角的连接杆连接，施工时再与一底板和顶板叠合为一个空腔叠合箱，其截面呈“一”字形，上板为一整块结构，因此，二者既不相同，也不等同。

②外部证据

外部证据通常只在内部证据不足以解释权利要求中模糊不清的技术术语或技术特征时使用。

【案例5-1-6】

涉案专利的权利要求1为：“一种用于盛放液体的带托板容器，它具有一个带有可关闭的注入开口与排出开口的塑料制的内容器和一个贴靠着内容器的、由薄金属板制成的或由金属栅格构成的外套，以及一个设置来通过叉车、货架操作器械或其他装置来进行搬运的托板，该托板设计成用来形状配合地容纳内容器以及固定外套的底盘，该底盘固定到托板框架上，内容器的底部设置成带有一个居中的浅排流槽的排流底部，该排流槽带有一个轻微的坡度从内容器后壁伸展到装在内容器前壁上的排放接头，该排放接头用于连接排放龙头，其特征在于，一体制出的底盘的与内容器的排流底部相匹配的底部设计成自身支撑结构并具有加强筋，并且这些加强筋的底部处在一个共同的水平平面上。”

专利权人认为，涉案专利权利要求中的排流槽有一轻微的坡度，根据《辞海》“轻”与“微”的解释，“轻微”可解释为忽略不计。

分析与评述：

本案的争议点在于：涉案专利权利要求中的“轻微”坡度应作何解释。

涉案专利排流槽带有一个“轻微”的坡度，对该“轻微”一词的理解，必须首先根据涉案专利说明书及附图进行解释。根据涉案专利说明书的记载，涉案专利排流槽带有一个轻微的坡度，目的是使涉案专利发明能够自动地排空容器中的残液，故“轻微”并非可有可无，并非可忽略不计，“轻微”的坡度必须达到能够使容器中的残液能即时排空的程度。在说明书中对于“轻微”一词有特定含义的情况下，专利权人仅仅根据《辞海》对“轻微”一词作“可忽略不计”的解释不能被接受。

由本案可以看出，对于专利权利要求书中的技术术语，首先应当以专利说明书及附图等内部证据为依据进行解释。在不能直接从专利说明书及附图中得到清晰理解的情况下，才应当根据本领域技术人员对该技术术语的通常理解，或者借助技术工具书、百科全书、字典等外部证据来确定该技术术语的含义。

（2）解释权利要求的注意事项

①不能将权利要求的内容仅解释为说明书或者附图公开的具体实施例

通常，专利权利要求是在说明书或者附图公开的实施例的基础上进行的合理概括；实施例仅仅是权利要求范围内技术方案的示例，是专利申请人认为实现发明或者实用新型的优选方式。除非该权利要求实质上就是实施例所记载的技术方案，否则不能将权利要求的内容仅仅解释为说明书或附图公开的具体实施例。

【案例5-1-7】

涉案专利的权利要求为：“一种辊式磨机，包括磨盘、磨辊、主轴、支架、机座和上下机壳，磨盘位于下机壳内，在磨盘上方通过支架活动装有磨辊，支架通过主轴装在机座上并位于上机壳内，由主轴、皮带轮驱动，在机座上装有料斗，下机壳的下面装有出料套管，其特征是磨盘的磨面与磨辊之间存在可调节的间隙而构成间隙式磨合面。”

对于其中“磨盘的磨面与磨辊之间存在可调节的间隙”的技术特征，说明书实施例中记载了采用调节螺钉来调节间隙的具体实施方式。

分析与评述：

涉案专利的权利要求中“磨盘的磨面与磨辊之间存在可调节的间隙”这一技术特征是对说明书实施例中具体实施方式的上位概括，其中除了包含采用调节螺钉来调节间隙之外，还包括本领域中通常采用的其他调节方式来调节磨盘与磨辊之间的间隙，这些调节方式均可以实现涉案专利最基本的发明目的。因此，不能将权利要求中“磨盘的磨面与磨辊之间存在可调节的间隙”这一技术特征解释为实施例中通过调节螺钉实现上、下等距位移这一具体的间隙调节方式。

②不能省略权利要求记载的特征

记载在权利要求中的所有技术特征均对专利权的保护范围起到限定作用。在解释权利要求时，不能省略掉任何一个技术特征。

【案例5-1-8】

涉案专利的权利要求1为：“一种木耳袋栽的生产方法，其特征在于以棉子壳40%、庄稼秸秆55%、食用植物油1%、磷酸二氢钾1%、轻质碳酸钙1%、硫酸钙1%、硫酸镁1%均匀混合作基料装入菌袋，菌袋为厚2.5微米以下的高密度低压聚乙烯筒料，蒸压灭菌、接种培养放置长出耳基后挂入荫棚中，荫棚为绿色、迷彩色塑料膜，荫棚内采用增氧加湿机进行增氧加湿加温。”

分析与评述：

本案中，涉案专利是一种木耳袋栽的生产方法，其技术特征包括基料特征、菌袋特征、荫棚特征、生产步骤特征等。虽然其技术特征中包括使用厚度为2.5微米以下的高密度低压聚乙烯菌袋，但该项特征并不构成一项独立的专利。被控侵权人生产的2.5微米厚的高密度低压聚乙烯塑料袋只是涉案专利方法中使用的一种材料，生产和销售该材料并未落入涉案专利权的保护范围。

③不能用说明书摘要来解释权利要求

说明书摘要的作用是向公众提供技术信息，便于公众检索和掌握专利的主要内容。其本身不具有法律效力，不能用于解释权利要求。

④不能将权利要求中涉及附图标记的特征解释为附图标记反映的具体结构

附图标记是对权利要求中相关技术特征的举例说明。当权利要求中包含附图标记时，不能用附图中该附图标记所反映的具体结构来限缩性解释权利要求中相关技术特征的含义。

5. 权利要求解释的典型情形

（1）技术术语

界定权利要求中某一技术术语的含义，可以遵循以下规则。

①相同术语

相同的技术术语在不同的权利要求以及说明书中，一般应当认为具有相同的含义，除非本领域技术人员可以通过权利要求书、说明书和附图可以确定不同的含义。在同一专利文件中，如果对具有相同或类似技术含义的概念采用不同的术语，可以假定这些术语具有不同的含义，除非本领域技术人员可以通过权利要求书、说明书和附图确定其有相同含义。

②已知术语

专利权人在权利要求中使用的已知术语，含义既可以比其在字典中的普通含义宽，也可以比其普通含义窄。在确定专利权利要求中使用的已知术语的含义时，首先看专利权人在专利说明书和附图中是否赋予其特别含义，如果能找到专利权人赋予其特别含义的明确指示，则将该已知术语解释为该特别含义；如果专利权人未赋予其特别含义，则以字典、教科书或其他技术手册中的普通含义对该已知术语进行解释；如果说明书中对于该已知术语的解释与其普通含义不一致，则依照说明书中的解释。

【案例 5-1-9】

涉案专利涉及一种蛋糕饰品制作机器，该机器在操作时用扫描机将图片进行扫描，然后再用复印机把图片印刷复制到可食纸张上，从而可以放置在蛋糕上作为装饰品。该机器在操作时，必须准备一张可食用的基材，并送进一个影印机中。由于一般的影印机为了节约空间，通常将送纸通道做成扭转重叠的形状，同时会对纸张进行加热以便碳粉快速融化附着在纸张上，但是可食用的基材（如可食纸张）通常较脆易碎，在弯曲的送纸通道中经过加热后几乎无法使用。因此，涉案专利提出一种具有近乎长形的、非扭转的，且和其他部分没有重叠的、无需加热的送纸通道来解决这一问题。

涉案专利的权利要求 1 为："一种将影像复制到可食纸张而以图片装饰烘焙物品的方法，包括：将一影像放至复印机的复制玻璃上；将一可食纸张沿着一近乎长形、非扭转的复印线送进复印机，且无需对可食纸张进行实质加热，复制线的各部分彼此没有互相重叠，可食纸张沿着一条没有扭转和弯曲的复印线前进；以及当可食纸张通过复印线时，用可食墨汁将复印玻璃上的影像复制到可食纸张上。”

专利说明书中清楚地给出了“复印机”的定义：“本发明的复印机扫描与影像复制的功能无须安装于同一机壳内。”

专利权人主张，涉案专利中的复印机具有特定结构，与一般的办公用复印机在外观上有很明显的差异。被控侵权人认为，复印机具有普遍的含义，涉案专利中的复印机应定义为一般的办公用复印机，扫描与复印功能必须是一体的，必须包含在同一机壳内。

本案的争议点是：权利要求中的术语“复印机”应作何解释。

分析与评述：

专利权人可以赋予专利文件中某一术语不同于一般通用意义的特殊含义。当说明书中以明示或是暗示的方式对某一术语给出特殊定义时，说明书就成为涉案专利中专利权人自己的字典。本案中，专利权人在其说明书中对“复印机”作出不同于一般办公用复印机的特殊定义，应当可以用于解释专利权利要求限定的范围，即本案中的术语“复印机”并非是扫描与影像复制功能安装于同一机壳内的一般意义上的复印机。

【案例 5 -1 -10】

涉案专利权利要求中有一个术语是“铝”说明书中有些地方提到了“铝层”，有些地方记载的是“铝”。

本案的争议点在于：涉案专利权利要求中的“铝”指的是铝层还是合金中的纯铝。

分析与评述：

如果将权利要求中的“铝”解释为普通含义以外的内容，必须符合两个条件：a. 专利权人在内部证据中将“铝”定义为其他含义；或者 b. “铝”的普通含义使权利要求变得不清楚。本案中，虽然专利权人在说明书中有的地方使用了“铝层”，但并不是一直使用“铝层”，因此，没有明确的指示说明专利权人赋予了“铝”以“铝层”的含义。而且，将“铝”解释为其普通含义也不会导致权利要求不清楚。在此情况下，权利要求中的术语“铝”应当按照所属领域的普通含义理解，不能解释为“铝层”。

③含义发生变化的术语

如果被控侵权行为发生时，某一技术术语产生了新的含义，在解释该技术术语时，应当依照专利申请日时的含义。

④自定义词

对于专利权人在申请文件中的自定义词，应当依据说明书中的特定含义进行解释。如果说明书中没有明确的定义，应当根据说明书中与该自定义词相关的上下文加以理解，将其解释为最为符合发明目的的含义。如果专利权人在说明书中没有对其自定义词的含义作出定义，同时本领域技术人员结合权利要求、说明书的上下文也无法予以清楚解释，导致无法确定权利要求的保护范围，管理专利工作的部门可以告知当事人向国家知识产权局提起无效宣告请求。

所谓“自定义词”，是指专利权人在专利文件中自己创造的术语，该术语在字典、科技论文等材料中均无法找到。

【案例5－1－11】

涉案专利的权利要求1为：“一种钢砂生产方法，其特征在于将轴承厂生产轴承时冲切下来的边角废料，进行淬火，淬火后分两级破碎，筛分得到不同粒度的钢砂，制得多棱形的钢砂。”

说明书中记载：“本发明的创新之处在于：本发明采用两级破碎，粗碎用颚式破碎机，细碎用辐式破碎机……对于粗大的冲切料，本发明采取先用颚式破碎机将其轧碎成小块，而后进行细碎，破碎成钢砂……”

本案的争议点在于：如何解释权利要求中的自定义词“两级破碎”。

分析与评述：

根据本领域技术人员对说明书记载的内容的理解，涉案专利中的“两级破碎”应理解为采用两种不同的机器分别进行粗碎和细碎两种等级的破碎，即对于粗大的冲切料，先用颚式破碎机将其轧碎成小块，而后通过辐式破碎机进行细碎，破碎成钢砂，不能解释为使用同一机器进行两次破碎。

（2）权利要求与说明书不一致或者相互矛盾

①权利要求存在明显错误

尽管权利要求与说明书存在不一致之处，但如果本领域技术人员在阅读说明书、附图以及权利要求书后，能够立即发现权利要求的表述存在错误，并且还能通过排除合理怀疑确定正确的含义，则此时应当将权利要求中的错误归结为明显错误，将其解释为本领域技术人员能够理解的正确含义。

【案例5－1－12】

涉案专利的权利要求1为：“一种精密旋转补偿器，包括外套管、内管、压料法兰、延伸管和密封材料，内管（1）与外套管之间装有柔性石墨填料，柔性石墨填料的端面装有压料法兰，压料法兰与外套管一端的法兰之间由螺栓连接，外套管内凸环和内套管外凸环之间设有钢球；在所述的外套管的另一端与延伸管连接，两者之间留有间隙，其特征在于：所述的延伸管为与内套管内径相同的直管，两者同轴对应；所述的压料法兰的外侧与外套管的内侧为紧密配合。”

专利说明书的具体实施方式部分记载：“外套管4外侧是直通延伸管5，与内管1内径相等，延伸管5与内管1之间留有适当间隙（1～10mm）。”

专利权人认为，涉案专利权利要求1中，外套管与延伸管之间为固定连接，不可能留有间隙，权利要求1中的“两者之间留有间隙”属明显错误，应当是内管与延伸管之间留有间隙。

本案的争议点为，对于权利要求1中的技术特征“两者之间留有间隙”应当作何理解。

分析与评述：

权利要求1涉及一种具有扭转装置的涉及热网管道的旋转补偿器。该旋转补偿器通过内外套管的旋转来吸收热网管道的轴向推力和位移量，外套管的一端经由法兰与内管相连接，另一端与延伸管连接。因此，内管与外套管之间，以及外套管与延伸管之间不可能既连接，又留有空隙，权利要求1中“两者之间留有间隙”的“两者”不可能是指外套管与延伸管，只可能是内管与延伸管。这种解释与说明书具体实施方式部分公开的内容相一致。因此，本领域技术人员基于其具有的普通技术知识，不仅能够知道权利要求1的撰写存在错误，而且通过阅读说明书及附图可以直接地、毫无疑义地确定“两者之间留有间隙”的“两者”应当是指延伸管与内管，不会误认为是外套管与延伸管之间留有间隙，即能够清楚准确地得出唯一的正确解释：“两者之间留有间隙”是指内管和延伸管之间留有一定的间隙。

②权利要求的技术方案与说明书的描述不一致

所谓“权利要求的技术方案与说明书的描述不一致”，是指权利要求记载的文字含义清楚、确定，但与说明书中相应的描述截然相反或者不一致，且不属于上述（1）中所述情形。其中既包括权利要求的技术方案与说明书公开的技术方案完全不同的情形，也包括权利要求因采用上位概念或概括方式而导致其保护范围大于说明书公开内容的情形。此时，应当以权利要求记载的内容确定专利权的保护范围，而不应当以说明书解释权利要求的方式实质上修改权利要求。

【案例5-1-13】

专利权利要求1为："一种无水银碱性纽扣电池，包括正极片、负极片、负极锌膏、密封胶圈、正极外壳和隔膜，其特征在于，在负极片上电镀上一层锡，并在锌膏中加入金属铟以代替水银。"

涉案专利说明书中多处记载了负极片上先电镀一层铜之后再电镀锡的技术方案，具体实施例中记载的负极片也是先电镀一层铜之后再电镀锡。

本案的争议点在于：权利要求1中的负极片是否镀铜。

分析与评述：

本案中，权利要求中清楚、确定地记载了在负极片上电镀一层锡。虽然该技术方案与说明书中记载的内容不一致，但对本领域技术人员而言，其含义是清楚的，同时也能够实现发明目的。因此不能将说明书中的内容解释入权利要求，导致对权利要求实质上的修改。

（3）功能性技术特征

①功能性技术特征的含义

功能性技术特征是指权利要求中以功能或者效果表述的技术特征，其通常是通过在发明创造中所起的作用、功能或者效果而非结构或组成、工艺条件等对产品部件或部件之间的关系或者方法步骤或步骤之间的关系等进行限定的。

如果对于本领域技术人员来说，通过阅读权利要求书、说明书和附图，能够认定以功能或者效果表述的技术特征是所属领域普遍知悉的、约定俗成的上位概念，则一般不应当认定其为功能性技术特征。

②对功能性技术特征的解释

在专利侵权判定中，对于权利要求中以功能或者效果表述的技术特征，原则上应当理解为覆盖了所有能够实现所述功能的实施方式。如果有充分证据表明权利要求中限定的功能是以说明书实施例中记载的特定方式完成的，并且本领域技术人员不能明了此功能还可以采用说明书中未提到的其他替代方式来完成，或者本领域技术人员有理由怀疑该功能性技术特征所包含的一种或几种方式不能解决发明或者实用新型所要解决的技术问题，并达到相同的技术效果，则对于权利要求中的该功能性技术特征，应当结合说明书和附图描述的实现该功能或者效果的具体实施方式及其等同的实施方式，确定该技术特征的内容。

所谓"说明书和附图描述的实现该功能或者效果的具体实施方式"，是指说明书和附图描述的具体实施方式中实现该功能或者效果的技术特征，该特征应当是实现该功能或者效果不可缺少的技术特征，不应当将并非为实现该功能或者效果所必需的技术特征包括在内作为“说明书和附图描述的实现该功能或者效果的具体实施方式”。

所谓“等同的实施方式”，是指相对于专利说明书和附图描述的实现该功能或者效果的具体实施方式，以基本相同的手段，实现基本相同的功能，达到基本相同的效果，并且是本领域技术人员在专利申请日（有优先权的，指优先权日）无需经过创造性劳动就能够联想到的技术特征。

（4）方法特征限定的产品权利要求

①方法特征限定的产品权利要求的含义

一般来说，产品权利要求应当采用该产品的结构、组成等特征来限定保护范围，但在某些情况下，比如当无法用结构、组成等特征清楚地限定产品时，也允许用方法特征对产品进行限定，这样的权利要求被称作“方法特征限定的产品权利要求”。

方法特征限定的产品权利要求通常以两种方式出现，例如：

第一种：“1. 一种产品其是用如下的方法制备的……”

第二种：“5. 用权利要求 1 的方法制备得到的产品。”

②方法特征限定的产品权利要求的解释

在解释由方法特征限定的产品权利要求时，权利要求中的每一个特征，包括方法特征，都对产品的保护范围具有限定作用。

【案例 5－1－14】

涉案专利权利要求 1 为：“一种独一味的软胶囊制剂，原料组成为：独一味提取物 20～30 重量份，植物油 25～36 重量份，助悬剂 1～5 重量份；其中的独一味提取物是由下述方法提取得到的：取独一味药材，粉碎成最粗粉；加水煎煮 2 次，第一次加 10～30 倍量的水，煎煮 1～2 小时，第二次加 10～20 倍量水，煎煮 0.5～1.5 小时，合并药液，滤过，滤液浓缩成稠膏；减压干燥，粉碎成细粉，过 200 目筛，备用。”

本案的争议点在于：权利要求中的方法特征，如加水煎煮 2 次、研磨成细粉后过 200 目筛是否对产品具有限定作用。

分析与评述：

本案中，涉案专利权利要求是用方法特征限定的产品权利要求，方法特征对于专利权的保护范围也起到限定作用，因此，在解释权利要求限定的范围，进而与被控侵权产品进行对比时，不仅需要比较产品的组成与各组分的含量是否相同或等同，还需要比对方法特征是否相同或等同。对于“加水煎煮2次”“研磨成细粉后过200目筛”这两个方法特征，由于涉案专利说明书强调“煎煮2次与煎煮3次相比可以降低生产成本，所以选择煎煮2次”，“将独一味提取物粉碎成过200目筛的细粉制成的软胶囊内容物混悬体系最稳定”，因此，“煎煮2次”与“煎煮3次”相比、“粉碎成细粉，过200目筛”与“研成细粉”相比，均不构成等同特征。

（5）用途特征限定的产品权利要求

①用途特征限定的产品权利要求的含义

所谓“用途特征限定的产品权利要求”是指，根据权利要求的主题名称可以确定该权利要求保护的是一种产品，但是对该产品进行限定的特征中却包括该产品的应用领域，比如，“一种用于……的产品”，这类权利要求统称“用途特征限定的产品权利要求”。

用途特征限定的产品权利要求容易与产品的用途权利要求相混淆。用途特征限定的产品权利要求，其主题名称的中心词通常是“……产品”，而产品的用途权利要求则通常被撰写成“一种××产品在……的用途”的形式。

②用途特征限定的产品权利要求的解释

用途特征限定的产品权利要求最终保护的是产品，但是其中的用途特征也是该权利要求不可或缺的组成部分，不能被忽略。

例如，涉案专利权利要求保护一种用于反应1的催化剂A，此时，涉案专利中催化剂的用途对其保护范围具有限定作用，在侵权判定中不能被忽略。假设被控侵权产品涉及同样的催化剂，但其用途是用于反应2。如果反应1和反应2并非同一类反应，且两者非等同特征，则被控侵权产品不会落入涉案专利权利要求的保护范围。

（6）使用环境或条件特征限定的产品权利要求

①使用环境或条件特征限定的产品权利要求的含义

“使用环境或条件特征”限定的产品权利要求，是指在产品权利要求中存在一个或多个技术特征，所述技术特征限定的并非该产品的结构或组成，或者该产品部件之间的连接关系，而是该产品的使用环境或使用条件。比如，权利要求保护的是A产品，该A产品需要安装到B产品上使用，在关于A产品的权利要求中，使用B产品的尺寸、对应形状或者与A产品的配合关系来限定A产品，这样的权利要求就是“使用环境或条件特征限定的产品权利要求”。

②使用环境或条件特征限定的产品权利要求的解释

在含有使用环境或条件特征的产品权利要求中，使用环境或条件特征作为该权利要求的一部分，应当被考虑。此时，应当将产品权利要求中的使用环境或条件特征与产品的结构、组成等特征一并考虑，但这并不意味着产品必须被实际应用于所述环境或者条件下。如果产品的其他技术特征决定了该产品可以并且必然用于所述环境或者条件下，则即使该产品未实际应用于所述环境或者条件下，也认为该产品具备了所述使用环境或者条件特征。

【案例5－1－15】

涉案专利的权利要求1为："一种用于将后换挡器连接到自行车车架上的自行车后换挡器支架，所述后换挡器具有……，所述自行车车架具有形成在自行车车架的后叉端的换挡器安装延伸部上的连接结构，所述后换挡器支架包括……"

本案争议的焦点是：如何理解安装环境特征对权利要求保护范围的作用。

分析与评述：

本案中，权利要求1不仅限定了支架的具体结构，还限定了后换挡器的结构、自行车车架后叉端的结构以及支架、后换挡器、自行车车架三者的连接位置关系。其中，技术特征"所述自行车车架具有形成在自行车车架的后叉端（51）的换挡器安装延伸部（14）上的连接结构（14a）"（以下简称"特征1"）以及技术特征"所述第一连接结构（8a）和所述第二连接结构（8b）的布置应使当所述支架体（8）安装在所述后叉端（51）上时，所述的第一连接结构（8a）提供的连接点是在所述第二连接结构（8b）提供的连接点的下方和后方"（以下简称"特征2"）对权利要求同样起到限定作用，应当纳入考虑。

但是，上述特征1和特征2仅仅是自行车后换挡器支架的安装环境特征，在判定被控侵权产品是否落入涉案专利权利要求1的保护范围时，并不需要被控侵权人将自行车后换挡器支架真正安装在自行车车架的后叉端的延伸部上，只要被控侵权产品的技术特征决定了其可以而且必然安装在涉案专利权利要求1所限定的自行车车架上，并呈现权利要求1所限定的装配关系，即可以认为被控侵权产品落入专利权的保护范围。

（7）方法权利要求

①方法权利要求中的步骤顺序

原料、步骤和产品是方法权利要求必不可少的组成部分。对于明确记载步骤顺序的方法权利要求，步骤本身以及步骤之间的顺序都对方法权利要求具有限定作用。对于没有明确记载步骤顺序的方法权利要求，并不必然意味着该方法权利要求不存在步骤顺序。是否需要考虑步骤顺序，应当从本领域技术人员角度出发，结合说明书及附图、专利审查文档、权利要求记载的整体技术方案以及各个步骤之间的逻辑关系，确定各个步骤之间是否应当按特定的顺序实施。

【案例 5－1－16】

涉案专利的权利要求 1 为："一种制造弹簧铰链的方法，该铰链由至少一个外壳、一个铰接件和一个弹簧构成，其特征是该方法包括下述步骤：（1）提供一用于形成铰接件的金属带；（2）切割出大致与铰接件外形一致的区域；（3）通过冲压形成一圆形部分以形成铰接件的突肩；（4）冲出铰接件的铰接孔。"

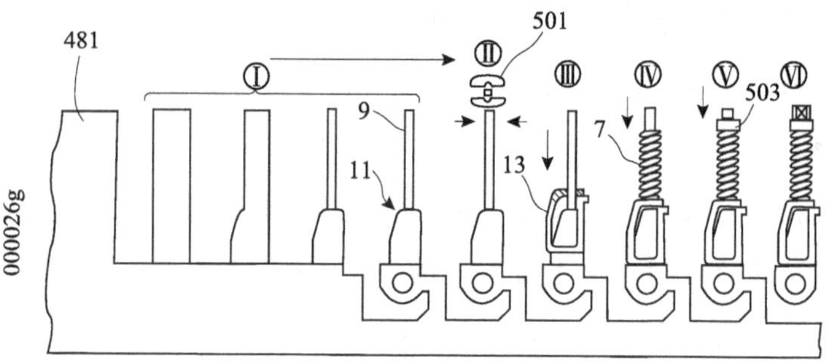

涉案专利附图

本案的争议点在于：权利要求的步骤之间是否有顺序限定，顺序是否会带来实质性的差异。

分析与评述：

首先，供料步骤的作用在于为其他的步骤提供加工材料，因此，供料步骤必须在其他步骤之前首先实施。

其次，切割步骤的作用是从金属带上切割出大致与铰接件外形一致的区域。根据说明书及附图，所述区域包括"用于形成凸肩 9 的基本形状"和"以后具有铰链孔范围 497 的至少一部分"。由于冲压步骤是对由切割步骤制成的"用于形成凸肩 9 的基本形状"进行冲压，冲孔步骤是在由切割步骤制成的"范围 497"内制作铰接孔，同时，说明书中没有记载可以在切割步骤之前实施冲孔步骤或冲压步骤的技术内容，因此，权利要求 1 中的切割步骤应当在冲压步骤和冲孔步骤之前实施。从说明书记载的内容看，虽然冲压步骤与冲孔步骤的顺序可以调换，但是，在实际加工过程中，一旦确定了二者的顺序，二者的顺序就只能依次进行。

因此，权利要求1中的四个步骤应当按照供料步骤、切割步骤、冲压步骤或冲孔步骤的顺序依次实施，各个步骤之间具有特定的实施顺序。

②制备方法权利要求直接获得的产品

根据《专利法》第十一条第一款的规定，制备方法专利权的保护可以延伸到使用该方法直接获得的产品，因此，界定制备方法权利要求直接获得的产品对于确定专利权的保护范围非常重要。

关于制备方法权利要求直接获得的产品的认定，参见本指南第三章第一节第六部分之（二）"'依照专利方法直接获得的产品'的含义"中相关内容。

③新产品的制备方法权利要求中的"新产品"

根据《专利法》第六十一条第一款的规定，专利侵权纠纷涉及新产品制备方法发明专利的，被控侵权人负有举证证明其产品制备方法不同于专利方法的责任。但举证责任的倒置需要满足两个前提条件：第一，专利权人需要举证证明该制备方法权利要求所获得的产品是新产品；第二，专利权人需要举证证明被控侵权产品与依据专利方法获得的产品相同。

所谓"新产品"，是指产品或者制备产品的技术方案在专利申请日前不为国内外公众所知。不能将其认定为在专利申请日前在国内未曾出现过的产品，更不能将其认定为在专利申请日前没有在国内上市的产品。

（8）含有用途、方法或材料特征的实用新型专利权利要求

实用新型专利保护的是具有一定形状和构造的产品，但是，这并不意味着实用新型权利要求中只能出现形状或者构造技术特征，也不意味着当实用新型专利权利要求中出现非形状或构造技术特征，比如用途、方法或者材料特征时，这些特征对于实用新型专利权利要求所要求保护的范围不具有限定作用。

对于含有用途、方法或材料特征的实用新型专利权利要求，应当按照权利要求中的全部技术特征确定专利权的保护范围，用途、方法或材料特征不能被忽略。

【案例5－1－17】

涉案专利的权利要求为："一种药浸柳枝接骨外固定架，其特征在于用药浸草柳枝条经纬方向编织成一个固定架，在固定架的两侧至少置有一对搭扣。"

该专利说明书中记载："本实用新型的目的是设计一种重量轻、透气、不会产生皮肤过敏现象、本身具有活血化瘀功能、使用方便、不会污染环境的价格低、制

造方便的药浸柳枝接骨外固定架。……药浸柳枝接骨外固定架的重量是石膏的五分之一，很轻巧，使用时透气，病人使用该装置接骨养伤不觉劳累，也不会使患者出现皮肤过敏的现象……由于柳枝条本身结构松疏，中药易被吸收，药浸过的柳枝条接触人体后，中药渐渐挥发其药性，使人体活血化瘀起到一定的药疗作用。”

本案的争议点在于：如何理解“用药浸草柳枝条”这一方法特征对实用新型专利权利要求保护范围的限定作用。

分析与评述：

实用新型专利技术方案中既可以有形状、构造或者其结合的技术特征，也可以有非形状、构造或者其结合的技术特征；只要这些技术特征所共同限定的技术方案是具有确定形状或者构造的产品，该种产品就可以成为实用新型专利所保护的技术方案。涉案实用新型专利是由经“药浸”处理的柳枝条编织成的接骨外固定架，“药浸”是非形状、构造或者其结合的技术特征，该技术特征不会引起产品的形状、构造或者其结合发生变化。但根据专利说明书的解释，涉案实用新型专利的目的并不只在于设计一种良好接骨固定效果的接骨外固定架，而且还要使该接骨外固定架具有活血化瘀的功能。涉案实用新型专利正是通过“药浸”这一技术手段，让药浸过的柳枝条接触人体，中药渐渐挥发其药性，从而实现活血化瘀的功能。因此，“药浸”应当是涉案实用新型专利的一项必不可少的技术特征，其与其他技术特征一起共同构成了专利技术方案，共同限定了专利权的保护范围。

（9）组合物权利要求的封闭式与开放式

①封闭式与开放式的定义

在化学领域有一类特殊的权利要求，即组合物权利要求，这类权利要求通常是用组成该组合物的组分和各个组分的含量来表征的。这种表征方式分为两种，一种是开放式，另一种是封闭式。

所谓“开放式”，是指组合物中除了指明的组分之外，还可以含有权利要求中未指明的组分。开放式组合物一般通过例如“含有”“包括”“包含”“基本含有”“本质上含有”“基本组成为”等措辞来表达。

所谓“封闭式”，是指组合物由权利要求所指出的组分组成，没有别的组分，虽然可以带有杂质，但这些杂质只是以通常的含量存在。封闭式组合物一般通过“由……组成”“组成为”“余量为”等术语来表示。

②对于封闭式与开放式的解释

对于组合物的开放式和封闭式权利要求来说，应当按照如上定义的含义来理解。

具体而言，对于开放式组合物权利要求来说，如果被控侵权技术方案在包含权利要求全部技术特征的基础上增加新的技术特征，则应当认定被控侵权技术方案落入专利权的保护范围；对于封闭式组合物权利要求来说，如果被控侵权技术方案在包含权利要求全部技术特征的基础上增加新的技术特征，则应当认定被控侵权技术方案未落入专利权的保护范围，除非该新的技术特征属于不可避免的常规含量的杂质。

【案例 5－1－18】

专利权利要求 1 为："一种电解电容器负极箔用铝－铜合金箔，它是含有铜、锰的合金箔，合金中以铜为主，以锰为辅，其合金成分（重量百分比）如下：铜 0.2～0.3、锰 0.1～0.3、铁≤0.3、硅＜0.15，余量为铝以及不可避免的杂质。"

分析与评述：

涉案专利发明为组合物发明，其权利要求为封闭式权利要求，所保护的组合物应是由铜 0.2～0.3、锰 0.1～0.3、铁≤0.3、硅＜0.15，余量为铝以及不可避免的杂质（百分比）组成的组合物。该组合物不应包含其他组分，且其中的不可避免的杂质应是通常的含量。

如果被控侵权产品具有涉案专利权利要求 1 所有的组分，且含量在权利要求 1 的范围之内，但在此基础上添加含量为 0.013% 的钛，此时，由于添加的钛的含量高于其作为杂质在铝锭中通常的含量，故钛在被控侵权产品中为一组分而不能视为不可避免的杂质。相对于涉案专利权利要求而言，由于被控侵权产品多了 0.013% 的钛组分，即使其他组分与涉案专利权利要求完全相同，相应组分的含量落入权利要求中相应组分含量限定的数值范围内，被控侵权产品亦因构成不同的组合物而没有落入涉案专利的保护范围。

【案例 5－1－19】

涉案专利权利要求 1 为："一种仿宣水写练字纸，含纸浆纤维，其特征在于它是由下述重量份的原料按造纸生产工艺制成的水写纸：竹纤维本色绝干浆 1000 份，色素 60 份，纯碱 10 份。"

分析与评述：

涉案专利权利要求 1 关于原料的组成为封闭式，该权利要求的保护范围为：（1）保护的阶段是造纸阶段，而不是制浆阶段；（2）竹纤维绝干浆、色素、纯碱三种原料及重量份的比例必须同时具备。即只有在生产水写纸的阶段，同时使用了上述三种原料，且三种原料的重量份比例必须是 1000∶60∶10 时才构成侵权。

二、发明、实用新型专利侵权判定

（一）专利侵权判定的比较客体

专利侵权判定的比较客体应该是权利人所主张的涉案专利相关权利要求和被控侵权技术方案。在判断被控侵权技术方案是否侵犯涉案专利权时，应将被控侵权技术方案与权利人主张的相关专利权利要求所记载的技术方案进行一一比较，不得将被控侵权技术方案与涉案专利产品直接进行比较。当被控侵权技术方案也有专利权时，也不得直接将双方专利产品进行比较或者将双方的专利权利要求进行比较。

（二）专利侵权判定的方式与原则

在判定被控侵权技术方案是否落入专利权的保护范围时，首先要对专利权利要求和被控侵权技术方案进行特征划分，将相应的技术特征进行特征对比，然后再判断被控侵权技术方案是否构成相同侵权。在二者存在区别的情况下，必要时还需判断是否构成等同侵权。

1. 技术特征划分

在专利侵权判定中，应当采用“技术特征逐一比对”的方式。

把逐个技术特征作为比较对象，就必须对专利权利要求和被控侵权技术方案所具有的技术特征作出划分，即将专利权利要求或被控侵权技术方案分解为能够相对独立地执行一定功能、产生相对独立的技术效果的最小技术单元。

在划分技术特征时，需要考虑两个重要因素：技术特征的独立性与价值性。独立性是指某一技术特征不需要再与其他技术特征组合就能够体现其自身的功能；价值性是指某一技术特征不仅具有独立的功能，而且事实上已经在整体技术方案中发挥了作用或者产生了技术影响。

对技术特征的划分应当首先以专利权利要求为基础，在准确划分专利权利要求的技术特征的基础上，再对被控侵权技术方案的对应技术特征进行分析。

为了便于比较专利权利要求与被控侵权技术方案的异同，可以采用列表的方式将专利权利要求的技术特征逐项列出，然后分别与被控侵权技术方案的相应部分进行对比。无论以何种方式划分技术特征，均不应当将专利权利要求中记载的某个技术特征或其限定忽略不计。

【案例 5－1－20】

专利权利要求 1：一种产品 X 包括 A、B、C，其特征在于，该产品还包括 D 部件。

被控侵权产品 X'，包括技术特征：A、B、C'、D'。

判定被控侵权产品是否构成侵权时，对技术特征可进行如下表所示的分析：

权利要求 1	被控侵权产品	对比结论
A	A	相同
B	B	相同
C	C'	C' 与 C 是否相同，在不相同的情况下，判断是否构成等同
D	D'	D' 与 D 是否相同，在不相同的情况下，判断是否构成等同

2. 全面覆盖原则

全面覆盖原则是判断一项技术方案是否侵犯发明或者实用新型专利权的基本原则，具体含义是在判定被控侵权技术方案是否落入专利权的保护范围时，应当审查权利人主张的专利权利要求所记载的全部技术特征。

如果被控侵权技术方案包含与专利权利要求记载的全部技术特征相同或者等同的技术特征的，应当认定其落入专利权的保护范围；如果被控侵权技术方案与专利权利要求记载的全部技术特征相比，缺少专利权利要求记载的一个或一个以上的技术特征，或者有一个或一个以上技术特征不相同也不等同的，应当认定其没有落入专利权的保护范围。

全面覆盖原则强调在专利侵权判定时要全面地考虑专利权利要求中的每一个技术特征。只有被控侵权技术方案包含了专利权利要求中的所有技术特征时，才认定侵权成立；反之，如果被控侵权技术方案中缺少权利要求中的一个或一个以上技术特征，或者有一个或一个以上技术特征不相同，也不等同，则应当认定侵权不成立。

【案例 5－1－21】

某案，其授权公告的权利要求 1 为："一种混凝土薄壁筒体构件，由筒管和封闭筒管两端管口筒底组成，其特征在于，所述的筒底以至少二层以上的玻璃纤维布叠合而成，各层玻璃纤维布之间由一层磷铝酸盐水泥无机胶凝材料或铁铝酸盐水泥无机胶凝材料相粘接，所述的筒管以至少二层以上的玻璃纤维布叠合而成，各层玻璃纤维布之间由一层磷铝酸盐水泥无机胶凝材料或铁铝酸盐水泥无机胶凝材料相粘接。”

被控侵权产品除了在筒管两端管口没有筒底外，其余特征与涉案专利相同。

专利权人认为，筒底为非必要技术特征，应当适用多余指定原则将该特征从权利要求中排除，由此判定被控侵权产品覆盖了专利权利要求的所有特征，从而构成侵权。

分析与评述：

凡是专利权人写入权利要求的技术特征，在专利侵权判定中，都不应当被忽略。被控侵权产品缺少专利权利要求 1 中的筒底，未覆盖权利要求 1 的全部技术特征，不构成侵权。

专利权人所主张的“多余指定原则”，是在我国专利制度发展过程中曾经出现过的一种观点，是指在某些专利权利要求中，除了包含与发明目的直接相关的技术特征外，还包括一些与发明目的关系不大的技术特征（下称“多余特征”），在专利侵权判定中，将记载在专利权利要求中的“多余特征”略去，仅以其中与发明目的直接相关的技术特征来确定专利权的保护范围，判定被控侵权技术方案是否落入保护范围。由于多余指定原则与全面覆盖原则相矛盾，本质上削弱了权利要求的公示效力，增加了专利权保护范围的不确定性，是对公众权利的不适当损害，因此已经被摒弃。在专利侵权判定中，凡是专利权人写入专利权利要求的技术特征都不应当被忽略，均应纳入技术特征比对之列。

依据全面覆盖原则判定被控侵权技术方案是否构成侵权，重点考虑技术特征是否相同或者等同，被控侵权技术方案是否因缺少或改变专利的某一技术特征而导致技术功能或效果变劣，不应被列入考虑范围之列。

【案例 5-1-22】

某案，涉案专利授权公告的权利要求 1 为：“一种高层建筑无水箱直连供暖的排气断流装置，其特征在于该装置的圆柱形上壳体和倒置的圆台下壳体相接，上壳体上边有方便可折的呼吸室兼盖板；内设有环绕螺纹导向板的杯状水封罐，水封罐内悬置有下呼吸管，下呼吸管上部与呼吸室兼盖板的呼吸室连通，呼吸室兼盖板的呼吸室上部接有上呼吸管，上呼吸管上部接活动的万向弯头，杯状水封罐的上部内衬有圆桶调节阀；上壳体上部的左进水管和右进水管分别与上壳体的上部呈切线相接，其出水管与下壳体下部同心相连。”

说明书中提到，通过涉案专利这种较为复杂的呼吸装置，可以在系统运行不平稳时，通过呼吸装置进行有规律的吸气和呼气，以保持系统内正常的大气压。另外，涉案专利中的环绕螺纹导向板，其主要作用为使进入断流器的水流强化成膜流状态，实现气水分离。

被控侵权产品与涉案专利有两点不同：(1) 被控侵权产品的呼吸装置为逆止排气阀，只能呼气不能吸气；(2) 被控侵权产品没有环绕螺纹导向板。

专利权人认为，虽然被控侵权产品相比专利权利要求存在以上两个不同点，但其属于被控侵权人故意减少或者改变专利权利要求中记载的部分技术特征，使得被控侵权产品的技术效果明显变劣，变劣发明也构成侵权。

本案的争议点在于：上述两点区别是否导致被控侵权产品不落入涉案专利权的保护范围之内。

分析与评述：

首先，涉案专利设有较为复杂的呼吸装置，其目的是在系统运行不平稳时，通过呼吸装置有规律的吸气和呼气，保持系统内正常的大气压。被控侵权产品内设有逆止排气阀，只能呼气，不能吸气，在系统运行不平稳，尤其是缓冲器内压力小于大气压时，外部空气无法进入，在缓冲器内会形成真空，不但不能形成膜流运动，系统也将无法运行。与涉案专利相比，将呼吸装置改为逆止排气阀是变劣的技术特征。

其次，涉案专利设有环绕螺纹导向板，其主要作用为使进入断流器的水流强化成膜流状态，实现气水分离。被控侵权产品也是利用膜流运动原理，但由于没有环绕螺纹导向板，不能强化膜流运动的形成，减压、减速的效果降低，性能和效果均不如涉案专利技术优越。因此被控侵权产品省略环绕螺纹导向板，也属变劣的技术特征。

根据全面覆盖原则，在判断被控侵权技术方案是否落入专利权保护范围时，应当将被控侵权技术方案的技术特征与专利权利要求记载的全部技术特征进行一一对比。至于被控侵权技术方案是否因缺少专利的某一技术特征而导致技术功能或效果变劣，不应被列入考虑范围之列。本案中，被控侵权产品缺少涉案专利中的环绕螺纹导向板特征，同时逆止排气阀与涉案专利中的呼吸装置既不相同也不等同，因此，被控侵权产品未落入涉案专利的保护范围。

专利权人所持变劣发明也构成侵权的观点虽然有一定的合理性，但本质上削弱了权利要求的公示作用，不应得到支持。因此，如果被控侵权技术方案与专利权利要求相比，因缺少某些技术特征而带来一定的功能缺失或者技术效果变劣，则应当认定被控侵权技术方案已经与专利权利要求有了明显区别，不会对专利权人的合法权益造成实质性损害，不应认定这种变劣发明侵犯了专利权。

3. 相同侵权

依据全面覆盖原则判定被控侵权技术方案是否侵犯涉案专利权时，可分为相同侵权和等同侵权两种情况。一般而言，应当先判断被控侵权技术方案是否构成相同侵权；如不构成相同侵权，再判断是否构成等同侵权。

（1）相同侵权的定义

相同侵权，是指被控侵权技术方案含有专利权利要求的全部技术特征，落入专利权利要求限定的范围之内。

（2）相同侵权的判定

相同侵权中的“相同”，包括被控侵权技术方案的技术特征与专利权利要求的技术特征在表述上完全相同，或者表述上虽不同，但实质表达的含义相同，或者被控侵权技术方案的技术特征属于专利权利要求相应技术特征的下位概念等。

①技术特征完全相同

在专利侵权判定中，如果仅从权利要求的字面上分析比较，就可以认定被控侵权技术方案的技术特征与专利权利要求的技术特征相同，或者二者虽然在文字表述上存在一定区别，但经过逐项比对，所述区别仅仅是文字表述的不同，其技术内容完全一致（用公式表示，即专利权利要求的技术特征为 A + B + C + D，被控侵权技术方案的技术特征也为 A + B + C + D），此时，被控侵权技术方案对于专利权利要求构成相同侵权。

②被控侵权技术方案的技术特征为下位概念

如果专利权利要求与被控侵权技术方案相比，有一个或多个技术特征存在区别，所述区别为专利权利要求的技术特征为上位概念，而被控侵权技术方案的相应技术特征为下位概念（用公式表示，即专利权利要求的技术特征为 A + B + C + D，被控侵权技术方案的技术特征为 A + B + c + d，其中 A、B、C、D 表示具有较大范围的上位概念，而 a、b、c、d 相应地表示具有较小范围的下位概念），此时，被控侵权技术方案落入专利权利要求的范围，构成相同侵权。

【案例 5 - 1 - 23】

专利权利要求 1：一种计算机装置，包括中央处理器、显示器、输入设备。

被控侵权产品 A：一种计算机装置，包括中央处理器、显示器、键盘。

分析与评述：

被控侵权产品A与专利权利要求1中的计算机装置主题相同，技术特征基本相同，唯一的区别在于权利要求1中包含了“输入设备”，而被控侵权产品A中相应的技术特征为“键盘”。众所周知，“键盘”是一种具体的“输入设备”，属于“输入设备”的下位概念，因此被控侵权产品A落入了专利权利要求1的保护范围。

③被控侵权技术方案增加了其他技术特征

如果被控侵权技术方案除包含涉案专利的权利要求中的全部技术特征外，还增加了新的技术特征（用公式表示，即专利权利要求的技术特征为A+B+C，而被控侵权技术方案的技术特征为A+B+C+D+E），此时，由于专利权利要求的全部技术特征在被控侵权技术方案中都有体现，因此构成相同侵权。

【案例5-1-24】

专利权利要求1：一种计算机装置包括中央处理器、显示器、键盘。

被控侵权产品B：一种计算机装置包括中央处理器、显示器、键盘、鼠标、打印机、扫描仪。

分析与评述：

尽管被控侵权产品B具有“鼠标、打印机、扫描仪”这些专利权利要求没有的技术特征，但由于被控侵权产品与专利权利要求技术主题相同，同样具有“中央处理器、显示器、键盘”，已经覆盖了专利权利要求的全部技术特征，因此，被控侵权产品B落入了专利权利要求的保护范围，构成相同侵权。

实践中以下两种情形需要特别注意：

①在专利权利要求的基础上增加了其他技术特征的被控侵权技术方案可能因具备新颖性和创造性而被授予专利权，但前者为基本专利，后者为从属专利。尽管从属专利可以获得专利权，但未经基本专利的专利权人许可，实施从属专利的行为也将构成对基本专利的侵犯。

②在组合物领域（例如化学组合物或者合金组合物），当专利权利要求保护的是一种“封闭式”组合物产品时，如果被控侵权技术方案与专利权利要求相比，多出一种或一种以上的组分，则应当认定被控侵权技术方案未落入专利权利要求的保护范围，除非多出的技术特征属于不可避免的常规数量的杂质。

4. 等同侵权

等同原则是专利侵权判定中的一项重要原则。它将专利权的保护范围延伸到与专利权利要求中相应技术特征等同的部分，目的在于弥补专利权利要求的语言局限性，避免被控侵权人对专利权利要求中的某些技术特征作非实质性的替代，而以不构成侵权为由逃避法律责任。

（1）等同侵权的含义

等同侵权是指被控侵权技术方案的某一个或某些技术特征与专利权利要求中记载的相应技术特征不相同，但两者的区别实质上是被控侵权技术方案相对专利权利要求，以基本相同的手段，实现基本相同的功能，能够达到基本相同的效果，并且是本领域技术人员无需经过创造性劳动就能够联想到的，此时，仍然认定被控侵权技术方案落入了专利权利要求的保护范围，构成侵权。用公式表示，即专利权利要求的技术特征为：a、b、c，被控侵权技术方案的技术特征为：a、b、c’。如果特征c’与特征c相比，特征c’以基本相同的手段，实现了基本相同的功能，达到了基本相同的效果，并且属于本领域技术人员在特征c的基础上，无需创造性劳动就能想到的技术特征，则被控侵权技术方案构成对专利权利要求的等同侵权。

（2）等同侵权的判定

①判定等同的时间点

判断技术特征是否构成等同的时间点为被控侵权行为发生日，目的是防止在专利保护期间，被控侵权人在不改变专利技术实质的情况下，以很容易联想到的新出现的技术来代替专利权利要求中的某些技术特征，从而轻易逃避侵权责任。

②判定等同的比较对象

判定被控侵权技术方案是否构成等同侵权时，应当将相应的技术特征进行比较，避免将被控侵权技术方案与专利权利要求进行整体比较。在判断技术特征是否等同时，重要的是看被控侵权技术方案中是否存在与专利权利要求中的某一技术特征等同的技术特征，并不要求专利权利要求的技术特征与被控侵权技术方案的技术特征一一对应。即使被控侵权技术方案用一个技术特征实现了专利权利要求中多个技术特征的功能，或者被控侵权技术方案中的多个技术特征实现了专利权利要求中的一个技术特征的功能，只要在被控侵权技术方案中能找到与专利权利要求相对应的技术特征，就不影响等同的认定。

③等同特征的判断标准

当被控侵权技术方案的某技术特征与专利权利要求记载的相应技术特征相比，是以基本相同的手段，实现基本相同的功能，并达到基本相同的效果，且对于本领域技术人员来说，属于在侵权行为发生时通过阅读该专利的说明书、附图和权利要求书，无需经过创造性劳动就能够联想到的技术特征，则认为这两个技术特征是等同特征。

所谓“手段”，是指为实现某一功能及达到某种技术效果所采取的方式。解决一个特定的技术问题，可能存在多种不同的技术手段，因此，不能仅仅从结果进行反推分析。即对于专利权利要求和被控侵权技术方案的相应技术特征，即使二者的功能和效果基本相同，但如果采取的手段明显不同，则仍然不能认为是等同特征。判断技术手段是否基本相同，应当站在被控侵权行为发生时本领域技术人员的角度，结合其具备的普通技术知识和能力，判断被控侵权技术方案中的相应技术特征是否是本领域常见的替代技术特征，本领域技术人员是否容易想到以及其对被控侵权技术方案是否有实质影响。例如，一项专利权利要求中，某一技术特征是采用“皮带传动”，被控侵权技术方案替换为“链条传动”就属于基本相同的手段。

“功能”和“效果”分别是指相应的技术手段在整个技术方案中所发挥的作用和取得的技术效果。对于功能和效果，应当结合专利说明书和附图记载的内容以及被控侵权技术方案的技术原理，判断相应技术手段在被控侵权技术方案与专利权利要求中所发挥的作用是什么，究竟实现哪种具体的功能，达到何种具体的效果。同样，“手段”基本相同并不意味着“功能”和“效果”也一定基本相同，因为在某些情况下，某一技术手段表面上看在所属领域中是常见的，但是当与整个技术方案中的其他技术手段结合起来后却可能发挥完全不同的作用，并产生完全不同的技术效果。当然，通常情况下，“手段”“功能”和“效果”是密切关联的，在等同侵权判定中，这三个因素往往相互影响，相互印证。

除了“手段”“功能”和“效果”之外，判断是否构成等同侵权，还需要进一步判断所述技术特征是否为本领域技术人员不经过创造性劳动就能够联想到的，重点在于本领域技术人员对技术特征进行替换的可能性以及难易程度。

在等同侵权判定中，“手段”“功能”和“效果”以及“本领域技术人员不经过创造性劳动能够联想到”这四个要素均要考虑，缺一不可。一般情况下，首先考查被控侵权技术方案区别于专利权利要求的技术特征是否属于基本相同的手段，其次考查二者是否具有基本相同的功能并产生基本相同的效果，最后判断对于这种技术特征的替换，本领域技术人员是否不经过创造性劳动就能够联想到。如果对于四个要素的回答均是肯定的，则二者构成等同特征。

④等同特征的形式

a. 已知的常用技术要素的简单替换

如果被控侵权技术方案用本领域技术人员容易想到的已知的常用技术要素替代

专利权利要求中的相应技术特征，同时，替换后其功能和效果也基本相同，则应认定二者为等同特征。

【案例5-1-25】

专利权利要求1："一种轻型干粉灭火棒，由筒身、喷套、阀体、钢瓶、顶针、后盖塞组成，其特征在于筒身内有一带孔的活塞。"

被控侵权产品：包括筒体、喷套、阀体、钢瓶、顶针、后盖塞、活塞，其特点是筒身内的活塞上有一缝隙。

本案的争议点在于：被控侵权产品中"筒身内的活塞上有一缝隙"与专利权利要求中"带孔的活塞"是否为等同特征。

分析与评述：

被控侵权产品与涉案专利权利要求1所保护产品的结构的不同之处在于：专利权利要求1所保护的产品筒身内有一带孔的活塞，被控侵权产品的筒身内活塞上有一缝隙。在工作状态时，专利权利要求的技术方案是高压气体通过活塞中间的圆孔喷出冲击干粉，被控侵权产品则是高压气体通过活塞上的缝隙喷出冲击干粉。但是，无论活塞中间设置圆孔还是缝隙，其功能和产生的效果都是使高压气体冲开依附在活塞上的柔性膜，使干粉从喷嘴喷出。因此两种产品在原理、功能上都相同，同时被控侵权产品与专利权利要求相比，在简化结构、降低生产成本等方面也没有实质性突破，二者的区别实质上属于本领域技术人员已知的常用技术要素的简单替换。因此，被控侵权产品"筒身内的活塞上有一缝隙"的特征与专利权利要求在活塞上带有孔的技术特征，属于以基本相同的手段，实现基本相同的功能，达到基本相同的效果，且对于本领域技术人员来说，无需经过创造性劳动就能够联想到的特征，二者构成等同特征。

b. 产品部件位置的简单移动

如果相对于专利权利要求而言，被控侵权技术方案中某一部件的位置是本领域中该部件的常规设置位置，且这种位置的改变没有带来功能和效果上的明显差异，同时对本领域技术人员而言，进行这种部件位置的移动不需要付出创造性的劳动，则被控侵权技术方案中经改变的位置技术特征与专利权利要求中相应的部件位置技术特征构成等同特征。

【案例5-1-26】

专利权利要求1："一种防火隔热卷帘耐火纤维复合帘面，其中，所述的帘面由多层耐火纤维制品复合缝制而成，其特征在于：所述的帘面包括中间植有增强用耐高温的不锈钢丝或不锈钢丝绳的耐火纤维毯夹芯，由耐火纤维纱线织成的用于两面固定该夹芯的耐火纤维布，以及位于其中的金属铝箔层。”

被控侵权产品：一种防火卷帘，帘面系由多层耐火纤维制品复合缝制而成，其中包括耐火纤维毯、耐火纤维布、金属铝箔层和钢丝绳，不锈钢钢丝绳放在耐火纤维毯的一侧。

权利要求 1 与被控侵权产品的特征对比如下表所示：

权利要求 1	被控侵权产品	对比
防火隔热卷帘耐火纤维复合帘面	防火隔热卷帘多层耐火纤维复合帘面	相同
所述的帘面由多层耐火纤维制品复合缝制而成	帘面系由多层耐火纤维制品复合缝制而成	相同
耐火纤维毯夹心中间植有增强用耐高温的不锈钢丝或不锈钢丝绳	耐火纤维毯夹心不锈钢钢丝绳位于耐火纤维毯的一侧	有区别
耐火纤维纱线织成的用于两面固定该夹芯的耐火纤维布	由耐火纤维纱线织成的用于两面固定该夹芯的耐火纤维布	相同
位于耐火纤维布中的金属铝箔层	位于耐火纤维布中的金属铝箔层	相同

本案的争议点在于：上述区别特征是否构成等同特征。

分析与评述：

被控侵权防火卷帘产品的帘面包括专利权利要求 1 中的大部分技术特征，区别在于：被控侵权产品将不锈钢钢丝绳放在耐火纤维毯的一侧，而专利权利要求将钢丝绳放在纤维毯的夹心中间。但帘面中加入钢丝绳系起增强作用，其位置的改变不影响该技术效果的实现。因此，被控侵权产品的上述特征属于以基本相同的手段，实现基本相同的功能，达到基本相同的效果，并且是本领域技术人员无需经过创造性劳动就能够联想到的特征，与涉案专利所记载的技术特征为等同特征，构成等同侵权。

c. 技术特征的分解或者合并

技术特征的分解，是指被控侵权技术方案用两个或多个技术特征代替专利权利要求记载的某一个技术特征。技术特征的合并，是指被控侵权技术方案用一个技术特征代替专利权利要求中记载的两个或多个技术特征。如果这种分解或合并没有改变技术特征在技术方案中所实现的功能和效果，且属于本领域技术人员不经过创造性劳动即可想到的简单变形，则其与专利权利要求中相应的技术特征为等同特征。

【案例5－1－27】

专利权利要求1："一种除臭吸汗鞋垫，其特征是：它是由两层防滑层于相对的内面各附设一单向渗透层，其间再叠置黏结吸汗层和除臭层，吸汗层与除臭层相邻。"

根据说明书的记载，涉案专利的发明目的是针对现有技术中的鞋垫在除臭时容易产生潮湿、导致除臭效果减弱等不足进行的改进设计，其吸汗层采用吸水树脂制成，除臭层采用活性炭铺设而成。

被控侵权产品鞋垫的结构为：表面是防滑层，防滑层下为干爽表面（单向渗透层），干爽表面下为吸汗除臭层，吸汗除臭层的材质为吸水树脂和活性炭。

被控侵权产品与专利权利要求1相比，二者的区别在于：被控侵权产品将吸汗层和除臭层合并为一层，将活性炭与吸水树脂混合设置，然后利用干爽网面和防滑层将其封闭；而专利权利要求中吸汗层与除臭层分别设置，活性炭层与吸水树脂层分别设置，两层紧密相邻，然后利用干爽网面和防滑层将其封闭。

本案的争议点在于：被控侵权产品中的"吸汗除臭层"与专利权利要求中的"吸汗层和除臭层"是否为等同特征。

分析与评述：

判断被控侵权产品以吸汗除臭层代替专利权利要求中记载的吸汗层和除臭层是否侵犯专利权，需要分析合并后的吸汗除臭层与吸汗层和除臭层分别设置二者所发挥的功能和取得的效果是否基本一致，以及这种技术特征的合并对本领域技术人员来说是否容易联想到。

首先，将活性炭与吸水树脂混合设置的除臭吸汗层在功能上与分别设置除臭层和吸汗层完全相同，都是为了吸收汗液以及除去气味。

其次，二者的原理都是物理吸收和吸附作用，因此当被控侵权产品和专利权利要求中采用的活性炭和吸水树脂的量一致时，不论分别设置还是混合设置，其吸水和除臭效果也都基本相同。

同时，吸水树脂与活性炭之间并不发生化学反应，两者的制备工艺也相差无几，本领域技术人员不付出创造性劳动就容易联想到这种技术特征的合并。

虽然被控侵权产品用一个技术特征代替了权利要求中记载的两个技术特征，但这种合并没有改变技术特征在技术方案中所起的作用和所实现的功能与效果，且本领域技术人员不付出创造性劳动即可想到技术特征的这种简单变形，因此被控侵权产品的除臭吸汗层与专利权利要求中相应的除臭层和吸汗层为等同特征。

d. 方法步骤顺序的简单变化

如果被控侵权技术方案仅对方法权利要求或者以方法特征限定的产品权利要求中步骤的组合顺序进行简单变换，而改变顺序后的步骤与原步骤仍然发挥基本相同的功能，并取得基本相同的技术效果，同时，步骤的变化对方法整体上也不产生实质的影响，本领域技术人员不付出创造性劳动就容易想到，则应认定二者为等同特征。反之，如果对方法步骤的改变导致其在专利权利要求中与被控侵权技术方案中所发挥的作用、实现的功能、取得的技术效果均有明显的改变，则不应认定二者为等同特征。

【案例5－1－28】

专利权利要求1："一种制造弹簧铰链的方法，依次包括四个步骤：①提供一用于形成铰接件的金属带；②切割出大致与铰接件外形一致的区域；③通过冲压形成一圆形部分以形成铰接件的突肩；④冲出铰接件的铰接孔。"

说明书记载：现有的弹簧铰链一般由一个铰接件、一个锁紧件和一个弹簧件组成，由于这些零件的尺寸很小，组装相当复杂。又由于这些零件通常都是散装料供给，因此首先需要麻烦的找正，才能把各件组装在正确的位置上。本发明的任务在于提供一种弹簧铰链的经济制作方法，并改进零件的搬运，因而产生良好的经济效益。在本发明中，用金属带加工的铰接件在铰接件仍与金属带连接时进行弹簧和锁紧件安装，这样在部件组装之前一方面取消了铰接件的中间加垫，另一方面又取消了铰接件的找正。组成的部件不从金属带上切断，因而搬运到弹簧铰链外壳中使用特别方便。

权利要求3记载：根据权利要求1所述的铰接件，还包括在铰接件仍与金属带连接时把弹簧件装在铰接件上形成一个装配单元的步骤。

被控侵权产品的加工过程依次为：①将金属带材送入冲压机冲下铰接件；②用钳子夹住铰接件前部，用锻压机将铰接件后部砸圆；③用钳子夹住铰接件前部，将铰接件插入打孔机内打孔；④用铅丝从铰接件前部圆孔中穿过，将若干个铰接件穿在一起后用抛光轮抛光。

本案的争议点在于：被控侵权产品加工顺序的变化与涉案专利中相应的步骤是否构成等同特征。

分析与评述：

结合说明书和权利要求3的内容可以看出，涉案专利中，切割出大致与铰接件外形一致的区域，包括“用于形成凸肩的基本形状”和“具有铰接孔范围的至少一部分”，金属带与铰接件的分离是在冲孔并安装了弹簧和锁紧件之后。而被控侵权技术方案中，金属带与铰接件在形成凸肩（第二步）、冲孔（第三步）之前就已经分离。

按照专利说明书的相关表述，如果发生步骤变化，将无法实现专利的技术效果和技术目的，即如果先将铰接件从金属带材上切割下来，那么在随后的安装过程中，需要进行找正才能将各部件组装到正确的位置上，这正是被控侵权技术方案必须经历的过程。因此，被控侵权方法将步骤顺序交换之后，取得的技术效果与涉案专利方法明显不同，步骤顺序的变化不构成等同特征。

以上列举的几种等同特征的形式并非穷举，要做到对等同原则的准确适用，必须在具体案件中具体分析，牢牢把握本领域技术人员这一主体所具有的能力和水平。通过以下3个案例来说明等同侵权的判定方法。

【案例5-1-29】

专利权利要求1：“一种用于粉条加工的揉面机，包括机架，以及在机架上部设置有带有进、出料口的料斗；其特征在于，该料斗内水平设置了由驱动电机驱动的输送搅龙，在位于所述出料口上方的机架上并排设置有两个相通的‘U’形揉面斗，其中一个‘U’形揉面斗的底部与所述出料口相连通；在位于每个‘U’形揉面斗上方的机架上分别设置有一揉面锤，所述两揉面锤的支撑架通过曲柄连杆机构与驱动电机的动力轴相连接。”

被控侵权产品的技术特征可以分解如下：①机架；②机架上部设置有带有进、出料口的料斗；③该料斗内水平设置了由驱动电机驱动的输送搅龙；④所述出料口上方的机架上并排设置有两个相通的“U”形揉面斗，其中一个“U”形揉面斗的上部与所述出料口相连通；⑤位于每个“U”形揉面斗上方分别设置有一揉面锤，每一揉面锤具有一支撑架，每一揉面锤的支撑架之间由杠杆连接，其中一个揉面锤的支撑架通过曲柄连杆机构与驱动电机上减速器的动力轴相连接，该揉面锤支撑架通过杠杆运动使两个揉面锤反向上下往复运动。

分析与评述：

将权利要求1与被控侵权产品进行技术特征对比如下表所示：

技术特征序号	权利要求1	被控侵权产品	对比
①	机架	机架	相同
②	机架上部设有带进、出料口的料斗	机架上部设有带有进、出料口的料斗	相同
③	该料斗内水平设置了由驱动电机驱动的输送搅龙	该料斗内水平设置了由驱动电机驱动的输送搅龙	相同
④	在位于所述出料口上方的机架上并排设置有两个相通的“U”形揉面斗，其中一个“U”形揉面斗的底部与所述出料口相连通	所述出料口一侧下方的机架上并排设置有两个相通的“U”形揉面斗，其中一个“U”形揉面斗的上部与所述出料口相连通	有区别
⑤	在位于每个“U”形揉面斗上方的机架上分别设置有一揉面锤，所述两揉面锤的支撑架通过曲柄连杆机构与驱动电机的动力轴相连接	位于每个“U”形揉面斗上方分别设置有一揉面锤，每一揉面锤具有一支撑架，每一揉面锤的支撑架之间由杠杆连接，其中一个揉面锤的支撑架通过曲柄连杆机构与驱动电机上减速器的动力轴相连接，该揉面锤支撑架通过杠杆运动使两个揉面锤反向上下往复运动	有区别

本案的争议点在于：被控侵权产品的技术特征④和技术特征⑤是否分别与权利要求中的相应技术特征构成等同特征。

对于技术特征④，被控侵权产品只是在专利的基础上，将料斗相对于揉面斗上移，从而利用了面团自身的重力。但由于面团本身不易流动，如果不利用输送搅龙挤压，仅靠面团自身重力难以实现将料斗中的面团输送到揉面斗的目的。反过来讲，如果仅靠面团自身重力即可以实现料斗中的面团自流到揉面斗中的目的，就无需采用输送搅龙这一技术手段。因此，被控侵权产品实质上仍是利用输送搅龙挤压将面团通过出料口输送到揉面斗，与专利权利要求一样，两者都需要利用输送搅龙这一部件实现将面团由料斗挤压输送到揉面斗这一功能。可见，与专利权利要求的该项技术特征相比，被控侵权产品系采取基本相同的手段，实现基本相同的功能，达到基本相同的效果。而且物体由于自身的重力能够自上而下滑落是一种普通生活常识，因此，将料斗相对于揉面斗上移对于本领域技术人员来讲，无需经过创造性劳动即可联想到。被控侵权产品的该项技术特征构成相应专利技术特征的等同特征。

对于技术特征⑤，根据专利说明书和附图的记载，两个揉面锤共用的一个支撑架通过曲柄连杆机构与驱动电机的动力轴相连接，动力驱动装置通过曲柄连杆机构带动两个揉面锤同向上下往复运动。因此，专利技术特征⑤可以理解为：在位于每个“U”形揉面斗上方的机架上分别设置有一揉面锤，所述两揉面锤共用的一个支撑架通过曲柄连杆机构与驱动电机的动力轴相连接，动力驱动装置通过曲柄连杆机构带动两个揉面锤同向上下往复运动。将第⑤项对应技术特征进行对比，专利权利要求的两揉面锤共用一个支撑架，并通过曲柄连杆机构和动力驱动装置带动两个揉面锤同向上下往复运动；被控侵权产品则是两揉面锤各有一支撑架，两个揉面锤的支撑架之间由杠杆连接，其中一个揉面锤的支撑架通过曲柄连杆机构和动力驱动装置使两个揉面锤反向上下往复运动。虽然两者均具有通过支撑架支撑揉面锤，动力驱动装置通过曲柄连杆机构带动揉面锤的支撑架上下运动的基本功能，但从揉面锤的工作原理和运动方式来看，二者并非基本相同的手段；同时，由于被控侵权产品的动力驱动装置驱动的是一个揉面锤的支撑架，而专利的驱动装置驱动的是两个揉面锤的支撑架，被控侵权产品的这种设计更节省动力，可使用相对较小功率的驱动电机，而且，被控侵权产品利用杠杆原理使两个揉面锤反向上下往复运动也避免了专利的两个揉面锤共用一个支撑架时同向向上运动时所做的无用功。由此可见，二者在技术效果上也有明显不同。此外，被控侵权产品的这种变换手段，对于本领域技术人员而言，也并非不经过创造性劳动就能够联想到。因此，二者该项对应技术特征不构成等同特征。

【案例 5-1-30】

专利权利要求：“一种三氯异氰尿酸消毒制剂，其特征在于由 30% ~68% 重量百分比的三氯异氰尿酸与相应 32% ~70% 重量百分比的氯化钠均匀混合而成。”

被控侵权产品：“鱼用强氯精”，其中三氯异氰尿酸含量为 40%，助剂成分为 60% 钠盐。经鉴定，该产品有效氯总量（以 Cl 计）为 52.9%，硫酸钠含量为 36.8%。

分析与评述：

将权利要求 1 与被控侵权产品进行技术特征对比如下表所示：

权利要求 1	被控侵权产品
有效成分为三氯异氰尿酸，有效氯含量范围为 25% ~62%	有效成分三氯异氰尿酸，有效氯含量为 52.9%
助剂为氯化钠，重量百分比为 32% ~70%	助剂为硫酸钠，重量百分比为 36.8%

被控侵权产品的有效成分三氯异氰尿酸与专利权利要求相同，其有效氯含量为 52.9%，落在专利的三氯异氰尿酸用量范围内，因此有效成分属于相同的技术特征。

专利权利要求中，助剂为氯化钠，重量百分比为 32% ~70%。被控侵权产品使用的助剂为硫酸钠，重量百分比为 36.8%。两者这一技术特征不相同，但二者是否构成等同特征，需要从以下几个方面进行分析。

首先，分析氯化钠和硫酸钠的理化性质。理化性质的分析旨在判断其对专利权利要求和被控侵权产品而言，是否属于基本相同的技术手段。基于氯化钠和硫酸钠均为中性的、溶解性能良好的无机盐，而且都是钠盐，因此属于基本相同的技术手段。

其次，分析硫酸钠与氯化钠在被控侵权产品和专利权利要求中的作用。助剂在专利中的作用是将有效氯含量在 85% ~90% 的原料三氯异氰尿酸稀释，降低消毒制剂的有效氯含量，使有效氯含量在 25% ~62%，同时也促进三氯异氰尿酸的溶解。硫酸钠在被控侵权技术方案中也起相同的作用。

再次，分析硫酸钠和氯化钠取得的技术效果。两者对原料三氯异氰尿酸的作用是一致的，都是为了降低消毒制剂中有效氯的百分含量和提高三氯异氰尿酸的溶解度。同时被控侵权产品中硫酸钠的百分含量也在专利权利要求助剂的百分含量范围之内，因此虽然两者使用的助剂不是同一种钠盐，但是达到的技术效果是一致的。

最后，采用硫酸钠代替氯化钠，是本领域技术人员无需经过创造性劳动就能够得出的，助剂硫酸钠对于专利权利要求中的助剂氯化钠来说是一种等同替换。

【案例 5-1-31】

专利权利要求 1："一种玻璃钢夹砂顶管，它由管头、管身以及管尾组成，管头和管尾管径一致管，尾连接部设有密封用套环，管头、管尾通过套环连接，其特征在于：所述的管头、管身以及管尾采用树脂基体，管身设有两维以上方向绕制的纤维层以及石英夹砂层，管头和管尾设有为两维以上方向绕制的纤维层，所述的套环紧密设置在管头或管尾外壁的凹台内。"

被控侵权产品：与专利权利要求 1 存在一个区别，即专利权利要求中的技术特征为“管头和管尾管径一致”，被控侵权产品的相应技术特征为“插口的管外径小于承口的管外径，有锥度”。

本案的争议点在于：被控侵权产品与专利权利要求的上述技术特征是否构成等同特征。

分析与评述：

被控侵权产品中插口、承口的管内径虽然一致，但是二者的管外径并不一致，具体表现为承口管外径上设有用于安装钢套环的水平凹台，并且承口管外径与钢套环紧密配合；而插口管外径呈不规则台阶状。尽管专利申请日前公开的《顶管施工技术》中已经公开了注浆减阻的工作原理以及注浆孔、台阶状管外径等技术特征，本领域技术人员在顶管施工中为了实现注浆减阻的目的，能够在《顶管施工技术》所给出的技术启示下，在不付出创造性劳动的情况下，显而易见地想到被控侵权产品中的注浆孔以及插口管外径呈不规则台阶状等技术特征。但是，被控侵权产品中的插口管外径呈不规则台阶状，一方面导致插口管外径与钢套环之间并不能紧密配合，无法实现增强管道连接密封性的功能和效果；另一方面能够在管外径与钢套环之间形成供减阻砂浆通过的环形空间，使得从注浆孔中注入的减阻砂浆可以经由该环形空间均匀分布在管道周围，形成润滑套，实现减少管道外壁与土壤间的摩擦阻力、提高管道顶进效率的有益功能和效果。因此，被控侵权产品中技术特征“插口管外径呈不规则台阶状”所实现的功能和效果，与权利要求 1 中“管头和管尾管径一致”所实现的功能和效果具有实质性的差异，二者不属于等同特征。

由本案可见，在判断技术特征是否等同时，不仅要考虑被控侵权技术方案的技术特征是否属于本领域技术人员无需经过创造性劳动就能够联想到的技术特征，还要考虑被控侵权技术方案的技术特征与专利权利要求的技术特征相比，是否属于基本相同的技术手段，实现基本相同的功能，达到基本相同的效果。只有以上两个方面的条件同时具备，才能够认定二者属于等同特征。

5. 等同原则的限制

等同原则对于平衡专利权人和社会公众之间的利益具有重要意义，然而，等同原则实质上将专利权的保护范围扩大到了权利要求字面限定的范围之外，使专利权人的利益得到了更充分的保护。在充分保护专利权的同时，适用等同原则会在一定程度上减弱权利要求的公示作用。为了维持专利权人和社会公众利益的平衡，体现等同原则的价值，还必须对等同原则的适用加以适当的限制。

（1）禁止反悔原则

禁止反悔原则，是民法中诚实信用原则在专利侵权民事诉讼以及专利侵权行政执法程序中的体现。一般来说，专利说明书、权利要求书以及专利申请人或专利权人向专利局提交的意见陈述，充分反映了专利申请人或专利权人对于其发明创造中技术特征和技术方案的理解。在专利申请审批程序、专利权无效宣告程序以及判断被控侵权技术方案是否侵犯专利权时，权利人对权利要求中技术特征的解释应当前后一致，不能允许权利人在专利授权或确权程序中，为了获得授权或者维持专利权有效对权利要求进行较窄的解释，而在专利侵权纠纷处理中，为了说明他人侵犯专利权而对权利要求进行较宽的解释。如果允许专利权人在侵权纠纷处理中通过主张等同侵权而将先前放弃的技术方案再纳入到专利权保护范围内，将会由于专利权人的反悔而损害社会公众的利益。

①禁止反悔原则的含义

所谓禁止反悔原则，是指权利人将专利申请人或专利权人在专利授权或确权程序中，通过修改权利要求书、说明书或者意见陈述而放弃的技术方案，在侵犯专利权纠纷案件中反悔，重新纳入专利权的保护范围的，管理专利工作的部门不应予以支持。

②禁止反悔原则的适用

当专利申请人或专利权人为了满足《专利法》及其实施细则关于授予专利权的实质性条件而对申请文件或专利文件进行修改或者意见陈述时，如果该修改或意见陈述限制了权利要求的保护范围，并且修改或意见陈述的目的是获得授权或维持专利权继续有效，将可能导致禁止反悔原则的适用。

首先，修改或意见陈述必须明确且有证据能够证明。在适用禁止反悔原则时，专利申请人或专利权人对有关技术特征所作的修改以及限制承诺或放弃必须是明示的，而且已经被记录在专利审查文档中。其次，管理专利工作的部门可主动适用禁止反悔原则。禁止反悔原则是对等同原则的限制，目的是维持专利权人与社会公众之间的利益平衡。管理专利工作的部门在认定是否构成等同侵权时，即使被控侵权人没有主张适用禁止反悔原则，也可以根据业已查明的事实，通过适用禁止反悔原则对权利人主张的专利权范围予以必要的限制，以合理地确定专利权的保护范围。最后，修改和意见陈述都可以适用禁止反悔原则。我国专利授权的实质性条件主要包括：要求保护的发明创造应当具备新颖性、创造性和实用性；要求保护的发明应当属于能够授予专利权的主题范围；专利说明书应当对要求保护的发明创造作出清楚、完整的说明，使本领域技术人员能够实施该发明创造；权利要求书应当以说明书为依据，清楚、简明地限定权利要求保护的发明创造。在专利授权、确权程序中，专利申请人或专利权人为了满足专利授权的条件而进行的修改或意见陈述均可能导致禁止反悔原则的适用。

a. 修改导致的禁止反悔原则的适用

适用禁止反悔原则最常见的情形是专利申请人或专利权人在专利授权或确权程序中对权利要求进行的修改。对于因修改而导致权利要求保护范围缩小的情形，不论修改的具体原因和动机如何，均可能导致禁止反悔原则的适用。

例如，无论修改是为了克服新颖性、创造性的缺陷，还是为了克服权利要求得不到说明书支持、权利要求不清楚等缺陷；无论修改是专利申请人自行提交的主动修改，还是为了克服审查员指出的缺陷而作出的被动修改：只要对权利要求的范围作出限缩，并且被审查员所接纳，均可以适用禁止反悔原则。

【案例 5－1－32】

专利权利要求 1：“一种防治钙质缺损的药物，其特征在于：它是由下述重量配比的原料制成的药剂：活性钙 4～8 份，葡萄糖酸锌 0.1～0.4 份，谷氨酰胺或谷氨酸 0.8～1.2 份。”

涉案专利原始申请文件中，其独立权利要求中与“活性钙”相对应的技术特征为“可溶性钙剂”。说明书中记载，可溶性钙剂包括葡萄糖酸钙、氯化钙、乳酸钙、碳酸钙或活性钙。国家知识产权局在审查意见通知书中指出，该权利要求 1 使用的上位概念“可溶性钙剂”包括各种可溶性的含钙物质，概括了一个较宽的保护范围，而申请人仅对其中的“葡萄糖酸钙”和“活性钙”提供了配制药物的实施例，对于其他的可溶性钙剂没有提供配方和效果实施例，本领域技术人员难以预见其他的可溶性钙剂按发明进行配方也能在人体中发挥相同的作用，因此，权利要求得不到说明书实质的支持，不符合《专利法》第二十六条第四款的规定。申请人根据上述审查意见对权利要求书进行了修改，将“可溶性钙剂”修改为“活性钙”。

被控侵权产品为一种葡萄糖酸钙锌口服溶液，其含有葡萄糖酸钙。

本案争议点在于：被控侵权产品的葡萄糖酸钙与权利要求 1 中的活性钙是否构成等同特征。

分析与评述：

专利申请人在专利授权程序中对权利要求 1 作出修改，放弃了包含“葡萄糖酸钙”技术特征的技术方案。根据禁止反悔原则，专利申请人或专利权人在专利授权或确权程序中，通过对权利要求书、说明书的修改或者意见陈述而放弃的技术方案，在专利侵权纠纷中不能被纳入专利权的保护范围。因此，本案中专利权的保护范围不应包括“葡萄糖酸钙”技术特征的技术方案。被控侵权产品的相应技术特征为葡萄糖酸钙，属于专利权人在专利授权程序中放弃的技术方案，与权利要求1中记载的“活性钙”不构成等同特征。

b. 意见陈述导致的禁止反悔原则的适用

在专利授权程序中，针对审查员提出的反对意见，专利申请人经常通过陈述意见进行争辩。专利申请人提交争辩意见有时伴随着对申请文件的修改，有时仅仅是提出争辩意见而不修改申请文件。在专利确权程序中，为了维持专利权有效，针对无效宣告请求人的无效理由，专利权人往往也需要对权利要求书中的技术术语、技术特征或技术方案进行解释。如果在专利授权、确权程序中关于权利要求的解释对其保护范围产生了限缩性影响，则可能导致禁止反悔原则的适用。

【案例5-1-33】

专利权利要求1：“一种汽车地桩锁，其特征在于：它由底座（1）、芯轴（2）、活动桩（3）和锁具（4）构成，所述底座（1）固定在地面上，所述活动桩（3）通过芯轴（2）与座（1）相连，活动桩设有供锁具（4）插入的孔。”

在该专利的确权程序中，针对无效宣告请求人提出的有关创造性的无效理由，专利权人在其答辩意见中称：“活动桩设有供锁具插入的孔。该描述的含义是，锁具不是永久固定在孔中，而是根据使用状态呈现两种连接关系，即锁定时位于活动桩的孔中，打开时，从孔中取出，与活动桩的孔分离。”

根据专利权人的陈述，原专利复审委员会作出了维持专利权有效的决定。在无效宣告请求审查决定中，原专利复审委员会认定：“在锁闭地桩锁时，权利要求1的活动桩上所设置的孔可供锁具整体地插入以达到锁闭地桩锁的目的，开启地桩锁时，可将锁具全部取出，活动桩上也无需设置附加的固定装置来固定锁具，因而该专利相对于现有技术具有实质性特点和进步，具备创造性。”

被控侵权产品：除锁具固定在底座上之外，其他技术特征与专利权利要求相同。

本案的争议点在于：被控侵权产品是否构成等同侵权。

分析与评述：

在确权程序中，专利权人为克服无效宣告请求人提出的有关涉案专利不具备创造性的缺陷，在意见陈述中明确了其专利中“活动桩设有供锁具插入的孔”这一技术特征的含义，对权利要求的保护范围进行了实质性的限定；原专利复审委员会认可了专利权人对这一技术特征的解释，据此认定权利要求所取得的技术效果并最终判定涉案专利具备创造性，维持专利权有效。因此，根据禁止反悔原则，所述技术特征与被控侵权产品“锁具固定在底座上”的技术特征不等同。

（2）捐献原则

专利授权程序中，可能出现说明书中公开的技术方案未被权利要求书覆盖，或者专利申请人为了通过审查，撰写保护范围比较窄的权利要求，而在说明书中又对其进行扩张性解释。针对以上两种情况，在专利侵权纠纷处理中，专利权人可能通过主张等同而将说明书扩张的部分或者说明书中公开却未被权利要求所覆盖的技术方案纳入专利权的保护范围。捐献原则的确立，就是为了避免这种情况的发生，维护权利要求的公示作用，平衡专利权人与社会公众的利益。

①捐献原则的含义

所谓捐献原则，是指对于仅在说明书或者附图中描述而在权利要求中未记载的技术方案，权利人在侵犯专利权纠纷案件中，将其纳入专利权保护范围的，管理专利工作的部门不应予以支持。

在专利侵权判定中，如果被控侵权产品的技术方案在涉案专利的说明书中公开，但并没有落入权利要求限定的范围，则认为专利权人已将该技术方案捐献给了社会公众，不应再通过主张构成等同侵权而获得保护。

②捐献原则的适用

适用捐献原则有两个条件。一是只有说明书中对相关主题有具体明确的描述，并且明显以替代方案出现时，才可适用捐献原则，不能以说明书中披露了上位概念为由而推定对其所有的下位概念都要适用捐献原则；二是相关主题是否在说明书中有清楚、具体的描述，需要由本领域技术人员在阅读整个说明书后作出判断。

应当注意，在专利侵权判定中，常常要参考说明书记载的内容解释权利要求的保护范围。如果权利要求中记载的特征 A 只能解释成说明书中记载的特征 B，而被控侵权产品使用的恰好是特征 B 时，不能适用捐献原则以特征 B 在权利要求中没有文字记载为由认定不构成侵权。

【案例 5－1－34】

某专利涉及一种制造印刷电路板的方法。在现有技术中，在制造印刷电路板的成层工艺中，铜箔是由手工处理的，容易遭到损坏。涉案专利将铜箔黏附在硬基片上，能够避免手工处理过程中可能出现的损坏。在该专利权利要求中，将硬基片限定为铝片。说明书中记载：虽然铝是硬基片的优选材料，但也可以使用诸如不锈钢、镍合金等其他材料，有时也可以使用聚丙烯。

被控侵权方法使用的是不锈钢材料。

本案的争议点在于：被控侵权方法使用不锈钢材料是否构成等同侵权。

分析与评述：

当专利权人在说明书中公开了一个技术方案，但没有在权利要求书中请求保护时，意味着专利权人将该技术方案捐献给了社会公众。本案中，专利说明书中涉及不锈钢材料的技术方案并没有被划入专利权的保护范围，实际上已经被专利权人捐献给社会公众。这种情况下，专利权人依等同侵权而将其纳入专利权保护范围的主张不能成立。

【案例5－1－35】

专利权利要求：一种离心式开沟机，其特征在于机体的中心部有一开沟机轴，机轴上带有一切土刀架，刀架的断面呈“十”字形，即圆周四等分设置……

说明书中记载：刀架的端面呈“十”字形，即圆周四等分设计，也可以是六等分、八等分设计。

被控侵权产品：一种农用葡萄培土机，除刀架为六等分外，其他技术特征与专利权利要求相同。

本案的争议点在于：被控侵权产品采用六等分设计的刀架是否构成等同侵权。

分析与评述：

涉案专利说明书中明确记载：刀架的端面可以是圆周四等分设计，也可以是六等分、八等分设计。然而，在权利要求中仅仅要求保护刀架端面为四等分设计的技术方案，这意味着专利权人将六等分、八等分的技术方案捐献给了社会公众。因此被控侵权产品不能被认定构成等同侵权。

三、发明、实用新型专利侵权抗辩

在专利侵权纠纷处理中，被控侵权人为了证明其未侵犯专利权，往往会采取一系列抗辩手段。常见的抗辩事由包括基于《专利法》第十一条规定的侵权行为构成要件抗辩、基于《专利法》第六十二条规定的现有技术抗辩、基于《专利法》第六十九条规定的不视为侵权抗辩，以及诸如专利权效力抗辩、诉讼时效抗辩等其他类型的抗辩。

（一）现有技术抗辩

现有技术抗辩，是指在侵犯专利权纠纷案件中，被控侵权人主张被控侵权技术方案采用的是现有技术，因而其行为不侵犯权利人所主张的权利的一种抗辩方式。

1. 现有技术抗辩的目的及性质

《专利法》第六十二条规定，在专利侵权纠纷中，被控侵权人有证据证明其实施的技术或者设计属于现有技术或者现有设计的，不构成侵犯专利权。该规定的目的在于保障社会公众能够自由利用现有技术，对使用现有技术的公众提供免受侵权纠纷的救济，从而保障现有技术自由、便利、广泛地传播和使用。

现有技术抗辩是被控侵权人针对停止侵权、损害赔偿等专利请求权行使的一种抗辩权，其效力在于阻止请求权的行使，一般只有在被控侵权技术方案落入了专利权的保护范围时才适用。现有技术抗辩不能变更专利权的保护范围，不能将属于现有技术的范围从专利权的保护范围中排除，也不能否定专利权的效力。

现有技术抗辩作为一种抗辩权，必须以被控侵权人提出抗辩主张为前提，管理专利工作的部门不能依职权主动调查适用。

2. 现有技术范围

《专利法》第二十二条定义新颖性和创造性时，对现有技术的范围进行了限定。《专利法》第六十二条关于现有技术抗辩中的现有技术范围与《专利法》第二十二条相同。需要注意的是2008年修改《专利法》时，对《专利法》第二十二条中现有技术的范围进行了调整，随着这一调整，现有技术抗辩中的现有技术范围也相应发生了变化。因此，在专利侵权纠纷处理中，如果权利人主张的专利权的专利申请日（有优先权的，指优先权日。下同）在2009年10月1日之前，则被控侵权人能够援引进行抗辩的现有技术应当为在专利申请日以前在国内外出版物上公开发表、在国内公开使用或以其他方式为公众所知的技术；如果权利人主张的专利权的专利申请日在2009年10月1日之后（含申请日），则被控侵权人能够援引进行抗辩的现有技术应当是在专利申请日以前在国内外为公众所知的技术，即在申请日以前在国内外出版物上公开发表、在国内外公开使用或者以其他方式为公众所知的技术。

(1) 公开出版物构成现有技术

出版物公开是现有技术的一种最常见的公开方式。专利法意义上的出版物，是指记载有技术或者设计内容的独立存在的传播载体，并且应当标明或者有其他证据证明公开发表或出版的时间。

符合上述含义的出版物可以是各种印刷的、打字的纸件，例如专利文献、科技杂志、科技书籍、学术论文、专业文献、教科书、技术手册、正式公布的会议记录或者技术报告、报纸、产品样本、产品目录、广告宣传册等，也可以是用电、光、磁、照相等方法制成的视听资料，例如缩微胶片、影片、照相底片、录像带、磁带、唱片、光盘等，还可以是以其他形式存在的资料，例如存在于互联网或其他在线数据库中的资料等。出版物不受地理位置、语言或者获得方式的限制，也不受年代的限制。出版物的出版发行量多少、是否有人阅读过、申请人是否知道是无关紧要的。

印有“内部资料”“内部发行”等字样的出版物，确系在特定范围内发行并要求保密的，不属于公开出版物。

出版物的印刷日视为公开日，有其他证据证明其公开日的除外。印刷日只写明年月或者年份的，以所写月份的最后一日或者所写年份的 12 月 31 日为公开日。

审查员认为出版物的公开日期存在疑义的，可以要求该出版物的提交人提出证明。

当被控侵权人以出版物进行现有技术抗辩时，要注意核查现有技术的公开时间是否在专利申请日之前。

【案例 5 -1 -36】

某实用新型专利，名称为“旋转式吸管瓶盖”，申请日为 1998 年 3 月 3 日，授权公告日为 1999 年 3 月 25 日。该专利的权利要求 1 为：“一种旋转式吸管瓶盖，主要由瓶、封口膜、瓶盖接头、吸管、护盖组成，其特征在于瓶口上粘贴有封口膜，瓶口上通过螺纹旋拧有瓶盖接头，瓶盖接头上通过螺纹旋拧有吸管，吸管上套插有护盖；吸管的内管上设有锥刺，吸管的外管内设有螺纹，吸管的外管外设有主拨头，护盖内设有主拨头。”

被控侵权产品为某品牌 AD 钙奶所使用的瓶盖。在侵权纠纷处理中，被控侵权人认为，其销售的 AD 钙奶所使用的瓶盖系现有技术，并提交文献号为 DE4323666A1 的德意志联邦共和国专利公布文本。经核实，所述专利文献的公开日为 1994 年 1 月 27 日。该专利文献的说明书部分记载：“利用封闭装置也已经为人所知，将瓶盖

（固定）部分旋紧在瓶口上。在使用时，把帽用螺纹向内旋拧使得安置在盖内部的尖端刺破膜，此时，产品通过预置的导管取出，所述导管穿过盖罩伸进去，而不把它取出和与瓶子分开”（具体结构如下图所示）。德国专利文献公开的技术方案与被控侵权 AD 钙奶瓶盖采用的技术方案相同。可见，被控侵权瓶盖所采用的技术属于现有技术，故不构成对涉案专利技术的侵犯。

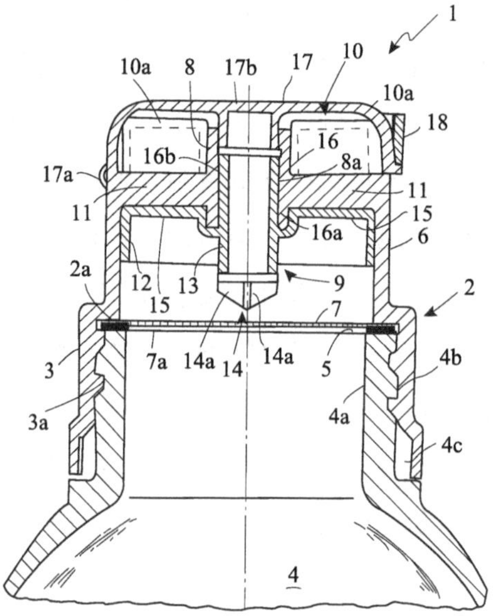

专利文献 DE4323666A1 附图

分析与评述：

专利文献是最常用作现有技术抗辩的证据类型之一，在判断现有技术抗辩是否成立时，重点需要核实如下内容：①被控侵权人提交的现有技术证据的公开日是否在涉案专利的申请日之前，是否构成涉案专利的现有技术；②所述现有技术证据是否公开了与被控侵权技术方案完全或实质相同的技术特征。本案中，用于现有技术抗辩的德国专利文献 DE4323666A1 的公开日为 1994 年 1 月 27 日，早于涉案专利的申请日，构成涉案专利的现有技术；其中公开的瓶盖结构也与被控侵权的 AD 钙奶瓶盖技术特征相同。因此，现有技术抗辩成立。

（2）使用公开构成现有技术

当被控侵权人以专利申请日前已经有与专利权利要求相同的技术被公开使用为由进行现有技术抗辩时，要注意考查使用公开证据链的完整性。使用公开证据链一般包括下述部分：涉案专利申请日之前使用公开事实存在；使用公开的产品（方法）与专利侵权纠纷处理时保存的产品（方法）具有一致性；专利侵权纠纷处理时保存的产品（方法）与被控侵权产品（方法）相同或实质相同。

【案例5－1－37】

某侵权纠纷案中，某地方知识产权局在认定被控侵权人以使用公开为由进行现有技术抗辩是否成立时，重点确定了如下事项：根据对账单、定作合同、银行转账凭证、收款收据等证据认定塑料容器成型机在涉案专利申请日之前已经存在销售事实；根据产品商标、产品型号、证人证言等认定上述销售产品在案件审理时仍然存在，并在相关证据能够予以采信的情况下，将被控侵权产品与该现有技术进行技术特征的比对；经过比对，认定被控侵权产品与上述销售产品技术方案相同。在对上述证据构成的证据链进行确认后，认定现有技术抗辩成立。

（3）非公有技术构成现有技术

现有技术抗辩中的现有技术范围既包括进入公有领域、公众可以自由使用的技术，也包括尚处于他人专利权保护范围内的非公有技术，甚至还包括专利权人拥有的其他专利技术，只要该技术在涉案专利申请日之前为公众所得知，属于《专利法》规定的现有技术即可。

（4）不能被援引进行现有技术抗辩的技术类型

被控侵权人援引以下技术类型作为现有技术抗辩的现有技术时，管理专利工作的部门不应予以支持。

①在先申请在后公开的中国发明或实用新型专利/专利申请

所谓“在先申请在后公开的中国发明或实用新型专利/专利申请”，是指在涉案专利申请日前向国家知识产权局提出申请，且在涉案专利申请日之后公布的中国发明或实用新型专利或专利申请。由于该专利/专利申请在涉案专利申请日时尚未公开，不构成涉案专利的现有技术，因此，在专利侵权纠纷处理中，不得援引进行现有技术抗辩。

②享受新颖性宽限期的技术

根据《专利法》第二十四条的规定，申请专利的发明创造在申请日以前6个月内，有下列情况之一的，不丧失新颖性：

a. 在中国政府主办或者承认的国际展览会上首次展出的；

b. 在规定的学术会议或者技术会议上首次发表的；

c. 他人未经申请人同意而泄露其内容的。

对于享受新颖性宽限期的技术，虽然在涉案专利申请日之前为公众所得知，但并不影响随后提出的专利申请的新颖性。同样，在专利侵权纠纷处理中，也不能依据这样的技术对以该享有宽限期的专利为基础提出的专利侵权进行现有技术抗辩。

应当注意，如果在首次展出或发表至专利申请日前6个月内，有任何人，包括发明人或者申请人以不同于上述三种情况的方式再次展出或者发表与专利同样的发明创造的，则该再次展出或发表的技术构成现有技术。

③保密技术

在涉案专利申请日之前就已经存在的保密技术不能适用于现有技术抗辩。所谓保密技术，是处于保密状态的技术内容。所谓保密状态，不仅包括受保密规定或保密协议约束的情形，还包括社会观念或者商业习惯上认为应该承担保密义务的情形，即默契保密的情形。如果负有保密义务的人违反规定、约定或默契泄密，导致技术内容公开，使公众能够得知这些技术，这些技术也就构成了现有技术的一部分。

3. 现有技术抗辩的适用

现有技术抗辩时，存在三项技术：涉案专利权利要求、被控侵权技术方案、援引用于抗辩的现有技术。适用现有技术抗辩，应当在专利权利要求的引导下，将被控侵权技术方案与现有技术进行对比。

（1）现有技术抗辩的适用条件

适用现有技术抗辩时，原则上应当首先将被控侵权技术方案与涉案专利权利要求进行对比，在被控侵权技术方案落入了涉案专利的保护范围，构成侵权的情况下才能适用现有技术抗辩。当对被控侵权技术方案是否构成侵权存在争议，同时又可以认定被控侵权技术方案与现有技术相同或实质相同时，可以不对是否侵权得出结论，直接认定现有技术抗辩成立。

被控侵权技术方案对涉案专利权利要求构成侵权的情形，既可以是相同侵权，也可以是等同侵权。

【案例5-1-38】

涉案专利权利要求具有a、b、c、d四个技术特征，被控侵权产品具备a、b、c、D四个技术特征。

当对于特征d与D是否构成等同不存在争议时，应先对被控侵权产品是否落入涉案专利权保护范围作出认定。如果d与D不构成等同，直接得出不侵权的结论；如果d与D构成等同，则将被控侵权产品与现有技术公开的产品进行对比，判断现有技术抗辩是否成立。

当对于特征 d 与 D 是否构成等同存在争议时，可以同时将现有技术公开的产品与被控侵权产品进行对比。如果二者相同或实质相同，则直接认定现有技术抗辩成立；如果对于二者是否相同或实质相同也存在争议，仍然需要先对特征 d 与 D 是否构成等同得出结论，之后再认定现有技术抗辩是否成立。

（2）现有技术抗辩成立的判断标准

将被控侵权技术方案与现有技术对比，如果被控侵权技术方案与现有技术相同或实质相同，则现有技术抗辩成立。

被控侵权技术方案与现有技术相同，是指被控侵权技术方案与现有技术完全相同。被控侵权技术方案与现有技术实质相同，是指对现有技术中的技术特征进行惯用手段的直接置换后，与被控侵权技术方案相同。

被控侵权技术方案与现有技术对比时，只需要考虑被控侵权技术方案中与涉案专利权利要求相关的技术特征，无需将被控侵权技术方案中与涉案专利权利要求无关的技术特征与现有技术进行对比。

【案例 5 -1 -39】

某专利侵权纠纷案中，构成现有技术的某专利申请公开了一种用作建筑内模构件的模盒，其与涉案专利的模壳构件、被控侵权产品的叠合箱均为用于空心楼盖的构件，三者属于相同的技术主题。被控侵权产品与某专利申请公开的技术方案存在以下差别：前者侧壁上方扣合的是上盒，而后者侧壁上方扣合的是模盒。二者的侧壁以及二者的上盒与上模盒作用均相同。因此，被控侵权产品使用的技术方案与某专利申请公开的现有技术方案并无实质性差异，现有技术抗辩成立。

（3）适用现有技术抗辩的注意事项

在适用现有技术抗辩时，需要注意以下事项。

①单独对比

适用现有技术抗辩，只能将被控侵权技术方案与一份现有技术作单独对比，不得将多份现有技术组合与被控侵权技术方案进行对比。

②逐一对比

在被控侵权人提出多份现有技术进行抗辩的情况下，应当将被控侵权技术方案与多份现有技术逐一进行对比，只要被控侵权技术方案与其中一份现有技术构成相同或实质相同，现有技术抗辩即成立。

③一般不得结合公知常识

在现有技术抗辩中，应当对比被控侵权技术方案与现有技术是否相同或实质相同，因此，除惯用手段的直接置换外，一般不得将被控侵权技术方案与现有技术和公知常识的结合进行对比。

④不考查“更接近”

现有技术抗辩不以被控侵权技术方案更接近于现有技术为成立要件，不需要考查被控侵权技术方案更接近于涉案专利权利要求还是更接近现有技术。

⑤不得对比现有技术与涉案专利权利要求

现有技术抗辩中，不得将现有技术与涉案专利权利要求进行对比，得出现有技术与涉案专利权利要求相同或实质相同、涉案专利权利要求不具备新颖性或创造性从而侵权不成立的结论。

（二）不以生产经营为目的的抗辩

根据《专利法》第十一条的规定，只有在为生产经营目的的前提下，未经许可实施专利的行为才构成侵犯专利权。不以生产经营为目的，能够作为专利侵权的抗辩事由。

关于不以生产经营为目的的认定，参见本指南第三章第二节第三部分“不以生产经营为目的”中相关内容。

（三）权利用尽抗辩

所谓权利用尽，是指根据《专利法》第六十九条第（一）项的规定，任何单位、个人购买了专利权人或经专利权人许可的单位、个人售出的专利产品或依照专利方法直接获得的产品后，应当享有自由处置其购买的产品的权利，此后，无论购买者以何种方式使用、许诺销售、销售该产品，均不构成侵犯该专利权人的专利权。权利用尽抗辩是为保证商品的自由流通，维护正常的市场秩序。

1. 权利用尽抗辩的注意事项

权利用尽抗辩中，需要注意以下几个问题：

（1）权利用尽抗辩的产品初始来源应该合法，即基于专利权人或者其许可人的售出。非法出售的产品，例如其他人未经许可生产的专利产品，或者从专利权人及其被许可人处盗窃的专利产品，即便第三人通过正常途径购买获得，也不能适用权利用尽抗辩。

（2）专利权人及其被许可人售出的产品的对象不限于不特定的社会公众。权利人向特定人出售专利产品的，在产品售出后也可以适用权利用尽抗辩。

（3）权利人出售专利产品并不以获得相关对价为条件。免费发放专利产品、赠送专利产品，也视为权利人出售专利产品，可以适用权利用尽抗辩。

（4）在双方的合同交易中，只要权利人交付了专利产品，专利产品合法脱离权利人，就可以适用权利用尽抗辩。被交付人未按照合同约定给付价款，不影响商品的正常流转，可以适用权利用尽抗辩。但如果权利人只实施了销售的准备行为或者许诺销售行为，则不能认定销售完成，不适用权利用尽抗辩。

（5）权利人在国内或国外售出专利产品时，对购买者提出了限制产品后续使用、销售、许诺销售等限制性条件，购买者违反了上述条件，仍然可以适用权利用尽抗辩，其行为不构成专利侵权。至于其行为是否需要承担合同责任，作为限制条件的合同条款是否有效，不在管理专利工作的部门的处理权限之内。

2. 专利权国内用尽和国际用尽

专利权利用尽包括两种情形：专利权国内用尽和专利权国际用尽。

专利权国内用尽，是指对于在我国获得的专利权而言，专利权人或者被许可人在我国境内出售专利产品或依照专利方法直接获得的产品后，购买者在我国境内使用、许诺销售、销售该产品，均不构成侵犯专利权的行为。

专利权的国际用尽，又称平行进口，是指对于在我国获得的专利权而言，专利权人或者其被许可人在我国境外售出其专利产品或者依照专利方法直接取得的产品后，购买者将该产品进口到我国境内以及随后在我国境内使用、许诺销售、销售该产品，均不构成侵犯专利权的行为。

对于专利权的国际用尽有如下情形需要注意：

（1）如果专利权人在本国获得专利权，无论是否在出口国获得专利权，如果进口的专利产品来源于专利权人或者其许可人在国外的公开销售，则可以适用权利用尽抗辩。如果进口的专利产品来源于专利权人或者其许可人以外的其他人在国外的公开销售，则不能适用权利用尽抗辩。

（2）在相关技术在本国和出口国都获得专利权，但专利权分属不同人的情况下，如果进口的专利产品来源于与本国专利权人或者其许可人没有关联的其他人在国外的公开销售，则不能适用权利用尽抗辩，该进口专利产品的行为构成侵犯国内权利人专利权的行为。

（四）先用权抗辩

根据《专利法》第六十九条第（二）项的规定，在专利申请人提出某项发明创造的专利申请之前，如果他人已经制造了相同的产品、使用了相同的方法或者已经作好了制造专利产品、使用专利方法的必要准备，则在该发明创造被授予专利权后，他人仍有权继续在原有的范围内制造或者使用该项发明创造，其制造和使用行为不被视为侵犯专利权。

适用先用权抗辩应当具备如下条件。

1. 取得先用权的行为条件

对于产品专利权而言，能够产生先用权的行为只包括在专利申请日之前已经制造相同产品或者已经作好制造的必要准备，不包括使用、许诺销售、销售、进口相同产品的行为；对于方法专利权而言，能够产生先用权的行为只包括在专利申请日之前已经使用相同方法或者已经作好使用专利方法的必要准备，不包括使用、许诺销售、销售、进口依照该专利方法直接获得的产品的行为。

"作好必要准备"要求准备工作是为实施该发明创造而进行的技术性准备工作。一般性准备工作，例如购买地皮、装设水电、进行市场分析、配备管理人员等不能认为是作好了实施该项发明创造的必要准备。技术性准备工作，一般指完成主要技术图纸、工艺文件，或者制造、购买主要设备、原材料。

2. 先用权的信息来源

先用权人实施发明创造的信息来源必须是先用权人自己独立研究开发出来或者通过合法途径获得的。先用权的信息来源包括如下途径：①先用权人自己在发明创造申请专利前就已经通过独立研发获得发明创造的内容；②在《专利法》第二十四条规定的新颖性宽限期内，一项发明创造的发明人在中国政府主办或者承认的国际展览会上展出了其发明创造，或者在规定级别的学术会议上发表了其发明创造，先用权人直接或间接从公开的信息中获知该发明创造的内容；③专利权人在申请专利之前，在无附加任何保密义务的前提下，将发明创造的内容告诉了先用权人。

先用权人非法获得发明创造的内容，实施先用行为的，不能主张先用权抗辩。非法获得的来源既包括通过非法途径从后来申请专利的人那里获得，也包括通过非法途径从他人那里获得。非法获得的方式既包括以盗窃、利诱、胁迫或者其他不正当手段从他人那里获知有关发明创造，也包括获知者在合法获得信息后，违背相关保密、不予实施的约定实施发明创造的情形。

3. 先用权的范围

先用权人必须在原有范围内制造、使用发明创造才能适用先用权抗辩。“原有范围”，包括专利申请日前已经具有的生产规模以及利用已有的生产设备或者根据已有的生产准备可以达到的生产规模。在申请日前实际生产规模小于可以达到的生产规模的情况下，先用权人可以将实际生产规模扩大到可以达到的生产规模。当先用权人实施专利的行为超出了原有范围时，在原有范围之内的实施行为不视为侵犯专利权的行为，超出原有范围的部分实施行为属于侵犯专利权的行为。

4. 允许先用权人实施的行为

先用权人在原有范围内继续实施的行为，对产品专利权而言，包括制造、使用相同产品，还包括许诺销售、销售制造出来的产品；对方法专利权而言，包括使用相同方法，还包括销售、许诺销售、使用依照专利方法直接获得的产品。

值得注意的是，虽然《专利法》第六十九条第（二）项规定取得先用权的行为和先用权人实施专利的行为都采用“制造、使用”这一术语，但二者应该具有不同的含义。对于先用权人实施专利的行为，如果仅限于“制造、使用”专利产品，而制造出来的产品不能销售，先用权制度将形同虚设。因此，先用权人继续实施专利的行为应该扩展到销售、许诺销售，但是不应该包括进口专利产品或者依照专利方法直接获得的产品，因为进口产品的行为与先用权人的先用行为并无关联。此外，先用权人不能许可他人实施有关专利，也不能单独转让先用权；先用权只能连同先用权人的企业一起转让和继承。

当先用技术在申请日之前已经使用公开，构成涉案专利的现有技术时，先用权人既可以主张先用权抗辩，也可以主张现有技术抗辩，非先用权人只能主张现有技术抗辩。

【案例 5－1－40】

公民李某于 1998 年 12 月 8 日向国家知识产权局提交名称为“挡土墙的成形方法”的发明专利申请，并于 2001 年 4 月 4 日获得授权。专利申请公开日是 1999 年 6 月 16 日。

2001 年 12 月 21 日，某开发公司与某建筑院签订合同，约定由建筑院为开发公司设计某商住楼基坑支护工程图纸。2002年2月3日，开发公司与某工程公司签订施工协议书，约定由工程公司承担该商住楼基坑喷锚支护工程的施工工程。上述设计及施工使用的技术方案覆盖了李某“挡土墙的成形方法”发明专利独立权利要求的全部技术特征。

在侵权纠纷处理中，开发公司主张其对涉案专利享有先用权。经核实，1998年10月20日，某房产公司建设的综合大楼基坑支护工程开工。工程由房产公司委托建筑院负责施工设计，工程设计方案于1998年8月18日完成，工程施工方亦为某工程公司。该工程的设计及施工所使用的技术方案亦覆盖了李某发明专利独立权利要求的全部技术特征。

本案的争议点在于，开发公司主张先用权抗辩是否成立。

分析与评述：

本案商住楼基坑工程使用的方法与综合大楼基坑工程相同，且二者的技术方案均与涉案专利方法相同。因综合大楼基坑工程在该专利申请日前已完成设计审批并开始施工，根据《专利法》第六十九条第（二）项的规定，应认定建筑院在综合大楼基坑工程设计方案中使用专利方法属于在先使用，且是在原有范围内继续使用，不视为侵犯专利权。虽然本案商住楼基坑工程的开发商开发公司与综合大楼基坑工程的发展商房产公司不同，但工程设计方和施工方完全相同，故开发公司按照设计单位设计的方案委托施工不构成侵犯专利权。

【案例5-1-41】

A公司于2004年4月28日向国家知识产权局提交名称为“一种作为超白抛光瓷砖原料的球土及其生产方法”的发明专利申请，并于2006年1月25日获得授权。该专利的权利要求1为：“一种作为超白抛光瓷砖原料的球土，该球土包含有如下原料：高岭土、二次黏土、水、稀释剂及絮凝剂；以球土的总重量计，其中：高岭土含量为14%~63%，二次黏土含量为7%~56%，稀释剂的含量为0.01%~2%，絮凝剂的含量为0.01%~1%，水为22%~32%。”权利要求4为方法专利。

被控侵权人B公司成立于2003年1月23日。B公司认可，其生产的SD-2、SD-3、SR-3三款产品的配比与涉案专利的权利要求1相同，SD-188、SD-2、SD-3、SR-3四款产品的生产方法与涉案专利的权利要求4相同。

侵权纠纷处理过程中，B公司提交了其申请ISO9001：2000标准时所提交的部分文件，其中《配方作业指导书》记载了 SD－188、SD－2、SD－3 三种产品的 1.0 版本和其他版本的配方，其他版本与 1.0 版本相比，成分相同，但黑、白浆比例，水玻璃的加入量有细微差别。

B 公司主张，其对本案所涉四款产品及其制造方法享有先用权，并提交了相关票据和合同。这些票据和合同证实，B 公司从 2003 年 3 月起陆续购买了振动筛、装载机、压滤机等设备，从 2003 年 5 月起开始购买高岭土、水玻璃、磁泥、黑泥等原料。双方均确认高岭土就是白浆，二次黏土是黑浆，常规稀释剂包括水玻璃、三聚磷酸钠、焦磷酸钠、纯碱等，常规絮凝剂包括氯化镁、氯化钙等。

本案的争议点在于：根据被控侵权人实施的上述行为，能否主张先用权抗辩。

分析与评述：

由于 B 公司记载有配方的申请认证文件的形成时间早于涉案专利申请日，且 B 公司在专利申请日前已经开始制造相同产品，已经作好扩大规模制造的必要准备，故其对涉案专利产品享有先用权；尽管 B 公司未提供证据证明其在专利申请日前制造、销售了 SR－3 型号产品，但 SR－3 型号产品与 SD－188、SD－2、SD－3 三种型号产品的成分完全相同，仅仅加入的絮凝剂与稀释剂的比例不同，且该比例的差异均在涉案专利权利要求 1 的范围之内，与其他型号产品的技术特征并无实质差别，因此，B 公司生产、销售 SR－3 型号产品的行为属于行使先用权的行为，不构成侵权。

（五）临时过境抗辩

根据《专利法》第六十九条第（三）项的规定，临时通过中国领陆、领水、领空的外国运输工具，为运输工具自身需要而在其装置或者设备中使用有关专利的，依照其所属国同中国签订的协议或者共同参加的国际条约，或者依照互惠原则，不视为侵犯专利权。

对于临时过境抗辩而言，需要具备如下条件：

（1）临时过境抗辩仅适用于临时或者偶然通过中国领陆、领水、领空的运输工具。临时或者偶然通过的情形可以是定期航班、躲避风暴、机械故障、紧急迫降、船舶失事等。临时过境抗辩不适用于长期在我国停留的运输工具。

（2）临时过境抗辩仅适用于外国的运输工具，本国运输工具不能适用该抗辩。区分运输工具是外国的还是本国的，以运输工具注册地为准。

（3）临时过境抗辩仅限于为运输工具自身的需要而使用相关专利，一般包括交通工具装置和设备中使用相关专利，例如，交通工具零部件，或者导航仪、雷达等航行附件。在交通工具上制造、许诺销售、销售相关专利产品，均不能主张临时过境抗辩。

（4）临时过境抗辩要求所属国与中国签订了协议或共同参加国际条约或存在互惠原则。在上述协议、国际条约、互惠原则均不存在的情况下，不能主张临时过境抗辩。

（六）专为科学研究和实验抗辩

根据《专利法》第六十九条第（四）项规定，专为科学研究和实验目的而使用有关专利的，不视为侵犯专利权。专为科学研究和实验，是指针对获得专利的技术本身进行科学研究和实验，一般包括：研究专利技术能达到的实际效果；研究专利技术保护范围内的最佳实施方式；对专利技术进行改进；为在专利保护期限届满后实施该技术等。在科学研究和实验过程中，制造、使用他人专利技术，如果其目的不是研究、改进他人专利技术，结果与专利技术没有直接关系，则不能适用专为科学研究和实验抗辩，其行为构成侵犯专利权。

专为科学研究和实验使用有关专利的行为不仅包括研究者制造、使用专利产品或者使用专利方法的行为，也包括进口专利产品的行为，但是不包括销售、许诺销售专利产品以及依据专利方法直接获得的产品的行为。在研究者进行完科学研究和实验后，不得销售该专利产品，否则构成侵犯专利权。

（七）药品和医疗器械行政审批抗辩

根据《专利法》第六十九条第（五）项的规定，为提供行政审批所需的信息，制造、使用、进口专利药品或者专利医疗器械的，以及专门为其制造、进口专利药品或者专利医疗器械的，不视为侵犯专利权。该项规定的立法目的在于克服医药上市审批制度对仿制药品和医疗器械在专利权期限届满后上市造成的延迟，从而避免变相延长相关药品和医疗器械专利的保护期。

适用专利药品和医疗器械行政审批抗辩要注意如下问题：

（1）制造、使用、进口专利药品或者医疗器械的目的只能是行政审批。其他目的，例如在获得行政审批时，囤积专利药品待专利过期后进行销售等，不能主张行政审批抗辩。如果制造、进口专利药品或医疗器械的数量远超过行政审批所需，或者在获得行政审批通过后，仍制造、使用、进口专利药品或医疗器械，不能主张行政审批抗辩。

（2）为提供行政审批所需的信息，实施的药品专利不仅包括药品本身的专利，还包括药品的活性成分专利、药品的制备方法专利、药品活性成分的制备方法专利；实施的医疗器械专利不仅包括医疗器械本身的专利，还包括医疗器械专用零部件的专利和医疗器械使用方法的专利。

（3）药品和医疗器械行政审批抗辩仅适用于制造、使用、进口三种行为，许诺销售和销售不适用行政审批抗辩。

（4）提供行政审批，既包括向我国药品管理行政机关提供信息，也包括向外国药品管理行政机关提供信息。

第二节　外观设计专利侵权判定

根据《专利法》第二条第四款的规定，外观设计是指对产品的形状、图案或者其结合以及色彩与形状、图案的结合所作出的富有美感并适于工业应用的新设计。

在判定被控侵权产品是否侵犯外观设计专利权时，首先要对专利保护范围进行确定，然后再判断被控侵权产品外观设计是否落入专利权的保护范围。在此过程中，还要考虑被控侵权人的抗辩理由。

一、外观设计专利权保护范围的确定

《专利法》第五十九条第二款规定，外观设计专利权的保护范围以表示在图片或者照片中的该产品的外观设计为准，简要说明可以用于解释图片或者照片所表示的该产品的外观设计。

（一）基本概念

确定外观设计专利权保护范围时会涉及外观设计专利的一些基本概念。

1. 产品

外观设计专利是关于具体产品的外观设计，其载体应当是产品，并且应当是适于工业应用的产品。

农产品、畜产品、自然物以及不能重复生产的手工艺品不属于外观设计专利所称的产品；取决于特定地理条件、不能重复再现的固定建筑物或桥梁等也不属

于外观设计专利所称的产品。产品中不能分割的局部，不能单独作为外观设计的载体。

从使用功能角度，外观设计产品分为最终产品和中间产品。最终产品是指供终端消费者直接使用的产品；中间产品是指半成品、零部件、生产材料等。从产品各组件关系角度，外观设计产品分为成套产品、组件产品和单件产品。

成套产品，是指由两件以上（含两件）属于同一大类、各自独立的产品组成，各产品的设计构思相同，其中每一件产品具有独立的使用价值，而各件产品组合在一起又能体现出其组合使用价值的产品，例如由咖啡杯、咖啡壶、牛奶壶和糖罐组成的咖啡器具。

组件产品，是指由多个构件相结合构成的一件产品。组件产品包括组装关系唯一的组件产品（例如，由水壶和加热底座组成的电热开水壶组件产品）、组装关系不唯一的组件产品（例如插接组件玩具产品）以及无组装关系的组件产品（例如棋牌）。

2. 形状、图案、色彩

形状、图案和色彩是构成外观设计内容的三要素。外观设计内容只能是该三要素或其结合，包括形状、图案或者其结合以及色彩与形状、图案的结合。

按照外观设计三要素的不同组合，可构成六种类型的外观设计：（1）单纯产品形状的外观设计；（2）单纯产品图案的外观设计；（3）产品形状和图案结合的外观设计；（4）产品的形状和色彩结合的外观设计；（5）产品的图案和色彩结合的外观设计；（6）产品的形状、图案和色彩三者结合的外观设计。

（1）形状

形状，是指对产品造型的设计，也就是指产品外部的点、线、面的移动、变化、组合而呈现的外表轮廓，即对产品的结构、外形等同时进行设计、制造的结果。

产品的形状应当是固定的，形状不能确定的液体、粉末、颗粒状物质等不能受到外观设计专利的保护。

（2）图案

图案，是指由任何线条、文字、符号、色块的排列或组合而在产品的表面构成的图形。图案可以通过绘图或其他能够体现设计者图案设计构思的手段制作。

某些产品（如浮雕设计）表面，虽然为点、线、面的移动变化而形成的形状，但其形状变化不明显，更具强烈的图案效果，可视为图案。

（3）色彩

色彩，是指用于产品上的颜色或者颜色的组合。产品的色彩只有与形状或图案相结合才能构成外观设计。通常认为，色彩的搭配构成的是图案。

3. 图片或照片

专利文件中，外观设计图片或照片是确定外观设计保护范围的依据。

外观设计图片或照片显示了产品外观设计各面的设计内容，通常以六面正投影视图、立体图、展开图、剖视图、剖面图、放大图、变化状态图以及参考图表示。六面正投影视图包括主视图、左视图、右视图、后视图、俯视图和仰视图。参考图包括使用状态参考图、变化状态参考图、立体参考图、表示通电状态或操作部位的参考图等各种形式。

外观设计视图的表现形式通常有绘制线条图、渲染图和照片等。

绘制线条图、渲染图能够准确表达各视图的投影关系，可以避免照片正投影视图的透视变形现象，便于在视图内容上去除不纳入保护范围的细节，因而其视图所示内容能准确表达所保护的产品外观设计。

对于照片形式显示的视图，个别照片可能会存在透视变形或者各视图之间的对应关系存在偏差，甚至可能会出现明显不属于要求保护的产品外观设计的内容，比如产品阴影、对反光表面拍照产生的反光影像等。当存在这些情况时，应当注意区分和排除这些因素。

4. 简要说明

简要说明是对图片或者照片所表示产品的外观设计的解释和文字说明。

根据《专利法实施细则》第二十八条和《专利审查指南》的相关规定，外观设计的简要说明中明确了如下事项：名称、用途、设计要点，指定一幅最能表明设计要点的图片或者照片。必要时，还包括如下事项：省略视图和请求保护色彩的情况，指定相似外观设计的基本设计，花布、壁纸等纹样的连续方式情况，对特殊视觉效果（例如透明）材料的说明，细长物品的省略画法，成套产品各套件所对应的产品名称等。

5. 申请文本、授权公告文本或被无效宣告决定确定的专利文本

申请文本，是指外观设计专利申请人在提出专利申请时提交的文本。

授权公告文本，是指外观设计专利申请经过初步审查，符合授权条件时，国家知识产权局授权公告该专利时的文本。

被无效宣告决定确定的专利文本：当一件外观设计专利包含有多项外观设计时（例如，成套产品外观设计、相似外观设计），在无效宣告程序中，所述专利的部分项外观设计被宣告无效，在相关无效宣告请求审查决定（以下简称“无效决定”）生效后，该无效决定维持有效的外观设计专利文本称为“被无效宣告决定确定的专利文本”。

6. 设计要点

设计要点是专利权人在外观设计专利简要说明中声明的申请专利的外观设计相对于现有设计所作出的创新部分。

（二）保护范围的确定

根据《专利法》第五十九条第二款的规定，确定外观设计保护范围的基本依据是外观设计图片或照片，简要说明是对图片或照片的解释。

1. 确定保护范围的基本规则

（1）以图片或照片中的产品外观设计为准

外观设计专利权的保护范围以外观设计图片或照片所示产品外观设计为准，当事人提供的专利产品实物或照片仅能作为帮助理解外观设计的参考，不能作为确定外观设计保护范围的依据。

用以确定外观设计保护范围的图片或照片，应当以授权公告的文本为基础；如果有被生效法律文书确定的专利文本，则以该文本为基础。当专利公告（包括专利授权公告与专利权部分无效公告）所示图片或照片不清晰或出现色差时，可以该公告对应的申请文档记载的内容为准。

确定外观设计专利权的保护范围时，应以正投影视图、立体图、展开图、剖视图、剖面图、放大图以及变化状态图等确定外观设计的形状、图案或色彩内容（剖视图、剖面图表达的内部结构除外），参考图通常表示产品用途、使用方法或者使用场所，从产品种类角度确定外观设计专利权的保护范围。参考图中包含的其他视图中未表示的内容应予排除，参考图与其他视图表示的内容有差异的，应以其他视图表示的内容为准。除参考图以外的其他视图用来确定外观设计专利的形状、图案或色彩。

【案例5－2－1】门锁把手

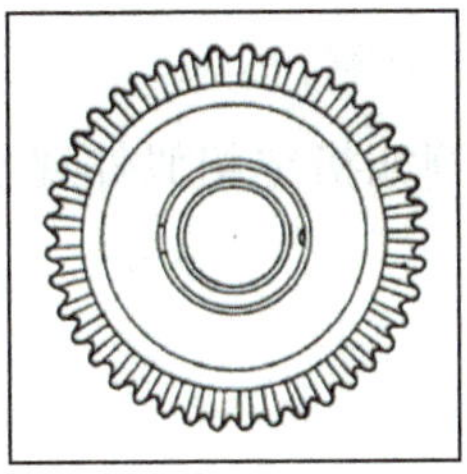

右视图

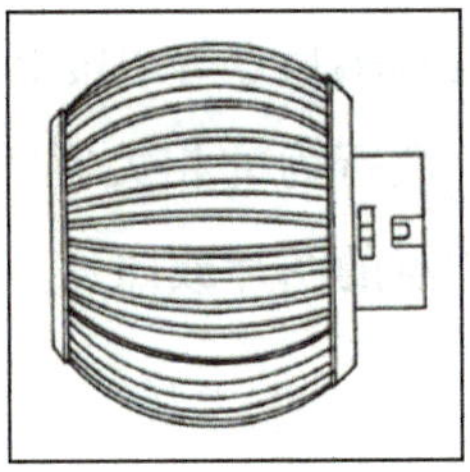

主视图

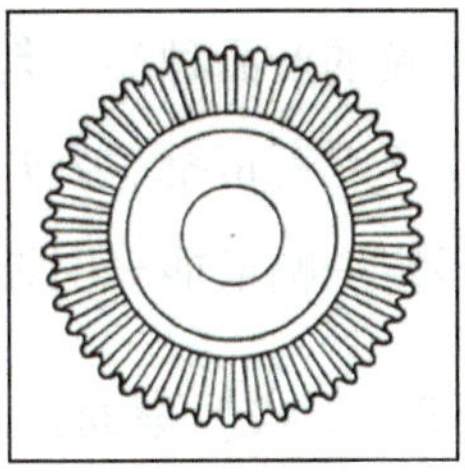

左视图

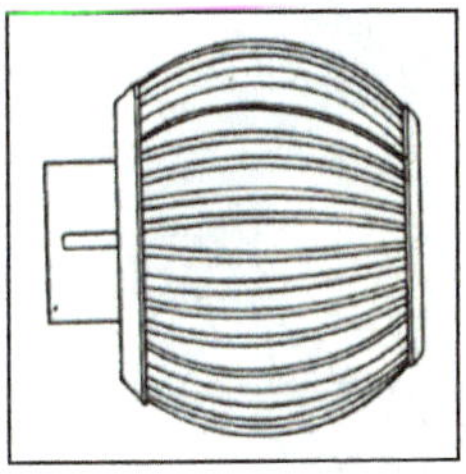

后视图

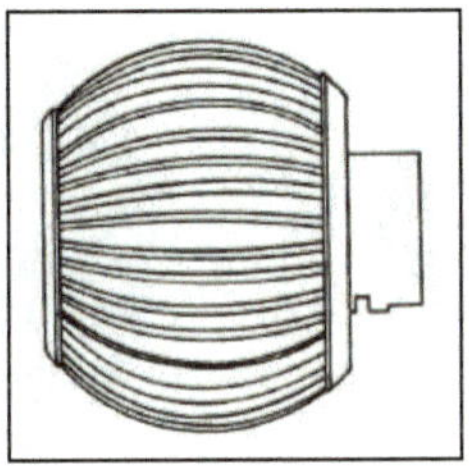

俯视图

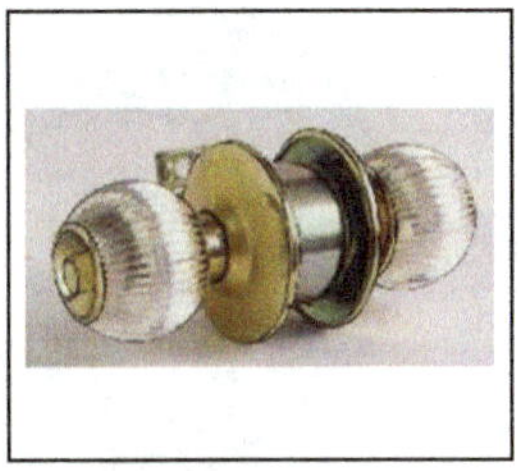

使用状态参考图

涉案专利视图

分析与评述：

该外观设计专利以六面正投影视图表示出门锁把手的形状设计，并通过使用状态参考图表示该门把手与门锁具体组装后的使用方式。在确定该外观设计的具体形状设计时，应以所述正投影视图为准，使用状态参考图示出的包括把手的门锁部分，不属于专利权的保护范围。

（2）简要说明用于解释图片或者照片所示产品外观设计

简要说明可以用于解释图片或者照片所表示的该产品的外观设计。

所谓“解释”，即指澄清、说明被解释对象自身包含的、隐含的内容，而非任意内容。简要说明对外观设计保护范围的解释，不能超出图片或照片表示的内容，比如仅在简要说明中描述而未在图片或照片中表示的形状、图案或色彩，在确定保护范围时不应予以考虑；简要说明所记载的内容与图片或者照片不一致时，应以图片或者照片为准。

简要说明的解释作用视其记载的具体内容而有所不同，可分为以下几种：

①限定性解释，例如当简要说明记载请求保护色彩时，图片或照片中显示的色彩应属于外观设计专利的保护范围；

②补充性解释，例如当简要说明中记载因对称或者相同省略视图、平面产品图

案纹样连续情况时，相应的记载内容补充了缺省视图表现的设计内容；

③一般说明性解释，例如在简要说明中记载产品用途、设计要点时，其对外观设计专利涉及的产品种类、判断视觉瞩目点等可能会产生影响；

④为便于专利审批、公开等行政行为的相关说明，例如指定相似外观设计的基本设计、指定一幅最能表明设计要点的图片或照片。

【案例5-2-2】婴幼儿浴帽

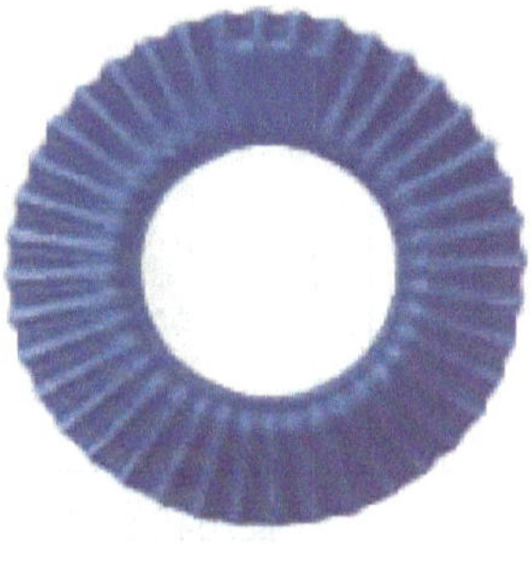

主视图

后视图

涉案专利视图

该专利简要说明：产品名称是婴幼儿浴帽；用于婴幼儿洗浴时戴；设计要点在于主视图和后视图；主视图是最能表明设计要点的图片。该产品视为平面产品，省略其他视图。

分析与评述：

该外观设计专利在简要说明中明确“本产品视为平面产品”。但从照片显示的阴影关系看，该产品外观设计是带沟槽状的立体产品，不是带类似沟槽状图案的平面设计，故应以视图所示立体形状设计为准确定该专利的保护范围。

（3）对外观设计作整体性理解

在确定外观设计专利保护范围时，应综合各视图确定外观设计的形状、图案或色彩，以图片或照片表示的整体外观设计为基础确定保护范围。

外观设计既包含创新设计部分，也包含现有设计部分的，以其共同形成的整体作为确定保护范围的基础；对于立体产品应基于各视图，按读图规则还原的立体形状作为外观设计内容，不能孤立地分别以各视图显示的投影线条确定外观设计专利保护范围。

外观设计的形状、图案、色彩三要素在确定外观设计专利的保护范围时处于并列关系，三者不存在任何从属关系。某一要素对外观设计整体视觉效果的影响程度，需要根据具体案件综合考虑各方面因素确定。

（4）排除不受外观设计专利保护的内容

①产品内部结构

一般消费者从图片或照片中不能观察到的产品内部结构，不属于专利权的保护范围。

应当注意，对于零部件等中间产品，不应以其在最终产品中是否可见判断其可见部分。例如，门窗型材外观设计的判断以其截面的形状为准。作为最终产品的门窗，观察不到其截面形状，而作为型材一般消费者的门窗制作人员在使用中可观察到。因此，不能以门窗使用过程中不可见型材截面而认定截面不属于专利权保护的范围。

②产品的功能效果

外观设计中，由产品技术功能唯一确定的设计内容不属于外观设计专利的保护范围。如果存在可供选择替换的外观设计的，则相关设计属于专利权保护的范围。

在确定外观设计专利保护范围时，不考虑产品技术功能所带来的差异。但是，如果技术功能的差异导致产品用途不相同，则应当考虑两个因素：第一，产品种类是否相近；第二，一般消费者是否会在使用、购买产品时产生误认。

③字音、字义

外观设计中的文字和数字的字音、字义不属于外观设计专利保护的内容，在确定外观设计专利保护范围时，仅将其作为图案考虑。

④照片视图中明显不属于要求保护的外观设计的内容

拍摄照片视图时会完全再现产品的各个细节，因此在个别照片中可能会产生阴影、对反光表面拍照产生的反光影像，有些照片还显示有产品的内装物或者衬托物，这些明显不属于外观设计专利权保护的内容。另外，透视效果造成的明显偏差、各视图比例不一致等情形亦应当根据日常经验进行判断，其结论应当是能够毫无疑义直接得出的。

【案例5-2-3】水龙头

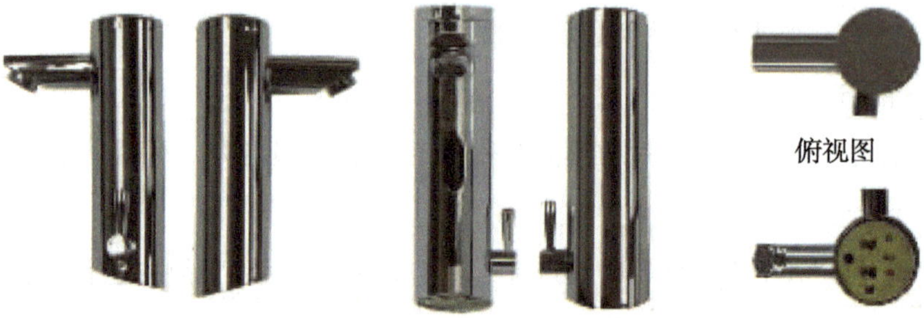

主视图　后视图　左视图　右视图　俯视图　仰视图

涉案专利视图

分析与评述：

该外观设计以照片表示各面视图，其白色高光部分根据一般常识判断，有可能是光滑表面的反光影像或者图案。根据各视图的投影关系分析，该外观设计中的图案明显不对应，故在确定专利保护范围时，应将其作为不予保护的反光考虑。另外，在照片中，主视图、后视图、右视图顶面侧棱显示为弧形，但由于左视图中显示为直线，假如顶面是弧面，在各个视图中应当有顶面与侧面的相交线，因此根据各视图，顶面不可能是弧面，根据经验判断，主、后、右视图顶面弧形为透视所致，故判定产品顶部平直。

【案例5-2-4】塑身裤

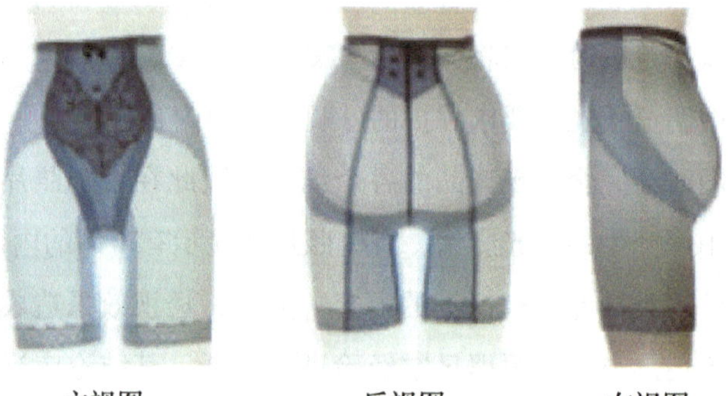

主视图　后视图　右视图

涉案专利视图

分析与评述：

该外观设计专利通过衣模的支撑才能清楚地显示塑身裤的形状、图案，该衣模显然不属于塑身裤的组成部分，不属于专利权的保护范围。

2. 确定保护范围的几种典型情形

（1）成套产品、组件产品、变化状态产品

成套产品的外观设计专利是符合法定条件的多件产品的多项外观设计作为一件专利获得专利权。构成成套产品的各项外观设计均有独立的权利保护范围。

组件产品的外观设计是一件产品的一项外观设计，即使包含有对多个构件分别单独表示的视图，在确定专利权保护范围时，也应将所有组件作为一个整体，共同限定专利权的保护范围。每个组件没有独立的权利保护范围。

变化状态产品的外观设计是一件产品的一项外观设计，其包含有多个变化状态。在确定专利权保护范围时，应将视图显示的每个变化状态整体考虑，由其共同限定专利权的保护范围。每个变化状态没有独立的权利保护范围。

（2）简要说明中记载的请求保护色彩

根据《专利法实施细则》第二十八条第一款的规定，如果一项外观设计专利在简要说明中注明要求保护色彩，则其色彩的搭配属于专利权的保护范围。否则，即使其视图中表示有色彩，其色彩设计也不属于专利权的保护范围。

（3）简要说明中记载的设计要点

如果简要说明中记载的设计要点被确定为专利外观设计相比现有设计的创新部分，且构成一般消费者视觉瞩目的设计内容，则相对于专利外观设计其他部分而言，其对外观设计的整体视觉效果更具有影响。如果简要说明中记载的设计要点并非专利外观设计相对于现有设计的创新部分，则简要说明中记载的设计要点不必然对整体视觉效果具有显著影响。

对外观设计整体视觉效果是否更具影响，不以是否在简要说明中声明为设计要点来确定。

（4）简要说明中记载的产品名称和产品用途

简要说明中记载的产品名称和产品用途是确定外观设计产品种类的依据。外观设计用于相同或相近种类是判断被控侵权产品是否落入外观设计专利保护范围的前提。外观设计图片或照片所表示的仅仅是产品的形态特征（形状、图案、色彩），很多情况下不能由此确定产品种类（例如，汽车与玩具汽车图片显示的外观设计有可能完全相同），简要说明中的产品名称和产品用途可以给出明确指引。

【案例 5 -2 -5】风门

主视图

俯视图

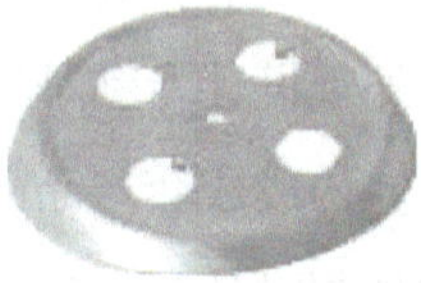
立体图

涉案专利视图

该外观设计简要说明中除明确了产品名称、最能表明设计要点的视图以及视图省略情况外，还明确该外观设计产品用于烤炉上。

分析与评述：

该外观设计专利仅凭照片视图、产品名称难以确定其用途。结合简要说明可知，该产品为烤炉零件，用在烤炉上。

如果根据外观设计图片或照片即能够直接确定产品用途，则简要说明中记载的产品名称和产品用途仅起补充或辅助说明作用。当简要说明中记载的产品名称和产品用途与根据图片或照片所确定的产品名称和产品用途不一致或相矛盾时，应根据日常经验判断，结合其他专利信息加以确认。

【案例 5 -2 -6】啤酒瓶

件1主视图

件2主视图

件3主视图

使用状态参考图

涉案专利视图

分析与评述：

该外观设计专利产品名称为啤酒瓶，但其件 1 至件 3 的主视图显示为瓶贴，根据日常经验判断，瓶体属于惯常设计，并且显示了啤酒瓶的图片为使用状态参考图。根据各主视图，瓶贴应是涉案专利外观设计要求保护的内容，故应以各主视图显示的瓶贴的设计内容确定专利权的保护范围。

（5）省略视图的情况

简要说明中记载因与已经提交的视图相同或对称而省略的视图，等同于提交了该视图。这种省略的视图对外观设计专利的保护范围具有限定作用。因使用中不可见而省略的视图（例如，对于大型设备简要说明中会明确“省略仰视图”），对外观设计专利的保护范围没有影响。

（6）平面产品图案纹样连续情况

对于花布、壁纸等平面产品，如果简要说明中已明确图示图案纹样属于两方连续或者四方连续、无限定边界，当图片或照片仅表示有图案纹样视图时，不能仅以图片或照片所示的图案纹样作为外观设计保护内容，而应结合简要说明记载的连续方式，还原产品整体外观设计，确定专利权的保护范围。

（7）简要说明中的其他说明

①对保护范围不产生影响的说明

a. 指定最能表明设计要点的图片

简要说明中指定的最能表明设计要点的图片或者照片，是申请人自主选择的仅用于出版专利公报的图片或者照片，不能据此认定该图片或者照片在确定保护范围时具有特殊地位，该指定对确定保护范围不具有任何影响。

b. 指定相似外观设计的基本设计

当针对同一产品的多项相似外观设计提出一件外观设计专利申请时，根据《专利审查指南》的规定，应当在简要说明中指定其中一项作为基本设计。所指定的该项基本设计仅用于在申请阶段将其他各项外观设计与其分别对比是否相似，从而判断是否符合合案申请的条件。在确定外观专利保护范围时，所指定的该项基本设计与其他各项外观设计法律地位完全相同，各项外观设计均具有独立的专利权保护范围。

②对保护范围具有影响的其他说明

《专利法实施细则》及《专利审查指南》对简要说明可写明的内容并非穷尽列举。根据需要，专利申请人还可以写入其他补充说明性内容，对图片或照片具体内容作进一步界定，相关界定会对专利权的保护范围产生影响。

（8）视图之间存在矛盾或存在视图错误

如果外观设计专利视图存在错误，各视图之间不对应或出现矛盾，不能清楚显示产品的外观设计，以致无法确定外观设计的保护范围，管理专利工作的部门可以告知当事人通过专利无效宣告程序来确认涉案专利的有效性。当事人均不提起无效宣告请求的，管理专利工作的部门可以驳回权利人的侵权纠纷调处请求。

如果视图错误仅为明显笔误、局部细小瑕疵或者可以通过其他视图毫无疑义地确定专利保护对象的，则可依据视图显示的正确内容确认专利的保护范围。通常，下列情形不足以影响产品外观设计专利保护范围的确定：

a. 明显的视图名称错误；

b. 明显的视图方向错误；

c. 外观设计图片中的产品形状绘制线条包含阴影线、指示线、中心线、尺寸线、点划线、电脑三维建模中产生的多余线条等。

二、外观设计专利侵权判定

外观设计专利侵权判定是判断被控侵权产品是否落入外观设计专利权保护范围的过程，应以该类产品一般消费者的视角进行判断。首先，判断被控侵权产品与外观设计专利产品是否属于相同或者相近种类产品。其次，确定涉案专利保护范围及被控侵权产品的外观设计，必要时通过对设计空间的分析，确定对外观设计整体视觉效果更具有影响的设计内容，通过整体观察、综合判断，判断二者形态（形状、图案、色彩）是否构成相同或者近似。如果二者属于相同或相近种类产品，并且在形态（形状、图案、色彩）上构成相同或近似，则二者属于相同或近似的外观设计，被控侵权产品落入专利权的保护范围，侵权成立。

（一）判断主体

外观设计专利侵权判定的主体应当是外观设计专利相关种类产品的一般消费者。

所谓“一般消费者”，是一种法律上拟制的“人”，他不具有创新设计能力，不是现实生活中的某类具体人群，他会考虑涉案专利产品及其各部分零部件在产品的使用中对外观设计的影响。

不同种类产品具有不同的一般消费者。一般消费者应当具有如下的特点或能力：

（1）对涉案专利申请日之前相同或相近种类产品及其外观设计具有常识性的了解（包括惯常设计）；

（2）对外观设计产品在形状、图案以及色彩上的区别具有一定的分辨力，但不会注意到产品的形状、图案以及色彩的微小变化；

（3）能够获知相同或近似种类产品的现有设计。

对于一般消费者的能力，例如，“汽车发动机”的一般消费者，由于发动机属于汽车零部件，即中间产品，因此其一般消费者应当对发动机及其相近种类产品具有常识性了解，而不是对汽车等最终产品具有常识性了解，能够分辨汽车发动机的形状、图案和色彩，也能够获得发动机或其相近种类产品的现有设计。对于中间产品，其“一般消费者”应该考虑到该中间产品的使用、安装、应用特点，但不能将其认知能力上升到该类产品的设计人员的水平。

（二）判断客体

在外观设计专利侵权判定中，应将授权公告文本或者被无效宣告决定确定的专利文本中记载的涉案专利外观设计与被控侵权产品中的相关设计内容进行比较，不得将当事人主张的涉案专利产品与被控侵权产品直接进行对比；但在确认当事人所称涉案专利产品确与涉案专利一致时，可以将该涉案专利产品作为参考。

1. 涉案专利

对于涉案专利中包含多项外观设计的，例如相似外观设计专利和成套产品的外观设计专利，权利人应当明确其主张权利的具体外观设计。当权利人未明确时，管理专利工作的部门应当释明其可以选择其中一项或多项外观设计。

2. 被控侵权产品

对于在相同或近似对比中被控侵权产品的对比内容，应当根据涉案专利本身及其保护内容进行确定。

如果涉案专利为零部件产品，则应当将被控侵权产品中的相应部分作为对比的内容。

【案例5-2-7】童车

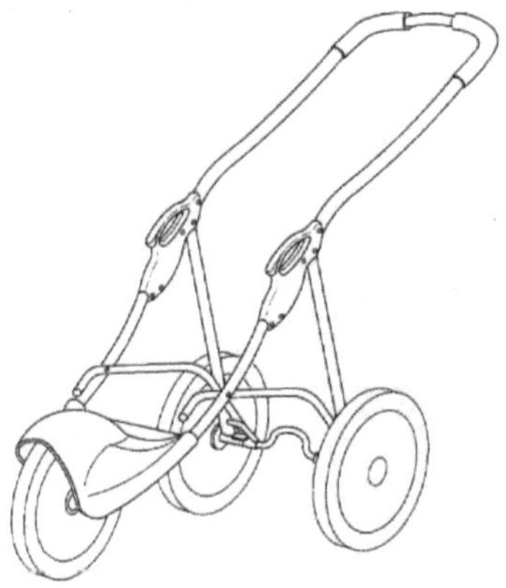

涉案专利

被控侵权产品

分析与评述：

涉案专利为儿童手推车的车架外观设计，被控侵权产品为儿童手推车整体。在进行相同或近似的对比过程中，应当将被控侵权产品中的相应部分——车架与涉案专利进行对比。

根据涉案专利要求保护的设计要素（形状、图案、色彩），确定被控侵权产品的相应要素。例如，如果涉案专利是单纯形状的外观设计专利，则仅将被控侵权产品的形状与外观设计专利的形状进行对比；如果涉案专利是形状和图案结合的外观设计专利，未要求保护色彩，则将被控侵权产品的形状、图案要素与外观设计专利的形状、图案进行对比。

【案例5-2-8】玩具车

涉案专利

被控侵权产品

分析与评述：

涉案专利仅是涉及形状的外观设计，无图案，未要求保护色彩；被控侵权产品虽然具有图案和色彩，但在进行相同或近似对比时，应当将被控侵权产品的形状与涉案专利的形状进行对比。

被控侵权产品设计要素（形状、图案、色彩）少于涉案专利的，应将二者全部设计要素进行对比。

【案例5-2-9】口服液包装瓶

涉案专利

被控侵权产品

分析与评述：

涉案专利为口服液包装瓶，未请求保护色彩，其外观设计包括瓶子的形状和瓶身上的图案设计；而被控侵权产品仅为蓝色的口服液药瓶，包含了形状和色彩两个设计要素。由于涉案专利未请求保护色彩，则在对比时，应当将被控侵权产品的瓶身形状与涉案专利的瓶身的形状、图案两个设计要素进行对比。通过整体观察、综合判断，判断二者的整体视觉效果是否相同。

如果涉案专利是由组装在一起使用的至少两个构件组成的组件产品的外观设计，可以将被控侵权产品中与其数量相对应的、明显具有组装关系的构件与涉案专利进行对比。

【案例5－2－10】插拼玩具

涉案专利是包括32个组件的拼插玩具，被控侵权拼插玩具由56个组件组成。

分析与评述：

侵权判定时，可以将被控侵权产品中分别与涉案专利中相对应的32个组件与涉案专利进行对比。

（三）相同或相近种类产品

判断被控侵权产品是否与涉案专利构成相同或近似，首先要判断相关产品在种类上是否相同或者相近，其判断依据是产品的用途。

当产品的种类既不相同也不相近时，即使被控侵权产品的形态（形状、图案、色彩）与专利相同或近似，也不能认定被控侵权产品落入专利权的保护范围。

1. 相同种类的产品

相同种类的产品是指产品用途完全相同的产品。

例如，机械表和电子表，虽然二者的内部结构、实现计时的原理不同，但是二者均是指戴在手腕上、用以计时或显示时间的仪器，用途相同，属于相同种类的产品。

2. 相近种类的产品

相近种类的产品是指用途相近的产品。当两种产品分别具有多种用途时，如果其中部分用途相同，即使其他用途不同，二者也属于相近种类的产品。

【案例5－2－11】换气扇和空调扇

换气扇的用途是，通过使室内外空气交换而除去室内的污浊空气、调节温度和湿度等。空调扇的用途是，送风、制冷、取暖和净化空气、加湿等。二者在送风、净化空气方面的用途相同，属于相近种类的产品。

【案例5-2-12】手表与带MP3的手表

手表与带MP3的手表都具有计时的用途，虽然后者除计时之外还兼具播放音乐的功效，但就计时而言，二者的用途是相同的。二者属于相近种类的产品。

【案例5-2-13】镜子和汽车后视镜

镜子是一种表面光滑、具有反射影像功能的物品。镜子常被人们用来整理仪容，主要用作衣妆镜、家具配件、建筑装饰件、光学仪器部件以及太阳灶、车灯与探照灯的反射镜、反射望远镜、汽车后视镜等。普通的镜子和汽车后视镜虽然一个用于观察仪容，一个用于观察车辆后部的交通情况，但二者都用于供使用者观察镜子中反射的图像，具有相近的用途，属于相近种类的产品。

3. 产品用途的确定

确定产品的用途，主要根据图片或照片、外观设计简要说明中记载的产品名称、用途，还可以参考国际外观设计分类号、产品的功能以及产品销售、实际使用的情况等因素。

（1）国际外观设计分类号

授予专利权的外观设计在著录项目中注有分类号信息，该分类号是依据外观设计国际分类（洛迦诺分类）标准对产品进行的分类。外观设计国际分类表依据产品的用途，采用两级分类制，即大类和小类，分类较粗，故只宜作为确定产品种类的参考。

（2）简要说明

产品名称、产品用途等信息是确定外观设计产品种类的重要依据。申请日在2009年10月1日以后的外观设计专利，在简要说明中记载了这些信息。在产品图片或照片与产品名称不完全对应，或者依据产品名称和图片或照片也不能确定产品用途时，简要说明中有关产品用途的内容对确定外观设计的产品种类具有重要意义。

（3）产品图片或照片

产品图片或照片是确定产品用途的重要依据，例如，对于明确的、已知的产品，根据图片或照片中显示的产品即可确定产品的用途。

除六面视图和立体图外，有的外观设计专利还包括其他视图。这些视图通常用来对外观设计作进一步说明，或者表示产品的使用环境，或者表示与其他产品的配合使用情况（如使用状态参考图），可以用来更好地理解外观设计产品的使用状态，表明外观设计产品的用途。当依据产品的名称、分类号、产品的基本视图不能确定产品的种类时，产品的其他视图，特别是使用状态参考图也为确定外观设计产品的种类提供了重要依据。

下面的案例是实践中如何确定产品用途的一个示例性说明。

【案例5－2－14】复合风管板

涉案专利是产品名称为“复合风管板（菱形）”的外观设计专利，其分类号为23－99，包括主视图、后视图、俯视图、仰视图、左视图、右视图等六面视图，其中主视图和后视图对称，左视图和右视图对称，俯视图和仰视图对称。涉案专利未附具简要说明。

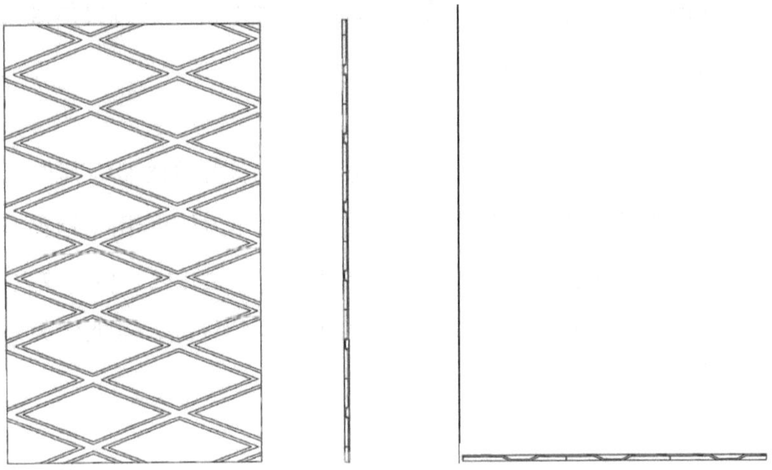
主视图　　左视图　　仰视图

涉案专利部分视图

分析与评述：

根据图片可知，涉案专利产品为压制有菱形图案的片状物。压制有菱形花纹的片状外观的产品用途是多种多样的，仅根据图片无法确定其产品用途。

涉案专利产品名称为“复合风管板（菱形）”。风管板一般用于空气输送和分布的管道系统，主要应用在工业节能环保方面，通常具有多层结构，中间为保温层，两侧黏合有金属薄板层。涉案专利图片所示产品是一个压制有菱形图案的片材，虽然与其产品名称并不完全对应一致，但根据产品名称，可以认为其限定了该压制有菱形图案的片状物的用途。

另外，该外观设计的分类号为23－99，其内容为“卫生、供暖、通风和空调设备”的“其他杂项”，由相应分类号体现出产品用途与名称体现的用途相一致。

综上所述，结合产品名称、外观设计分类号、授权公告图片，可以确定涉案专利产品的用途，即用于空调等空气输送和分布的管道系统的复合风管板。

（四）外观设计相同或近似对比判断

外观设计专利侵权判定的另一项重要内容是判断被控侵权产品是否采用与专利外观设计相同或者近似的形态（形状、图案、色彩）。

1. 相同或近似的判断方式

相同或近似的对比判断应当站在涉案专利产品的一般消费者角度，对涉案专利与被控侵权产品的相关设计内容进行直接观察、单独对比，通过整体观察、综合判断的方式，确定产品外观设计的整体视觉效果。

（1）直接观察

所谓“直接观察”，是指观察者仅凭普通视觉、不借助仪器等其他工具或者手段进行比较观察。视觉无法直接分辨的设计内容不能作为认定相同或近似的依据。

例如，有些纺织品用视觉观看形状、图案和色彩完全相同，但在放大镜下观察，其纹路有很大的不同。这种借助放大镜等仪器观察到的纹路，不能作为外观设计专利侵权对比的依据。

（2）单独对比

所谓“单独对比”，是指在外观设计相同或近似对比时，应当将一件被控侵权产品的相关设计内容与涉案专利的一项设计进行对比，不能将两项或者两项以上外观设计结合起来进行对比。

例如，涉案专利为成套产品的外观设计专利，包含有若干项具有独立使用价值的产品的外观设计，或者涉案专利为相似外观设计专利，包含有多项相似的外观设计，权利人主张多项外观设计作为权利基础时，应当将一件被控侵权产品的相关设计内容与各项外观设计分别单独进行对比。

（3）比较产品外观的视觉效果

在外观设计专利侵权判定时，应当仅以产品的外观为比较对象，考虑要求保护的形状、图案、色彩产生的视觉效果。应当将图片或者照片表现的涉案专利与被控侵权产品（或者其图片或者照片所显示的产品）的形态（形状、图案、色彩）进行比较，从二者外观带给一般消费者的视觉印象，而非产品功能角度进行分析判断。

（4）整体观察、综合判断

外观设计相同或近似的对比中，应当采用整体观察、综合判断的方法。所谓整体观察、综合判断是指，基于涉案专利的全部设计要素与被控侵权产品的相应设计内容进行比较，而不是依据外观设计的局部或者涉案专利与被控侵权产品相区别的设计特征作出判断。应当根据相关种类产品的外观设计的设计空间，综合分析各设计内容对外观设计整体视觉效果的影响。

如果一般消费者会将被控侵权产品误认为涉案专利外观设计，则被控侵权产品落入外观设计专利保护范围。如果一般消费者不会将被控侵权产品误认为涉案专利产品，也不必然得出二者不近似的结论。

（5）组件产品与变化状态产品

①组件产品

对于组装关系唯一的组件产品，一般消费者会对各构件组合后的产品的整体外观设计留下印象，因此应当以各组件组合状态下的整体外观设计为对象，而不是以单个构件的外观设计为对象进行对比。

对于组装关系不唯一的组件产品，例如插接组件玩具产品，一般消费者会对单个构件的外观设计留下印象，所以应当以单个构件的外观设计为对象；对于组装关系不唯一但仅有确定的几种组装关系的组件产品，还可以考虑以组装后的整体外观设计为对象进行对比。

对于各构件之间无组装关系的组件产品，例如扑克牌、象棋棋子等组件产品，在购买和使用这类产品的过程中，一般消费者会对单个构件的外观留下印象，所以应当以单个构件的外观设计为对象进行对比。

②变化状态产品

对于变化状态产品，在对比判断中，应当将被控侵权产品的相应变化状态与涉案专利的各状态进行对比，而不应当仅针对被控侵权产品和涉案专利的一种状态进行比较，也不应当仅凭二者变化状态的数量不同而得出不相同或不近似的结论。

如果涉案专利为变化状态产品，应当以其各个状态所示的外观设计作为与被控侵权产品进行比较的对象，对产品各种使用状态的外观设计作综合考虑。

如果涉案专利不是变化状态产品，而被控侵权产品是变化状态产品，应当将被控侵权产品与涉案专利产品相对应的状态作为比较对象。

2. 相同或近似的判断

（1）外观设计相同

外观设计相同，是指被控侵权产品种类与涉案专利相同，且被控侵权产品与涉案专利的全部外观设计要素相同，其中外观设计要素是指形状、图案以及色彩。

被控侵权产品种类与涉案专利不同的，即使其外观设计的三要素相同，也不应认为是外观设计相同。

如果涉案专利与被控侵权产品的相关设计的区别仅属于常用材料的替换，或者仅存在产品功能、内部结构、技术性能或者尺寸的不同，未导致产品外观设计的变化，二者仍属于相同的外观设计。

【案例5－2－15】瓷娃

涉案专利视图

分析与评述：

图中各瓷娃尺寸大小不同，但是各瓷娃的设计均是相同的，不同之处仅在于尺寸的等比例变化，每个瓷娃外观设计的视觉效果是相同的，属于相同的外观设计。

【案例5－2－16】开关

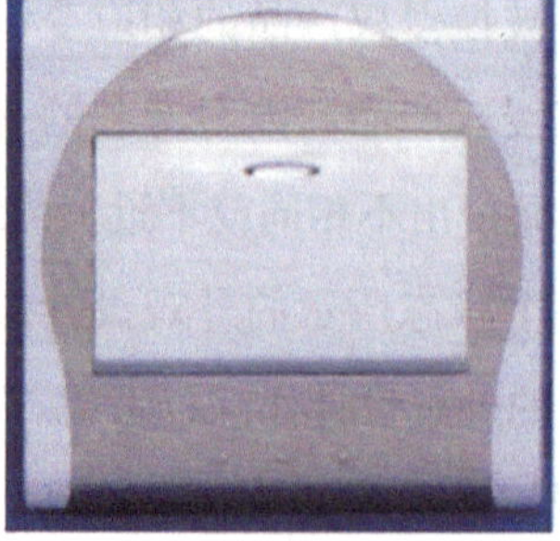

触摸开关

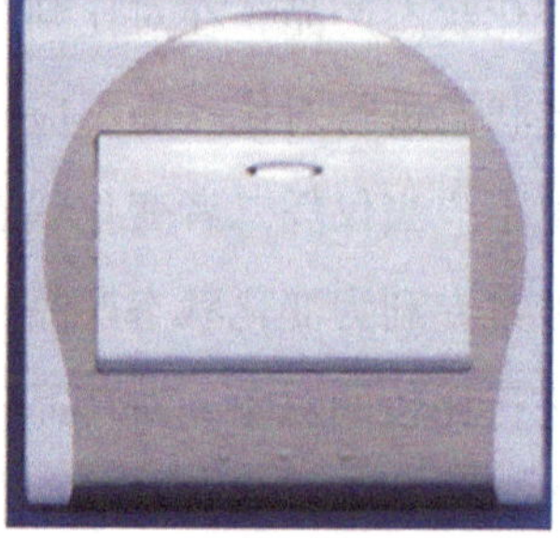

声控开关

分析与评述：

本案例图中两个产品均为开关，但一个为触摸开关，另一个是声控开关，二者实现电路闭合、断开的原理不同，但其产品外观的视觉效果是相同的，二者属于相同的外观设计。

（2）外观设计近似

在涉案专利与被控侵权产品属于相同或相近种类的情况下，如果被控侵权产品的相关设计内容的设计要素（形状、图案、色彩）与涉案专利要求保护的设计要素的区别对产品外观设计的整体视觉效果不具有显著影响，则二者属于近似的外观设计。近似外观设计包括二者实质相同的外观设计（实质相同的外观设计的判断参见本节第三部分之（二）下“3. 判断基准”中相关内容）。

在判断区别点对于产品的整体视觉效果是否具有显著影响时，需要根据涉案专利产品的设计空间、区别点所在的部位是否易见、区别点是否为局部细微差异等因素作出综合判断。

①设计空间

设计空间是指设计者在进行产品外观设计时受各种因素限制情况下能够自由发挥的空间，也称设计自由度。所述各种限制因素包括产品的功能、技术条件、相关标准、文化、经济、现有设计状况等。

涉案专利与对比设计相比，是否构成近似要考虑相同设计特征或不同设计特征对于整体视觉效果影响所占的权重。施以一般注意力不易察觉的局部细微变化对于产品的整体视觉效果通常不具有显著影响。对于某一相同设计特征或者不同设计特征，如果现有设计中已经存在大量与之相同或实质相同的设计特征，该相同或者不同设计特征对于产品整体视觉效果的影响权重会变小。对于设计空间较大的产品，该类产品外观设计丰富多彩、变化较大，一般消费者容易忽略相对比较细微的差别；相反，设计空间较小的产品，由于可变化自由度较小，外观设计整体上会存在较多趋同之处，一般消费者通常会注意到不同设计之间相对较小的区别。对于同一产品的不同部分，设计空间较大的部分更容易受关注，对整体视觉效果影响权重较大；相反，设计空间较小的部分，其设计容易趋同，则该部分受关注程度较小，对整体视觉效果影响权重较小。

在确定产品的设计空间时，通常考虑如下几个方面。

a. 产品的实用功能

产品的实用功能对产品的设计空间有很大影响。对产品的实用功能的考虑，涉及产品能够满足人们需求而采用的技术方案、产品的操作环境、产品的使用方式、人机工程学要求等。相对于产品的其他设计特征，主要由产品的技术功能决定的设计特征对整体视觉效果具有较小的影响。

如果某类产品的局部外观设计由产品的实用功能唯一确定，则该类产品相应部分的设计必定一致，一般消费者更容易注意到其他部位产生的变化。由实用功能唯一决定的设计内容对外观设计整体视觉效果不具有影响。

【案例5-2-17】插座

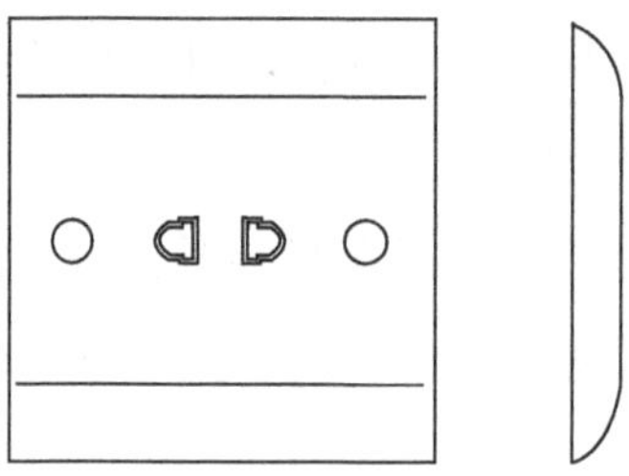

涉案专利（两相插座）

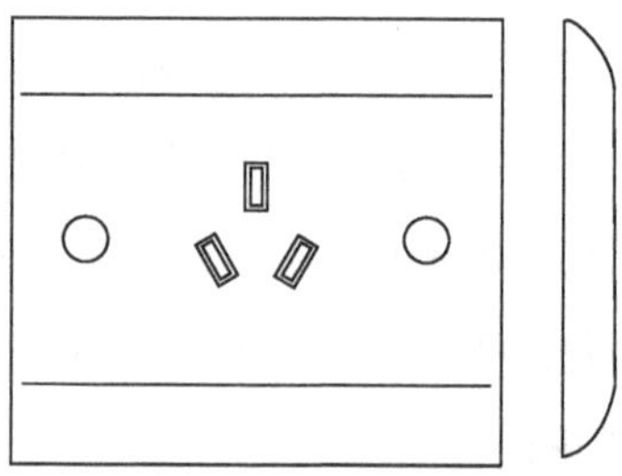

被控侵权产品（三相插座）

分析与评述：

被控侵权产品在涉案专利的电源插座面板基础上，将两相插座改变成三相插座。这是由已有国家标准规定的功能决定的部件的外观变化，属于由产品的功能唯一限定的变化，对整体视觉效果不具有显著影响。二者的其他设计又均是相同的，因而二者构成近似的外观设计。

【案例5-2-18】车轮

涉案专利视图

分析与评述：

就车轮而言，其外轮廓形状要满足滚动的需求，外部圆形属于受功能唯一限定的设计内容。就辐条而言，其功能在于连接轮毂、轮辋，并且应当符合受力平衡的要求。在满足上述条件下，辐条设计可以作出很多变化，具有较大的设计空间，故其异同将对产品的整体视觉效果更具有影响。

b. 现有设计状况

现有设计状况是指在涉案专利的申请日之前在国内外为公众所知的相同或相近种类产品的外观设计的整体状况。

通过分析现有设计状况，得出现有设计中存在的共同设计特征，作为判断某类产品设计空间的参考，会使判断者更准确地把握一般消费者的常识性知识，即对涉案专利申请日之前相同或相近种类产品及其惯常设计的常识性了解。

【案例5－2－19】车轮

车轮现有设计视图

针对案例5－2－18所示的车轮，上图示出了通过检索获得的多个现有设计。从现有设计可见，轮辋的形状均为圆形，印证了车轮形状要受滚动功能限制的认识，也证明了车轮形状为圆形属于车轮的惯常设计。同时，从大量的现有设计可以看出，辐条的形状、数量变化多种多样。这进一步说明车轮辐条的设计空间相对较大，辐条的设计变化相对于轮辋、轮毂的设计对车轮整体视觉效果更具有影响。

分析现有设计状况可以确定相关种类产品的惯常设计、涉案专利中区别于现有设计的设计特征。产品上某些属于该类产品公认的惯常设计的设计，无论是由功能决定的，还是由其他因素决定的，均属于一般消费者熟视无睹的设计特征，惯常设计之外的其余设计的变化通常对整体视觉效果更具有影响。

【案例5-2-20】饭盒

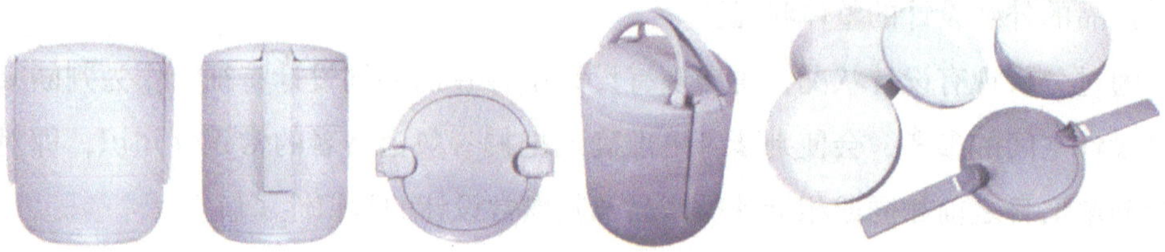

主视图　左视图　俯视图　使用状态图　分体状态图

涉案专利

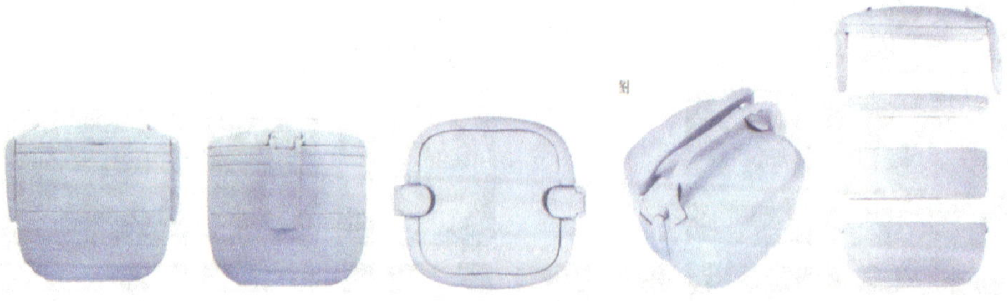

主视图　左视图　俯视图　使用状态　分体状态图

被控侵权产品

分析与评述：

方形和圆形是饭盒类产品常见的设计，层数多少的变化一般消费者也比较熟悉，因此其他设计的变化将对整体视觉效果更具有影响。涉案专利与被控侵权产品由于在该其他设计如提手设计、卡扣设计等各方面均相同，因此构成近似的外观设计。

通常，涉案专利区别于现有设计的设计特征，如果反映了外观设计专利在设计上的创新和改进，使得一般消费者更容易关注到相关设计变化，则该设计特征相对于涉案专利中的其他设计特征对外观设计的整体视觉效果更具有影响。

应当注意，简要说明中记载的设计要点，在一定程度上可能反映了涉案专利区别于现有设计的设计特征，但不能直接依据设计要点认定其对整体视觉效果的影响，更不能将其作为判断外观设计是否相同、近似的直接依据。对整体视觉印象具有显著影响的设计特征的确定，还需要根据本节规定的各因素确定。

c. 技术条件、法律法规等其他因素

技术条件是指实现产品功能与造型的客观生产条件。

法律法规、国家标准、地区标准、行业标准等，可能要求产品满足一定的技术要求，从而对产品外观设计的设计空间产生影响。

d. 设计空间的调查

在外观设计专利侵权纠纷处理中，管理专利工作的部门可以根据案件需要对设计空间进行调查。当事人应针对相关种类产品的设计空间发表意见，必要时可以举证证明当事人的主张。

日常生活用品的设计空间较易把握；装饰性产品，如摆件、挂件等的设计空间较大。

②产品易见的部位

在外观设计相同或近似的对比判断中，应当更关注正常使用时易见部位的设计变化。该部位的设计变化相对于不易见或者不可见部位的设计变化，通常对整体视觉效果更具有影响。但有证据表明在不易见部位的特定设计对于一般消费者能够产生引人瞩目的视觉效果的除外。

【案例5－2－21】电视机

涉案专利视图

分析与评述：

电视机的背面在使用过程中不被一般消费者关注，对电视机的设计变化通常体现在易见的产品正面，产品的正面具有较大设计空间，因而，使用过程中易见的正面相对于不易见的背面，其设计变化对整体视觉效果更具有影响。

但如果电视机的后外壳采取了透明材料设计，如涉案专利视图所示，能够看见内部结构的电视机后部设计将在整体中引人瞩目，此时在进行近似对比时应考虑电视机背部的设计变化。

③局部细微差异

若被控侵权产品与涉案专利外观设计的区别点仅在于局部的细微变化，没有导致二者整体视觉效果产生实质性差异，则被控侵权产品与涉案专利外观设计近似。

在判断区别点是否属于局部细微变化时，一般会考虑区别点在产品整体中所处的位置、所占的比例，以及是否为产品设计空间中的主要设计内容等。当涉案专利产品的整体外观具有一定的设计空间，其形状、图案、色彩等都可以进行设计变化时，如果区别点所占比例很小，即使区别点位于容易观察到的部位，也属于局部细微差异。

【案例5-2-22】剃须刀

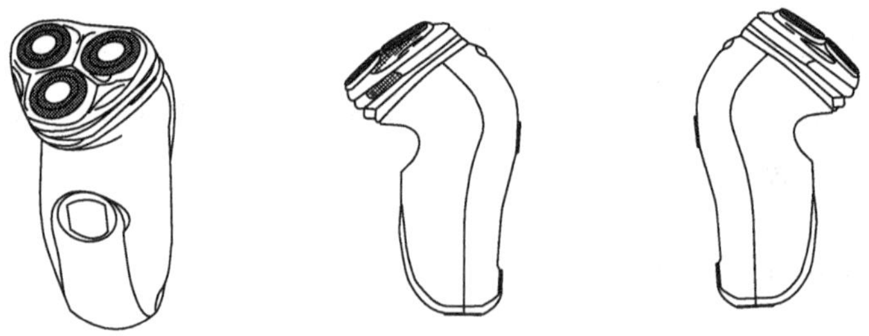

立体图　　右视图　　左视图

涉案专利

立体图　　右视图　　左视图

被控侵权产品

分析与评述：

在上图所示涉案专利与被控侵权产品的两款剃须刀中，刀头部位主要实现了剃须功能，其设计空间通常体现在产品的整体形状、手柄部位的设计。二者的区别仅在于正面开关部位以及侧面连接部的设计不同，在整体形状、排布、构成均相同的情况下，上述两个部位的区别并不属于在设计空间内的主要设计，相对于剃须刀整体而言，属于局部的细微差异；整体形状将对产品的视觉效果更具有影响。从整体的视觉效果看，二者不具有实质性差异，构成近似的外观设计。

【案例5-2-23】烛台

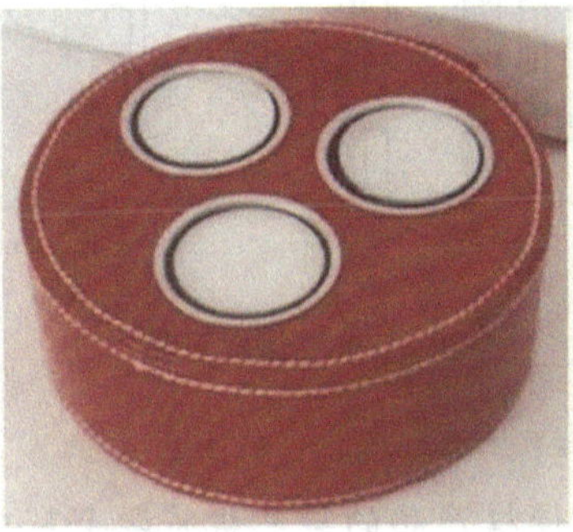

涉案专利

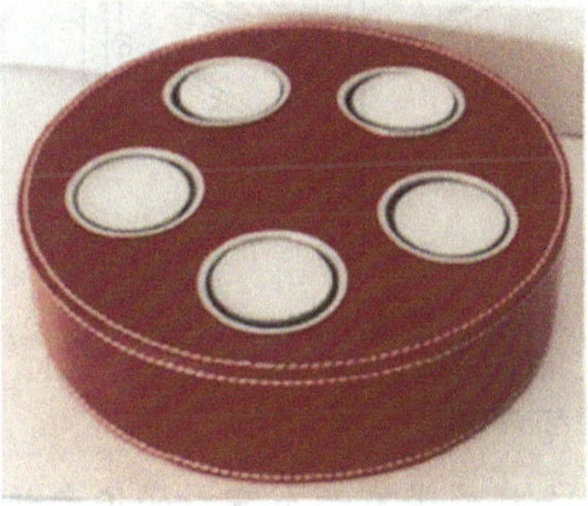

被控侵权产品

分析与评述：

涉案专利产品与被控侵权产品均为蜡烛台，二者的区别仅在于蜡烛安放孔的数量。蜡烛台用于盛放蜡烛，其安放孔的形状、深度除受蜡烛所限外，再无其他限制，因此，蜡烛台在整体形状、图案、安放孔的排布等方面，可具有很大的设计变化，即设计空间较大。一般消费者对蜡烛台整体的形状、图案、排布更容易产生视觉印象。图中所示的两款蜡烛台，整体形状相同、安放孔的形状排布方式相同，虽然安放孔的数量有所差别，容易被识别出来，但是相对于整体造型而言，属于局部细微差异，二者构成近似的外观设计。

④特殊情形

当被控侵权产品与涉案专利外观设计相比较，区别仅在于将涉案专利整体作为设计单元，按照该种类产品的常规排列方式作重复排列，或者仅其排列数量存在增减变化，或者二者仅是互为镜像对称，或者单一色彩的外观设计仅作色彩的改变，则该设计的变化通常不会带来二者整体视觉效果的实质性差异。

【案例5-2-24】染色机

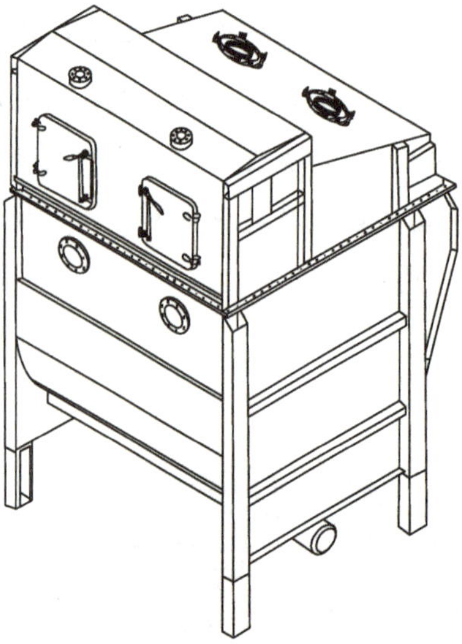

涉案专利

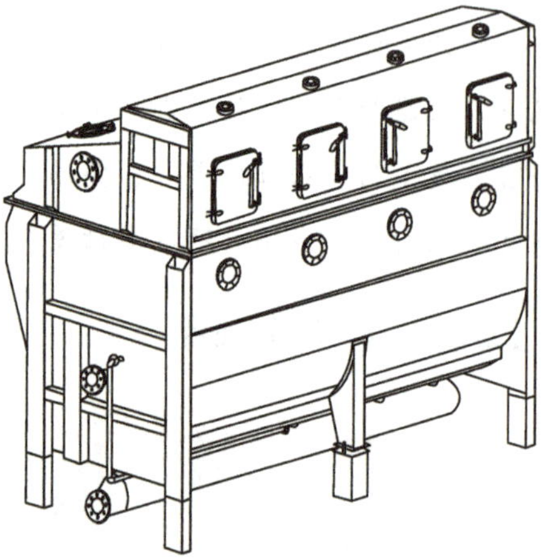

被控侵权产品

分析与评述：

涉案专利为带有两个窗口的染色机。被控侵权产品的染色机将两个窗口按照通常的横向排布方式重复增加为四个。这一设计变化属于简单的重复排列，因此二者构成近似的外观设计。

【案例5-2-25】笔筒

涉案专利

被控侵权产品

分析与评述：

图中所示的两个笔筒的各部分设计除左右布局不同外，其余均相同，属于对称设计，二者构成近似的外观设计。

【案例5-2-26】圆凳

涉案专利

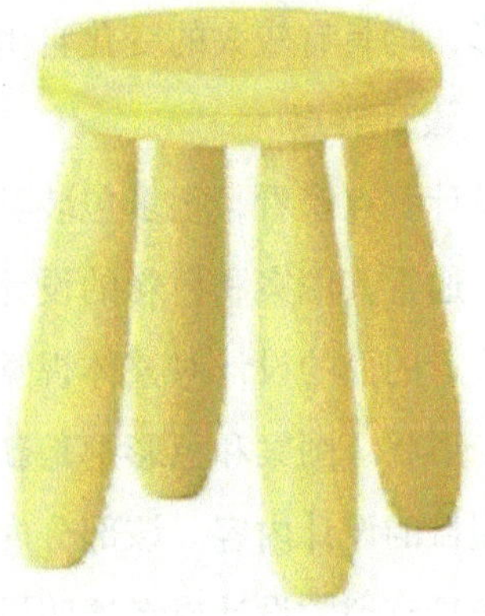

被控侵权产品

分析与评述：

涉案专利为具有单一色彩的圆凳外观设计。图中所示两款圆凳的形状设计完全相同，不同之处仅在于将圆凳整体颜色作了不同替换，二者构成近似的外观设计。

（五）几种类型产品的近似性判断

以下举例说明几种典型类型产品外观设计的近似性判断中的一些考虑因素。

1. 包装类产品

包装类产品包括包装盒（箱）、包装瓶（罐）、包装袋等用于商品包装的产品。

（1）产品种类

在判定产品种类时，应当区分被包装物与包装物的用途。由于包装类产品的用途是包装产品，与被包装物的性质无关。因此，在外观设计国际分类中，包装类产品均属于09类产品，不因被包装物的不同而属不同的种类。比如，酒的包装瓶和药的包装瓶属于相同种类物品，而不是不同种类产品。

产品在外观设计国际分类表中的分类不同，并不意味着产品种类不同，产品的用途是判断的依据。

（2）产品形态（形状、图案、色彩）

从形状上看，包装类产品分为立体产品和平面产品两种。凡是具有三个以上外表面的产品都属于立体包装产品，仅有正反两个外表面的产品属于平面包装产品。包装类产品上的文字（包括产品名称在内）和数字的字体、字形和排列等，应当作为图案考虑，不应当考虑文字的发音和含义。

（3）设计空间

包装类产品由于受功能等因素限定较少，设计空间较大，无论是形状还是图案或者色彩，均具有较大的变化自由度。

（4）设计要点

从设计要点来看，很多包装类产品的形状都是惯常设计或者现有设计。对于这类设计，通常其图案和色彩的设计对整体视觉效果更具有影响；通常，使用状态下朝向消费者的面的设计对整体视觉效果更具有影响。

对于形状、图案和色彩都是新设计的包装类产品外观设计，要综合考虑、判断其视觉瞩目的设计内容。该部分内容对整体视觉效果更具有影响。

对于具有惯常设计或者透明设计部分的包装类产品而言，应综合考虑惯常设计以外的设计内容以及透明设计部分本身的形状、可见部分的设计内容对整体视觉效果的影响。

【案例5－2－27】包装袋

涉案专利

被控侵权产品

分析与评述：

涉案专利包装袋下半部分是用透明材料制成的楔形包装袋，上半部分是带有图案的纸板，该纸板从中间相对而折，将包装袋的一面封口（简要说明注明后视图无图案，故省略）。尽管对于外表使用透明材料的产品而言，人的视觉能观察到的其透明部分以内的形状、图案和色彩，应当视为该产品的外观设计的一部分，但是，由于该透明部位的设计属于该类产品公认的惯常设计，而且涉案专利并未表示透明部分内部的设计内容。据此判断，根据一般消费者的认知能力，对该部位的关注是出于对所装食品是否符合实用要求的考虑，而不是区别两项外观设计的依据，封口部位带有图案部分的设计内容才是一般消费者区别不同外观设计的视觉瞩目设计内容。因此，判断涉案专利与被控侵权产品外观设计的近似性时，封口处的带有图案的纸板对整体视觉效果更具有影响。

2. 型材类产品

型材类产品是指横断面形状沿长度方向连续延伸、在长度方向上无其他形状变化的产品。

对于型材产品而言，横断面形状通常对产品的整体视觉效果更具有影响。由于横断面周边轮廓在最终使用状态下属于可见或易见的设计内容，因此该设计内容对整体视觉效果更具有影响。对于横断面周边形状是惯常设计的，横断面中其余部分的形状更具有影响。

【案例5－2－28】型材

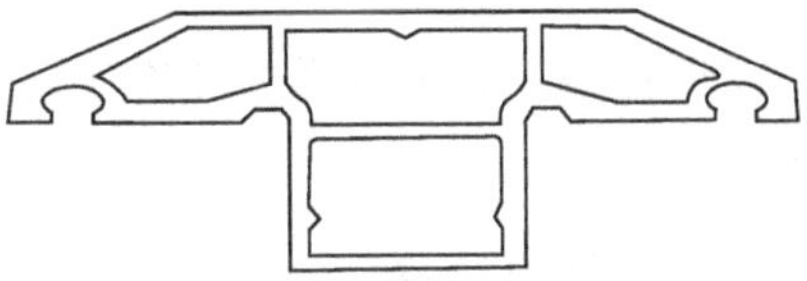
涉案专利

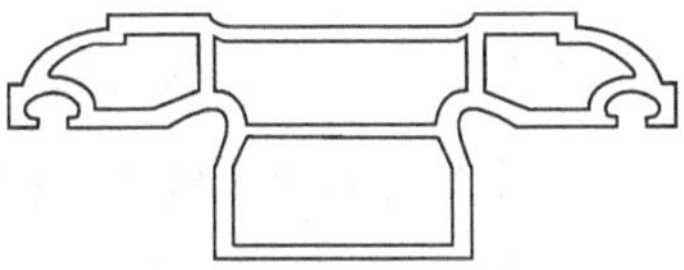
被控侵权产品

分析与评述：

上图所示型材，二者横断面中各腔体位置比例基本相同、形状接近，但由于二者横断面两侧上角、顶边所表示的设计在使用状态下为可见面，对整体视觉效果更具有影响。涉案专利与被控侵权产品相关设计由于差别较大，因此属于具有实质性差异的外观设计。

3. 汽车

汽车的整体流线型设计和部件的变化都是车身设计的组成部分，不能仅仅依据涉案专利与被控侵权产品的整体流线型判断二者是否近似。影响车身造型的前部及后部造型的变化，包括车灯、保险杠等差别也是需要考虑的重要因素。

（1）了解相关车型的功能

满足不同需求汽车的功能及性能影响着汽车的设计空间。因此，首先需要了解相关车的功能需求，通过对设计空间的了解分析，把握一般消费者通过经验积累的常识性知识。

（2）相同或相近用途的车型进行比较

汽车近似性比较应当基于相同或相近用途的车型。小客车、大客车、货车以及越野车等不同车型因用途不同导致技术性能上的差异，由此形成了外观设计某些方面的局限性，决定了设计空间的范围，也决定了外观设计更具有视觉影响的判断因素。

三、外观设计专利侵权抗辩

（一）概述

外观设计专利侵权抗辩包括不侵权抗辩和免责抗辩。不侵权抗辩是指凭借抗辩事由否定相关行为构成侵权，从而免除侵权责任的承担。外观设计专利不侵权抗辩的事由主要包括如下几项：

（1）依据《专利法》第十一条第二款规定的侵权行为构成要件提出的抗辩，包括不以生产经营为目的的抗辩（参见本指南第三章第二节第三部分“不以生产经营为目的”中相关内容）以及经过许可的抗辩。需要注意，区别于发明和实用新型专利，外观设计专利的使用属于不侵权抗辩情形。

（2）依据《专利法》第六十二条规定提出的现有设计抗辩。

（3）依据《专利法》第六十九条规定提出的不视为侵权抗辩，包括权利用尽抗辩、先用权抗辩、临时过境抗辩等情形。

（4）其他抗辩，包括专利权效力抗辩、诉讼时效抗辩等。其中，当被控侵权人以涉案专利不符合授权条件提出抗辩时，管理专利工作的部门应当行使释明权，告知被控侵权人向国家知识产权局提出无效宣告请求。

（二）现有设计抗辩

《专利法》第六十二条规定：“在专利侵权纠纷中，被控侵权人有证据证明其实施的技术或者设计属于现有技术或者现有设计的，不构成侵犯专利权。”所谓“现有设计”，根据《专利法》第二十三条第四款的规定，是指申请日以前在国内外为公众所知的设计。

1. 现有设计的范围

以2009年10月1日为界，此前，现有设计是指在涉案专利申请日（有优先权的，指优先权日。下同）之前在国内外出版物上公开发表或者在国内公开使用的外观设计；2009年10月1日（含）之后的现有设计是指在涉案专利申请日之前，在国内外出版物上公开发表过或者使用过的外观设计。

被控侵权人以实施自己或者他人在先申请在后公开的中国外观设计专利为抗辩理由的，不属于适用现有设计抗辩的情形。所谓“在先申请在后公开的中国外观设计专利”，是指在涉案专利的申请日之前申请、在涉案专利的申请日后公开的中国外观设计专利。因其在涉案专利的申请日前尚未公开，不能构成涉案专利的现有设计，因此不能作为现有设计用于现有设计抗辩。

如果涉案专利享有新颖性宽限期，则符合新颖性宽限期要求的现有设计不属于《专利法》第六十二条所述的现有设计。

涉案专利申请日之前具有保密性质的外观设计，包括基于法律法规（例如保密协议）、社会观念以及商业惯例形成的具有保密性质的外观设计不属于现有设计，除非有证据表明相关外观设计确实在涉案专利申请日之前公开。

2. 判断方式

被控侵权产品外观设计是否属于现有设计的判断方式参见本节第二部分之（四）下“1. 相同或近似的判断方式”中相关内容。

3. 判断基准

在适用现有设计抗辩时，应当仅将一项现有设计与被控侵权产品外观设计进行比较，不能将两项现有设计结合与被控侵权产品进行比较。

现有设计产品种类与被控侵权产品种类相同或相近是判断被控侵权产品外观设计是否属于现有设计的前提。如果二者产品种类不相同且不相近，则可直接认定被控侵权产品外观设计不属于现有设计，现有设计抗辩不成立。

在认定产品种类是否相同或相近时，应当以产品的用途为依据：用途相同，则产品种类相同；用途相近，则产品种类相近。确定产品用途可以参照产品的名称、外观设计国际分类、外观设计专利的图片或照片、产品销售或实际使用状态下的情况以及外观设计专利的简要说明。

在适用现有设计抗辩时，应当从一般消费者的角度，对被控侵权产品的外观设计与一项现有设计进行整体观察、综合判断。当二者相同（无差异）或者无实质性差异，即属于相同或实质相同的外观设计时，则认定被控侵权产品的外观设计属于现有设计，即现有设计抗辩成立。

（1）现有设计公开内容的确定

应当依据图片或照片或者实物来确定现有设计公开的内容。图片或照片未反映产品各面视图的，应当依据一般消费者的认知能力来确定现有设计公开的信息。

依据一般消费者的认知能力，根据现有设计图片或照片已经公开的内容即可推定出产品其他部分或者其他变化状态的外观设计的，则该其他部分或者其他变化状态的外观设计也视为已经公开。例如，在轴对称、面对称或者中心对称的情况下，如果图片或照片仅公开了产品外观设计的一个对称面，则其余对称面也视为已经公开。

【案例5-2-29】万用表

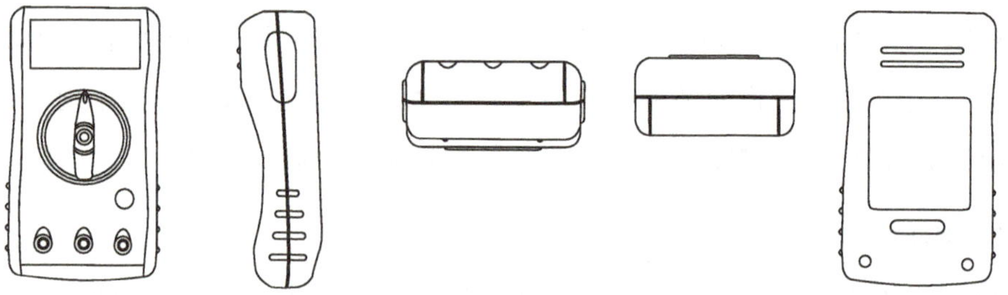

主视图　右视图　俯视图　仰视图　后视图

被控侵权产品

现有设计

分析与评述：

被控侵权产品外观设计左右对称，现有设计立体图显示了正面、左侧面及底面的设计内容。该三面设计，被控侵权产品外观设计采用了现有设计。图中现有设计右侧面、顶面和背面没有显示。但是，根据被控侵权产品外观设计各面视图判断，由于其左右对称，故其右侧设计实质上亦采用的是现有设计，而其背面和上下侧面属于惯常的设计内容。在使用过程中，正面是一般消费者更关注的面，因此，可以确定被控侵权产品外观设计与现有设计无实质性差异。

相反，如果立体图仅公开了背面，没有公开一般消费者关注的使用状态下的正面，则不能据此确认现有设计公开的内容。

依据文字内容确定现有设计时，应当以由文字内容能够唯一确定的外观设计为准。不能由文字内容唯一确定的外观设计不能作为现有设计评价现有设计抗辩成立与否。

【案例 5－2－30】无叶电风扇

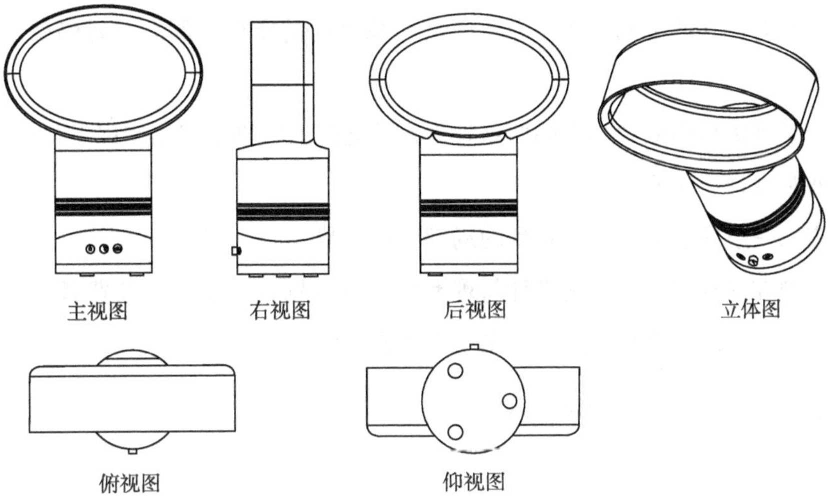

被控侵权产品

分析与评述：

披露现有设计的是一份发明专利说明书，其中，说明书附图 1 所示的是正圆形的出风口，但说明书又描述“可以想象其他形状的出风口。例如，可以使用椭圆形或‘赛道’形、单条或单线，或块状的出风口”。这里尽管披露了椭圆形出风口的设计特征，但附图中未示出具体的出风口椭圆形状。仅根据文字表述，椭圆形由于长短轴比例不同可以存在多种设计形状，不能唯一确定其具体的出风口形状，因此，不能认定被控侵权产品采用的是现有设计。

如果现有设计图片或照片未公开的部位属于该种类产品使用状态下不会被一般消费者关注的部位，并且被控侵权产品在相应部位的设计变化也不足以对产品的整体视觉效果产生影响，则未公开的部位不影响对现有设计抗辩是否成立的评价。例如电冰箱，如果图片或照片没有公开冰箱的底面和背面，被控侵权产品在底面和背面的设计变化不足以对产品外观设计产生影响，则底面和背面未被公开的事实不影响对二者进行整体观察、综合判断。

（2）属于现有设计的判断

被控侵权产品外观设计属于现有设计是指被控侵权产品外观设计与现有设计相同或者无实质性差异，即属于相同或实质相同的外观设计。

被控侵权产品外观设计与现有设计相同是指两项外观设计产品种类完全相同，并且落入涉案专利保护范围的被控侵权产品的全部设计要素（形状、图案以及色彩）与现有设计的相应设计要素相同。

如果两项外观设计仅属于常用材料的替换，或者仅存在产品功能、内部结构、技术性能或者尺寸的不同，而未导致产品外观设计的变化，那么二者仍属于相同的外观设计。

当产品种类相同或者相近的两项外观设计之间的区别点仅属于以下几种情形时，认为两外观设计无实质性差异。

①施以一般注意力不能察觉到的局部细微差异

如果被控侵权产品的外观设计与现有设计的区别仅在于一般消费者施以一般注意力不能察觉到的局部细微差异，则二者无实质性差异。

【案例 5-2-31】烧烤炉侧台

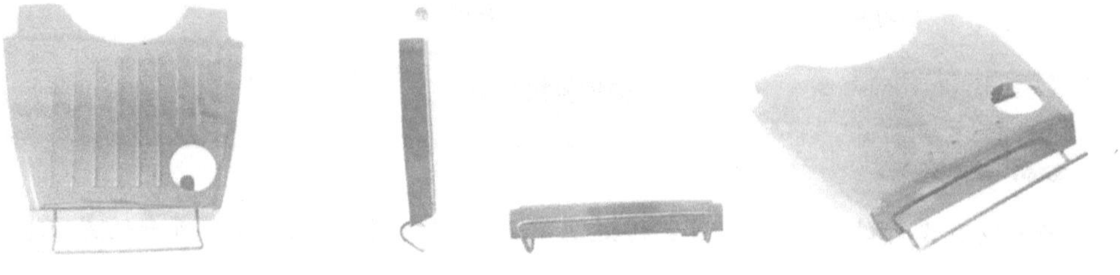

被控侵权产品

现有设计

被控侵权产品外观设计与现有设计相同点主要在于：所示侧台整体均为近似梯形板设计，二者顶边凹口、卷曲边、端角缺口、支架、圆孔等设计基本相同，表面均有细长棱条。二者不同之处主要在于：表面棱条不同，被控侵权产品外侧的两条棱条较短，现有设计相对较长；圆孔内托板位置不同，被控侵权产品位于靠底边一侧，现有设计位于底边相对侧；被控侵权产品立体图显示透过圆孔可见较宽凸台，现有设计未见相应设计。

分析与评述：

关于棱条不同，由于二者在侧台表面分布的棱条粗细、方向、密度及绝大多数棱条的长度均基本相同，仅最外侧两条棱条的长度有所不同，一般消费者施以一般注意力对其进行整体观察，上述局部的差异极其细微，容易被忽略；关于托板设计，二者形状相同，仅在相对位置上存在差异，但均位于圆孔下方，作为放置杯子的支撑板，在使用状态下被杯子遮挡而不能观察到；对于被控侵权产品圆孔中的较宽凸台，作为与炉体相结合的支撑结构，在使用状态下同样为不易见部位。因此，在仅存在上述差异的情况下，由于被控侵权产品外观设计与现有设计所示侧台整体形状及顶边凹口、卷曲边、端角缺口、支架、圆孔等各部分设计基本相同，形成了基本相同的视觉印象，二者属于无实质性差异的外观设计。

②使用时不容易看到或者看不到的部位

如果被控侵权产品的外观设计与现有设计的区别仅在于使用时不容易看到或者看不到的部位，则二者无实质性差异。但有证据表明在不容易看到部位的特定设计对于一般消费者能够产生引人瞩目的视觉效果的情况除外。

【案例5-2-32】消毒柜

后视图　　右视图　　主视图

被控侵权产品

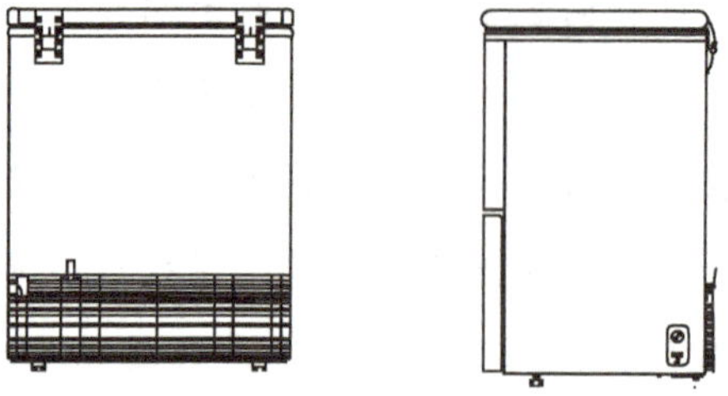

后视图　　右视图　　主视图

现有设计

分析与评述：

被控侵权产品与现有设计正面整体形状、门的分割比例、把手的设计均相同。二者的区别是：后部压缩机的散热孔、底部四个支脚、电源插孔以及正面的铭牌。由于在最终使用过程中，冰箱的背面和顶面不易见，底面不可见，通常，相应面设计的差别不会给一般消费者留有视觉印象，铭牌处于易见的正面，侧面右下角的电源插孔这两个区别均属于一般消费者不会关注的细微差别。被控侵权产品与现有设计给一般消费者无实质性差别的视觉印象，因此，属于无实质性差异的外观设计。

③将某一设计要素整体置换为该类产品的惯常设计

如果被控侵权产品的外观设计与现有设计的区别仅在于将某一设计要素整体置换为该类产品的惯常设计的相应设计要素，例如，将带有图案和色彩的饼干桶的形状由正方体置换为长方体，则二者无实质性差异。

【案例5-2-33】包装盒

现有设计

被控侵权产品

分析与评述：

被控侵权产品外观设计和现有设计均为包装盒，二者图案基本相同，仔细观察会发现局部标志及小文字有所差别。二者明显的不同点在于形状：现有设计形状为扁圆柱形，被控侵权产品外观设计为扁立方体形。被控侵权产品仅将现有设计的图案表现在该类产品惯常使用的扁立方体形状上，二者应属于无实质性差异的外观设计。

④设计单元按常规排列方式作重复排列或单纯的数量增减

如果被控侵权产品的外观设计与现有设计的区别仅在于将现有设计作为设计单元按照该种类产品的常规排列方式作重复排列，或者将其排列的数量作增减变化，例如，将影院座椅成排重复排列或者将成排座椅的数量作单纯增减变化，则二者无实质性差异。

现有设计

被控侵权产品

⑤互为镜像对称

如果被控侵权产品的外观设计与现有设计的区别仅在于互为镜像对称，则二者无实质性差异。

【案例5-2-34】书柜

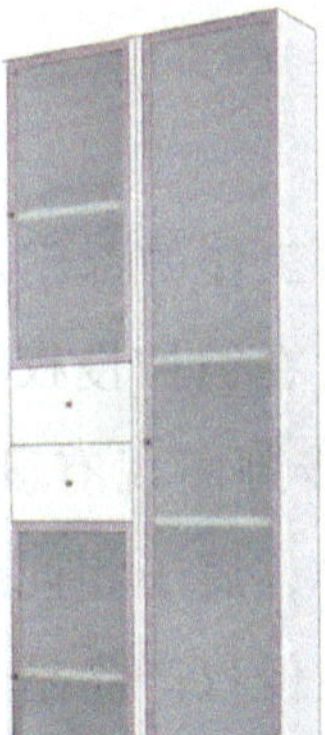

现有设计

被控侵权产品

分析与评述：

被控侵权产品与现有设计均为书柜，二者属于镜像对称。被控侵权产品左侧隔成三个空间，右侧上下各有两个空间，中部有两个抽屉；现有设计是右侧隔成三个空间，左侧上下各有两个空间，中部有两个抽屉。二者在设计上没有实质性差别，属于无实质性差异的外观设计。

⑥单一色彩的外观设计仅作色彩的改变

如果被控侵权产品的外观设计与现有设计的区别仅在于单一色彩的外观设计仅作色彩的改变，则二者无实质性差异。

【案例5-2-35】鞋

现有设计

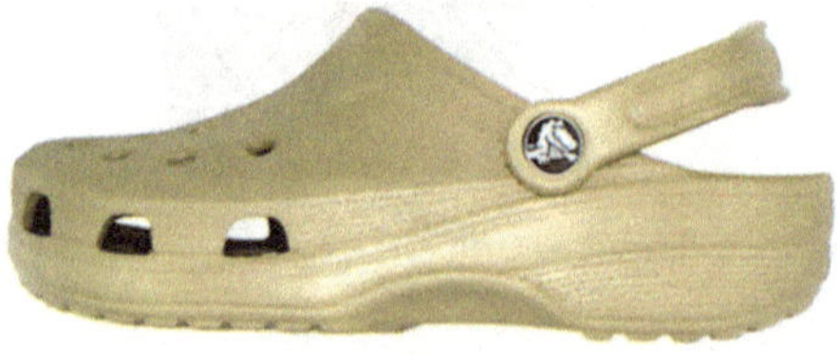

被控侵权产品

分析与评述：

被控侵权产品与现有设计均为鞋，其鞋的色彩均为单一色彩，二者除色彩外其余设计内容相同，差异仅在于单一色彩的外观设计仅作色彩的改变，属于无实质性差异的外观设计。

在判断两项外观设计有无实质性差异的过程中，必要时，应当结合产品的设计空间来确定是否属于上述几种情形。

（3）现有设计抗辩的适用

在适用现有设计抗辩时，原则上，管理专利工作的部门应当首先判断被控侵权产品外观设计是否落入专利保护范围。只有在被控侵权产品外观设计落入专利外观设计保护范围的情况下，才需要进一步判断现有设计抗辩是否成立。除非被控侵权产品外观设计与现有设计没有差异，属于相同的外观设计，才可以直接认定现有设计抗辩成立，无需再判断被控侵权产品是否落入涉案专利保护范围。

在涉及现有设计抗辩的案件中，涉及三项外观设计，即现有设计、被控侵权产品外观设计和涉案专利外观设计。具体而言，可能出现如下几种情形：

情形1：被控侵权产品外观设计未落入涉案专利保护范围。此时，无需比较被控侵权产品外观设计与现有设计是否具有实质性差异，可直接认定侵权不成立。

情形2：被控侵权产品外观设计与现有设计没有差异，即属于相同的外观设计。这表明被控侵权产品使用的是专利申请日之前的现有设计，现有设计抗辩成立。在此情况下，无论被控侵权产品外观设计是否落入涉案专利保护范围，侵权均不成立。因此可以直接认定现有设计抗辩成立。

情形3：被控侵权产品外观设计与现有设计相比具有实质性差异，则现有设计抗辩不成立。在此情况下，如果被控侵权产品外观设计落入涉案专利保护范围，判定侵权成立。否则，侵权不成立。

情形4：被控侵权产品外观设计落入涉案专利保护范围，且被控侵权产品外观设计与现有设计相比有较小差别。在此情况下，如果被控侵权产品使用了涉案专利区别于现有设计的具有实质性差异的不同点，则应当认定现有设计抗辩不成立，侵权成立；否则，现有设计抗辩成立，侵权不成立。在此情形下，应从如下两个方面进行分析：

①判断导致专利外观设计与现有设计具有实质性差异的不同点；

②判断被控侵权产品是否使用了外观设计专利区别于现有设计的具有实质性差异的不同点。

（4）几点说明

在适用现有设计抗辩时，需要注意以下几点：

①现有设计抗辩的适用前提

现有设计抗辩的适用应当依被控侵权人的请求而进行。对于现有设计的举证责任应当由被控侵权人承担，管理专利工作的部门不能代替被控侵权人搜集证据。但是，如果当事人提交的证据确属涉案专利申请日之前的现有设计，管理专利工作的部门可以行使释明权。

②用于抗辩的现有设计与专利外观设计的关系

在适用现有设计抗辩时，管理专利工作的部门仅需判断被控侵权产品是否采用了现有设计，无需判定专利外观设计是否属于现有设计。

③现有设计抗辩的法律效力

现有设计抗辩成立的判定结论仅对争议的侵权案件有效，对于其他争议案件不产生效力。

④现有设计抗辩与设计空间

在涉及现有设计抗辩的外观设计专利侵权纠纷处理中，审案人员需要确定产品的设计空间，即判断产品可以进行外观设计变化的内容。其目的是确定对于整体视觉效果更具有影响的设计内容。现有设计抗辩的判断是在考虑设计空间的基础上，将被控侵权产品外观设计与抗辩人提交的现有设计进行一对一的比较分析，目的是确认被控侵权产品是否采用的现有设计。

附件

专利侵权纠纷行政裁决案件办案文书表格

说　明

一、本次所录办案文书与表格，其主要依据为《专利法》《专利法实施细则》《专利行政执法办法》等相关法律法规和部门规章。考虑到各地差异，未将地方性专利条例作为参考依据。各地方知识产权局如有需要，可根据地方性法规，自行制定规范性执法表格。

二、办案笔录中有关内容解释

1. 办案笔录中具体内容分为三类：第一类是固定格式文本，主要记载的内容为笔录当中固定的询问内容；第二类是实际情况记录文本，主要记载的内容为当事人所述的实际情况；第三类是固定格式与实际情况记录相结合文本，主要记载的内容为固定格式文本与实际情况记录文本结合在一起的询问笔录。

2. 为提高笔录速度，笔录当中将有关人员以简称形式记录，比如：调查人员简称“调”。

3. 为保证笔录的合法性、真实性，笔录每页底部都应标有页码、页数以及当事人的签章，应如实填写。

三、案号制定规则：

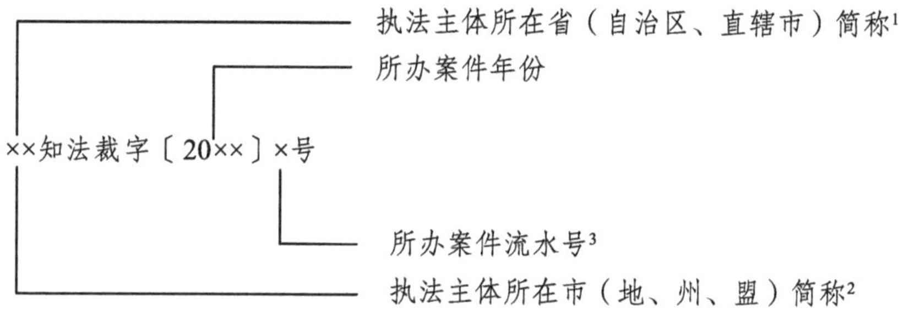

注释：

1. 如河南省内各知识产权局所办案件为“豫”，湖北省内各知识产权局所办案件为“鄂”。

2. 如武汉市知识产权局所办案件为“武”，新乡市知识产权局所办案件为“新”。如是省、自治区、直辖市知识产权局所办案件，此处简称应删除。

3. 所办案件流水号按照阿拉伯数字顺排，例如“豫新知法裁字〔2019〕16号”。

四、本次所录执法文书、表格及笔录为试行版本，各地方知识产权局可根据本地实际参照执行。

一、知识产权局办案用文书表格

专利侵权纠纷处理请求受理通知书

案号：________________

专利号	
专利名称	
专利权人	
请求人	
被请求人	

__________________________：

经审查，请求人于________年____月____日提交的侵犯专利权纠纷处理请求符合《专利行政执法办法》第十条规定的受理条件，本局予以立案。

特此通知。

____________知识产权局（盖章）

________年____月____日

案件承办人：

联系电话：

本局地址：

邮政编码：

说明：本通知书一式两份，一份送达当事人，一份由知识产权局存档。

撤销专利侵权纠纷案件决定书

案号：______________

请求人：

法定代表人（负责人）：

住所：

委托代理人：

被请求人：

法定代表人（负责人）：

住所：

委托代理人：

案由："__________________"（专利号：________________）专利侵权纠纷。

我局于________年____月____日立案受理的专利侵权纠纷案件（案号：__________________），由于以下原因：

□立案后发现不符合受理条件。

□请求人撤回行政处理请求。

□当事人在案件处理过程中自行达成和解协议，并向我局提出撤回处理请求。

□请求人死亡或注销，没有继承人或者权利义务承受人，或者继承人或者权利义务承受人放弃处理请求。

□被请求人死亡或注销，没有遗产或剩余财产，也没有应当承担义务的人。

□其他依法应当撤销案件的情形：________________________。

经研究，现决定撤销此案。

不服本决定，当事人可自收到决定书之日起15日内，依照《中华人民共和国专利法》第六十条向______人民法院起诉。

案件合议组：________　________　________

____________知识产权局（盖章）

________年____月____日

专利侵权纠纷处理请求不予受理通知书

专利号	
专利名称	
专利权人	
请求人	
被请求人	

______________:

经审查，请求人于________年____月____日提交的侵犯专利权纠纷处理请求不符合《专利行政执法办法》第十条规定的立案条件，本局不予立案，具体理由是：

□请求人不是专利权人或者利害关系人。

□没有明确的被请求人。

□没有明确的请求事项和具体事实、理由。

□不属于本局受案或管辖范围。

□当事人已经就该专利侵权纠纷向人民法院起诉。

□其他（注明原因）____。

特此通知。

如不服本通知书，可以在收到本通知书15日内向________人民法院提起行政诉讼，也可以就请求处理的事项另行直接向________人民法院提起民事诉讼。

____________知识产权局（盖章）

________年____月____日

说明：本通知书一式两份，一份送达当事人，一份由知识产权局存档。

提交专利权评价报告通知书

案号：________________

专利号	
专利名称	
专利申请日	
专利权人	
请求人	

____________________________：

根据《中华人民共和国专利法》第六十一条第二款的规定，要求请求人在收到本通知之日起的____日内向我局提交国家知识产权局对__________号专利作出的专利权评价报告。

特此通知。

____________知识产权局（盖章）

________年____月____日

联 系 人：

联系电话：

本局地址：

邮政编码：

说明：本通知书一式两份，一份送达当事人，一份由知识产权局存档。

答辩通知书

案号：______________

专利号	
专利名称	
专利权人	
请求人	
被请求人	

______________________：

本局已经对请求人________年____月____日提交的专利权纠纷处理请求进行立案。根据《专利行政执法办法》第十四条的规定，现将专利侵权纠纷处理请求书及其附件的副本发送给你（单位），并将有关事项通知如下：

你（单位）应当在收到请求书副本之日起15日内向本局提交：

1. 答辩书及相关证据一份，并按照请求人的人数提出副本。

2. 主体资格证明（如：法人提供营业执照副本复印件或者其他主体资格证明文件并加盖单位公章，自然人提供身份证正反面复印件）。

3. 如委托代理人的，需提交授权委托书。

逾期不提交的，不影响本局对本案进行处理。

被请求人向国家知识产权局提出专利权无效宣告请求的，应当将国家知识产权局的受理通知书以及无效宣告请求书的复印件送交本局。

____________知识产权局（盖章）

________年____月____日

案件承办人：

联系电话：

本局地址：

邮政编码：

说明：本通知书一式两份，一份送达当事人，一份由知识产权局存档。

专利侵权纠纷案件调查笔录

案号：＿＿＿＿＿＿＿＿

案由				
被调查人	姓名		性别	
	单位		职务	
	住所		电话	
调查人	姓名		性别	
	单位		职务	
	住所		电话	
调查人	姓名		性别	
	单位		职务	
	住所		电话	
调查地点				
调查时间	开始	年　月　日　时　分	结束	年　月　日　时　分

调查笔录：

（可续页）

调查笔录：   被调查人（签章）：______________ 调查人（签章）：______________ ________年____月____日 ________年____月____日
备注：

专利侵权纠纷案件抽样取证决定

案号：______________

______________________：

为处理专利侵权纠纷案件的需要，根据《专利行政执法办法》第三十九条的规定，本局决定对有关物品（详见《专利侵权纠纷案件抽样取证清单》）进行抽样取证。

附件：《专利侵权纠纷案件抽样取证清单》

____________知识产权局（盖章）

________年____月____日

说明：本决定书一式两份，一份送达被取证人，一份由知识产权局存档。

专利侵权纠纷案件抽样取证清单

案号：________________

<table>
<tr><td>案由</td><td colspan="4"></td></tr>
<tr><td rowspan="2">被取证人</td><td>姓名或名称</td><td></td><td>法定代表人
（负责人）</td><td></td></tr>
<tr><td>住所</td><td></td><td>电话</td><td></td></tr>
</table>

序号	被抽样取证物品名称	规格型号	数量	单价	保存地点	备注

被取证人（签章）：____________　　　　案件承办人（签章）：____________

________年____月____日　　　　________年____月____日

备注：

注：本抽样取证清单一式两份，一份交被取证人，一份由知识产权局保存。

专利侵权纠纷案件证据登记保存决定

案号：______________

______________________：

为处理专利纠纷案件的需要，根据《专利行政执法办法》第四十条的规定，本局决定对有关物品（详见《专利侵权纠纷案件证据登记保存清单》）从________年____月____日____时起予以登记保存。

在登记保存期间，任何人不得销毁、转移被登记保存的物品。

附件：《专利侵权纠纷案件证据登记保存清单》

____________知识产权局（盖章）

________年____月____日

说明：本决定书一式两份，一份送达被登记保存人，一份由知识产权局存档。

专利侵权纠纷案件证据登记保存清单

案号：________________

<table>
<tr><td>案由</td><td colspan="4"></td></tr>
<tr><td rowspan="2">被登记保存人</td><td>姓名或名称</td><td></td><td>法定代表人
（负责人）</td><td></td></tr>
<tr><td>住所</td><td></td><td>电话</td><td></td></tr>
</table>

序号	被登记保存物品名称	规格型号	数量	单价	保存地点	备注

被登记保存人（签章）：____________　　　　案件承办人（签章）：____________

________年____月____日　　　　________年____月____日

备注：

注：本证据登记保存清单一式两份，一份交被登记保存人，一份由知识产权局保存。

解除专利侵权纠纷案件证据登记保存决定

案号：______________

______________________：

本局于________年____月____日以《专利侵权纠纷案件证据登记保存决定》（案号：________）对你（单位）有关物品依法采取了登记保存措施。

现本案已处理终结，本局决定自________年____月____日____时起解除对有关证据的登记保存措施，你（单位）应于3个月内领回被登记保存的物品。

附件：《解除专利侵权纠纷案件证据登记保存清单》

____________知识产权局（盖章）

________年____月____日

说明：本决定书一式两份，一份送达被登记保存人，一份由知识产权局存档。

解除专利侵权纠纷案件证据登记保存清单

案号：________________

<table>
<tr><td colspan="2">案由</td><td colspan="5"></td></tr>
<tr><td rowspan="2" colspan="2">被登记保存人</td><td>姓名或名称</td><td colspan="2"></td><td>法定代表人
（负责人）</td><td></td></tr>
<tr><td>住所</td><td colspan="2"></td><td>电话</td><td></td></tr>
<tr><td>序号</td><td>被登记保存物品名称</td><td>规格型号</td><td>数量</td><td>单价</td><td>保存地点</td><td>是否解除</td></tr>
<tr><td></td><td></td><td></td><td></td><td></td><td></td><td></td></tr>
<tr><td></td><td></td><td></td><td></td><td></td><td></td><td></td></tr>
<tr><td></td><td></td><td></td><td></td><td></td><td></td><td></td></tr>
<tr><td></td><td></td><td></td><td></td><td></td><td></td><td></td></tr>
<tr><td></td><td></td><td></td><td></td><td></td><td></td><td></td></tr>
<tr><td></td><td></td><td></td><td></td><td></td><td></td><td></td></tr>
<tr><td></td><td></td><td></td><td></td><td></td><td></td><td></td></tr>
<tr><td></td><td></td><td></td><td></td><td></td><td></td><td></td></tr>
<tr><td colspan="7">被登记保存人（签章）：____________　　　　案件承办人（签章）：____________
________年____月____日　　　　________年____月____日</td></tr>
<tr><td colspan="7">备注：</td></tr>
</table>

注：本解除登记保存清单一式两份，一份交被登记保存人，一份由知识产权局保存。

专利侵权纠纷案件现场检查笔录

案号：________

检查时间	______年____月____日____时____分至 ______年____月____日____时____分
检查地点	
检查人员	姓名： 单位： 职务：
	姓名： 单位： 职务：
当事人	姓名： 身份证明证件号码： 单位： 住所： 电话：
见证人	姓名： 身份证明证件号码： 单位： 住所： 电话：
告知情况	
检查情况	
检查人员（签章）	______年____月____日
当事人或见证人（签章）	______年____月____日

专利侵权纠纷案件中止处理通知书

案号：________________

专利号	
专利名称	
专利权人	
请求人	
被请求人	

__________________________：

鉴于被请求人针对该专利已向国家知识产权局提出宣告该专利权无效的请求并被受理，根据《中华人民共和国专利法实施细则》第八十二条的规定，本局决定自________年____月____日起中止对本案的处理。恢复处理的时间将另行通知。

特此通知。

____________知识产权局（盖章）

________年____月____日

说明：本通知书一式三份，当事人各一份，一份由知识产权局存档。

专利侵权纠纷案件不予中止处理通知书

案号：____________

专利号	
专利名称	
专利权人	
请求人	
被请求人	

______________________：

鉴于被请求人提出的中止理由明显不能成立，本局决定不中止处理。

特此通知。

__________知识产权局（盖章）

______年____月____日

说明：本通知书一式两份，一份送达被请求人，一份由知识产权局存档。

专利侵权纠纷案件恢复处理通知书

案号：________________

专利号	
专利名称	
专利权人	
请求人	
被请求人	

____________________________：

□鉴于国家知识产权局已经作出无效宣告请求审查决定，本局决定自________年____月____日起恢复对本案的处理。

□鉴于当事人撤回宣告专利权无效的申请，本局决定自________年____月____日起恢复对本案的处理。

特此通知。

____________知识产权局（盖章）

________年____月____日

说明：本通知书一式三份，当事人各一份，一份由知识产权局存档。

口头审理通知书

案号：____________

专利号	
专利名称	
专利权人	
请求人	
被请求人	

______________：

依据《专利行政执法办法》第十六条的规定，本局决定于______年____月____日____时在______对请求人提出的侵犯专利权纠纷处理请求进行口头审理。

双方当事人应当在收到本通知书之日起3日内将参加口头审理的回执送交本局。无正当理由拒不参加或者中途退出的，对请求人按撤回请求处理，对被请求人按缺席处理。

当事人因正当理由不能参加的，应提前3日向本局提出，申请改期。

参加口头审理的人员，应当携带以下材料：

1. 当事人的主体资格证明（如：法人提供营业执照副本复印件或者其他主体资格证明文件并加盖单位公章；自然人提供身份证正反面复印件）。

2. 委托代理人（1~2人）出席的，应当提交授权委托书及委托代理人的身份证明（身份证正反面复印件）。

3. 有关证据材料原件。

附：口头审理回执

__________知识产权局（盖章）

______年____月____日

联 系 人：

联系电话：

本局地址：

邮政编码：

说明：本通知书一式三份，两份送达当事人，一份由知识产权局存档。

口头审理回执

案号：______________

________________知识产权局：

□我方参加_______年____月____日____时举行的口头审理。

□我方不参加_______年____月____日____时举行的口头审理，其原因是：____。

□我方是本案的请求人，参加口头审理的人员如下：

□我方是本案的被请求人，参加口头审理的人员如下：

姓名	单位	职务	移动电话	固定电话

______________（盖章）

_______年____月____日

附件：□参加人员的身份证件复印件____份____页，共____页；

□授权委托书____份____页，共____页；

□法定代表人（负责人）证明____份____页，共____页。

回避申请决定

案号：＿＿＿＿＿＿＿＿

案由			
回避申请人			
法定代表人（负责人）			
住所			
邮政编码		电话	

＿＿＿＿＿＿＿＿＿＿＿＿：

你（单位）于＿＿＿＿年＿＿月＿＿日向本局提出的申请承办人员回避的请求，经调查核实，我局认为：

□申请回避理由成立，批准你（单位）的回避请求申请，并决定由＿＿＿＿＿担任本案的承办人员。

□申请回避理由不成立，不批准你（单位）的回避请求申请。

＿＿＿＿＿＿知识产权局（盖章）

＿＿＿＿年＿＿月＿＿日

说明：本决定书一式两份，一份送达当事人，一份由知识产权局存档。

专利侵权纠纷案件口头审理笔录

案号：＿＿＿＿＿＿＿＿

案由			
时间		地点	
合议组		书记员	
请求人			
委托代理人			
被请求人			
委托代理人			

审理要点记录如下：

（可续页）

审理要点记录如下：

合议组成员（签章）：____________　____________　____________

____年__月__日　____年__月__日　____年__月__日

请求人（签章）：________________　请求人代理人（签章）：____________

____年__月__日　____年__月__日

被请求人（签章）：______________　被请求人代理人（签章）：__________

____年__月__日　____年__月__日

__________知识产权局

专利侵权纠纷调解协议书

案号：________

请求人：

法定代表人（负责人）：

住所：

委托代理人：

被请求人：

法定代表人（负责人）：

住所：

委托代理人：

案由："________"（专利号：________）专利侵权纠纷

请求人就其"________"专利（专利号：________）与被请求人的专利侵权纠纷，向本局提出处理请求。本局于____年__月__日受理后，依照《专利行政执法办法》第十三条组成合议组。在本案审理过程中，____年__月__日，请求人与被请求人在本局的主持下达成调解协议，内容如下：

1. ……

2. ……

……

本调解协议书自请求人与被请求人签章之日起生效，共一式________份，请求人与被请求人各执一份，本局留存一份。

请求人（签章）：____________　　　　被请求人（签章）：____________

________年____月____日　　　　________年____月____日

合议组长：______________

审 理 员：______________

审 理 员：______________

__________知识产权局（盖章）

________年____月____日

书记员：____________

专利侵权纠纷案件行政裁决书

案号：______________

请求人：

法定代表人（负责人）：

住所：

委托代理人：

被请求人：

法定代表人（负责人）：

住所：

委托代理人：

案由：“__________________”（专利号：__________________）专利侵权纠纷

请求人就其“___________”专利（专利号：___________）与被请求人的专利侵权纠纷，向本局提出处理请求。本局于________年____月____日受理后，依照《专利行政执法办法》第十三条组成合议组，并于________年____月____日进行了口头审理，请求人、请求人代理人和被请求人、被请求人代理人到庭参加了口头审理。现本案已审结。

请求人称：

被请求人辩称：

经审理查明：

1. ……

2. ……

以上事实有____________________等佐证。

本局认为：

1. ……

2. ……

……

综上所述，根据《中华人民共和国专利法》第____条、《中华人民共和国专利法实施细则》第____条、《专利行政执法办法》第____条之规定，本局作出行政裁决如下：

1. ……

2. ……

……

当事人如不服本裁决，可自收到裁决书之日起 15 日内，依照《中华人民共和国专利法》第六十条向________人民法院起诉。期满不起诉又不履行行政裁决的，本局将申请人民法院强制执行。

合议组长：________________

审 理 员：________________

审 理 员：________________

____________知识产权局（盖章）

________年____月____日

书记员：________________

送达回证

案号：____________

送达单位	
送达文书及页数	
被送达人	
委托代理机构及代理人	
送达地址	
送达方式	□邮寄　□直接送达　□留置送达
收件人签章	____年____月____日
送达人签章	____年____月____日
备注	
填写说明	1. 代替被送达人收件的，由代收人在收件人栏内签名或者盖章，并在备注栏中注明与被送达人的关系。 2. 邮寄送达的，被送达人或代理人收到有关文书后，请于3日内填写此送达回证并寄回本局。 联 系 人： 联系电话： 本局地址： 邮政编码：

专利侵权纠纷行政裁决修改更正通知书

案号：________________

________________________：

对本局于________年____月____日作出的专利侵权纠纷行政裁决，现修改其中错误：____。

附：专利侵权纠纷行政裁决书修正版副本。

____________知识产权局（盖章）

________年____月____日

说明：本通知书一式三份，两份分别送达当事人，一份由知识产权局存档。

专利侵权纠纷行政裁决强制执行申请书

＿＿＿＿＿＿人民法院：

我局于＿＿＿＿年＿＿月＿＿日针对＿＿＿＿号专利侵权纠纷作出行政裁决，责令被请求人停止侵权行为。处理决定书已于＿＿＿＿年＿＿月＿＿日送达被请求人。

我局发现：被请求人既未在收到行政裁决之日起的15日之内向人民法院提起行政诉讼，又未依照行政裁决停止专利侵权行为。根据《中华人民共和国专利法》第六十条的规定，特向贵单位提出强制执行申请。

附：《专利侵权纠纷行政裁决书》（案号：＿＿＿＿＿＿＿＿＿＿）

＿＿＿＿＿＿知识产权局（盖章）

＿＿＿＿年＿＿月＿＿日

联 系 人：

联系电话：

本局地址：

邮政编码：

二、知识产权局内部用文书表格

专利侵权纠纷案件立案审批表

案号：____________

专利号	
专利名称	
专利权人	
请求人	
被请求人	
案情简介	
承办人意见	签字：____________ ______年____月____日
处（科）室负责人审核	签字：____________ ______年____月____日
部门负责人意见	签字：____________ ______年____月____日

专利侵权纠纷案件调查取证审批表

案号：________________

专利号	
专利名称	
专利权人	
请求人	
被调查取证人	
申请事项及理由	
承办人意见	签字：________________ ________年____月____日
处（科）室负责人审核	签字：________________ ________年____月____日
部门负责人意见	签字：________________ ________年____月____日

专利侵权纠纷案件证据登记保存审批表

案号：________________

案由	
被登记保存人	
申请事项及理由	
承办人意见	签字：______________ ________年____月____日
处（科）室负责人审核	签字：______________ ________年____月____日
部门负责人意见	签字：______________ ________年____月____日

专利侵权纠纷案件合议笔录

案号：________

<table>
<tr><td>专利号</td><td colspan="3"></td></tr>
<tr><td>专利名称</td><td colspan="3"></td></tr>
<tr><td>专利权人</td><td colspan="3"></td></tr>
<tr><td>合议组成员</td><td colspan="3"></td></tr>
<tr><td>书记员</td><td></td><td>时间</td><td></td></tr>
<tr><td colspan="4">合议笔录：</td></tr>
</table>

合议组成员签名：________　________　________

____年___月___日　____年___月___日　____年___月___日

技术鉴定委托书

案号：________________

________________________：

我局需对____________________进行技术鉴定，现委托贵单位按下列要求进行鉴定：

1. ……

2. ……

……

请贵单位于________年____月____日前完成鉴定工作，并将鉴定结论一式________份送交我局。

专此委托。

____________知识产权局（盖章）

________年____月____日

联 系 人：

联系电话：

本局地址：

邮政编码：

专利侵权纠纷案件结案审批表

案号：________________

专利号	
专利名称	
专利权人	
请求人	
被请求人	
案情简介	
合议组意见	签字：____________ ________年____月____日
处（科）室负责人审核	签字：____________ ________年____月____日
部门负责人批示	签字：____________ ________年____月____日

三、当事人用文书表格

专利侵权纠纷处理请求书

<table>
<tr><td colspan="2">专利号</td><td colspan="3"></td></tr>
<tr><td colspan="2">专利名称</td><td colspan="3"></td></tr>
<tr><td colspan="2">专利权人</td><td colspan="3"></td></tr>
<tr><td rowspan="9">请求人</td><td>姓名或名称</td><td></td><td>法定代表人
（负责人）</td><td></td></tr>
<tr><td>住所</td><td colspan="3"></td></tr>
<tr><td>邮政编码</td><td></td><td>电话</td><td></td></tr>
<tr><td>代理人姓名</td><td></td><td>机构名称</td><td></td></tr>
<tr><td>住所</td><td colspan="3"></td></tr>
<tr><td>邮政编码</td><td></td><td>电话</td><td></td></tr>
<tr><td>代理人姓名</td><td></td><td>机构名称</td><td></td></tr>
<tr><td>住所</td><td colspan="3"></td></tr>
<tr><td>邮政编码</td><td></td><td>电话</td><td></td></tr>
<tr><td rowspan="3">被请求人</td><td>姓名或名称</td><td colspan="3"></td></tr>
<tr><td>住所</td><td colspan="3"></td></tr>
<tr><td>邮政编码</td><td></td><td>电话</td><td></td></tr>
<tr><td colspan="5">请求处理的事项：</td></tr>
</table>

事实和理由：
请求人签章： ________年____月____日

证据材料清单

专利号：____________

递交人（签章）：__________________

序号	证据材料名称	所要说明的事实	页数	备注

接收人（签章）：________________

接收日期：________年____月____日

注：本清单一式两份，一份递交知识产权局，一份由递交人留存。

专利侵权纠纷案件授权委托书

委托人（单位或个人）：

法定代表人（负责人）：

职　　务：

被委托人姓名：

工作单位：

职　　务：

被委托人姓名：

工作单位：

职　　务：

现委托上列被委托人在__________________一案中，作为我方委托代理人。

代理人________的代理权限为：____________________________。

代理人________的代理权限为：____________________________。

（注：代理权限包括代为递交、接收法律文书，代为答辩、意见陈述、参加口头审理、参加调解，代为提出、变更、放弃处理请求等）

委 托 人（签章）：________

法定代表人（负责人）（签章）：________

________年____月____日

专利侵权纠纷案件中止处理申请书

案号：________________

专利号	
专利名称	
专利权人	
中止处理申请人	

________________知识产权局：

对于请求人________________提出的侵犯专利权纠纷处理请求，我（单位）已向国家知识产权局提出宣告该专利权无效的请求并被受理。根据《中华人民共和国专利法实施细则》第八十二条的规定，特请求贵局中止对本案的处理。

中止处理请求申请人（签章）：________

____年____月____日

专利侵权纠纷案件调查取证请求书

案号：__________

被调查人姓名（名称）	
被调查人住所地	
请求调查的证据 内容及证明事实	
证据存放地点	
请求理由	

请求人（签章）：__________

____年____月____日

专利侵权纠纷案件撤案请求书

________________知识产权局：

我（单位）是____________________（案号____________________）案件的请求人，现请求撤回对此案的处理请求，理由是：

□已与对方当事人达成调解、和解协议。

□已就此纠纷向人民法院起诉或者请求其他专利行政管理部门处理并被受理。

□其他事由：____________________________。

请予批准。

附件：□调解、和解协议

□人民法院立案通知书或者其他专利行政管理部门受理通知书

□其他证明材料

请求人（签章）：________________

________年____月____日

专利侵权纠纷和解协议书

甲方（请求人）：

法定代表人（负责人）：

住　　所：

委托代理机构及代理人：

乙方（被请求人）：

法定代表人（负责人）：

住　　所：

委托代理机构及代理人：

甲方就“__________”专利（专利号：____________________）与乙方__________的专利侵权纠纷，经协商一致，双方自愿达成如下和解协议：

1. ……

2. ……

……

本和解协议书自双方签章之日起生效，共一式________份，双方各执一份，报送________知识产权局留存一份。

甲方（签章）：______________　　　　乙方（签章）：______________

________年____月____日　　　　________年____月____日

专利侵权纠纷行政裁决强制执行请求书

案号：______________

________________知识产权局：

对贵局于________年____月____日作出的___________________号专利侵权纠纷行政裁决，我（单位）发现侵权人__________________________既未在收到行政裁决之日起的15日之内向人民法院起诉，又未停止专利侵权行为。根据《中华人民共和国专利法》第六十条的规定，特请求贵局向人民法院提出强制执行申请。

请求人（签章）：____________

________年____月____日

四、专利侵权纠纷行政裁决案件办案笔录参考文本

×××知识产权局

专利侵权纠纷行政裁决案件调查笔录

案号：××知法裁字〔20××〕×号

案由：A公司与B公司间的实用新型专利侵权纠纷

调查人：

姓名：执法甲　**单位：**×××知识产权局　**职务：**科员

姓名：执法乙　**单位：**×××知识产权局　**职务：**科员

被调查人：

姓名：C某　**单位：**B公司　**身份证号：**（略）

职务：主任　**住所：**××省××市××街××号　**电话：**×××××××××××

调查时间：20××年××月××日××时××分至于××月××日××时××分

调查地点：××省××市××街××号B公司生产车间

调查笔录：（以下笔录中调查人员简称"调"，被调查人员简称"被"）

调：（固定格式与实际情况记录相结合文本）你好。我们是×××知识产权局专利行政执法人员执法甲，执法证号是××××；执法乙，执法证号是××××（出示执法证）。根据《专利行政执法办法》第三十七条、第三十八条之规定，今天我们就你公司与A公司间专利侵权纠纷一案，对你进行调查，请你予以配合，如实回答相关问题。

被：（实际情况记录文本）好的，我会主动配合。

调：（固定格式文本）首先要确认一下你的身份及你与当事人的关系。

被：（实际情况记录文本）我是B公司的生产车间主任，叫C某。

调：（固定格式文本）你（公司）的邮寄地址是哪里？

被：（实际情况记录文本）××省××市××街××号。

调：（固定格式文本）这款产品是你们生产（销售）的吗？其产品型号是××吗？

被：（实际情况记录文本）（内容略）

调：（固定格式文本）什么时候开始生产（销售）的？

被：（实际情况记录文本）（内容略）

调：（固定格式文本）至今生产（销售）了多少？生产成本（销售价格）是多少？

被：（实际情况记录文本）（内容略）

调：（固定格式文本）你们生产（销售）的这种产品主要是销往哪里？

被：（实际情况记录文本）（内容略）

调：（固定格式文本）生产该产品的模具有多少？该模具是什么时候制作的？

被：（实际情况记录文本）（内容略）

调：（固定格式文本）你们知道该涉案专利吗？

被：（实际情况记录文本）（内容略）

调：（固定格式文本）我们对涉案产品拍摄照片×张，请你确认。

被：（实际情况记录文本）你们拍摄了照片×张，我已看过。

调：（固定格式文本）这次我们过来除了来调查该专利侵权纠纷案件外，还要向你们送达答辩通知书、专利侵权纠纷处理请求书和附件，需要你们做好答辩准备。请在送达回证上签字。

被：（实际情况记录文本）好的。

（被调查人看过无异议，请抄写：以上内容已阅，与我所述一致。）

抄写处：**以上内容已阅，与我所述一致。**C **某**

（以下空白）

被调查人（签字）：C **某**　　20××年××月××日

调查人（签字）：**执法甲**　　20××年××月××日

执法乙　　20××年××月××日

×××知识产权局

专利侵权纠纷行政裁决案件现场检查笔录

案号：×××知法裁字〔20××〕×号

时间：20××年××月××日××时××分至××月××日××时××分

地点：××省××市××街××号A公司生产车间

人员：

姓名：执法甲　**单位：**×××知识产权局　**职务：**科员

姓名：执法乙　**单位：**×××知识产权局　**职务：**科员

当事人：

姓名：C某　**单位：**B公司　**身份证号：**（略）

职务：主任　**住所：**××省××市××街××号　**电话：**×××××××××××

见证人：

姓名：D某　**单位：**××经侦支队　**身份证号：**（略）

职务：科员　**住所：**××省××市××街××号　**电话：**×××××××××××

记录：

执法甲：（固定格式与实际情况记录相结合文本）你好。我们是×××知识产权局的执法甲，执法证号是××××；执法乙，执法证号是××××。这是我们的执法证件。这位是××经侦支队D某，来作个见证。上次过来时已经向你们提出来作现场检查，希望你们能配合我们作现场检查。

C某：（实际情况记录文本）好的，我尽量配合。请大家随我来，涉案产品在仓库。

执法甲：（实际情况记录文本）这是涉案产品吗？目前库存共有多少？

C某：（实际情况记录文本）目前库存共有×台。

执法甲：（固定格式文本）我们需要对涉案产品的技术特征进行现场检查，并且相关记录需要你签字。

C某：（实际情况记录文本）可以，不过检查情况需要给我们留一份。

执法甲：（实际情况记录文本）可以。

执法甲：（实际情况记录文本）这是涉案产品，有以下技术特征：（具体内容略）执法乙对此涉案产品特征是否有要补充的？

执法乙：（实际情况记录文本）此涉案产品特征与侵权专利需要对比的特征已经描述得很清楚了，我没什么要补充的。

执法甲：（固定格式文本）C某对以上涉案产品的特征有什么异议没有？

C**某：**（实际情况记录文本）没有。

执法甲：（固定格式文本）D某对以上涉案产品的特征有什么异议吗？

D**某：**（实际情况记录文本）没有。

（当事人看过无异议，请抄写：以上内容已阅，情况属实。）

抄写处：**以上内容已阅，情况属实。C某**

（以下空白）

当事人（签字）：**C某**　　20××年××月××日

见证人（签字）：**D某**　　20××年××月××日

检查人员（签字）：**执法甲**　　20××年××月××日

执法乙　　20××年××月××日

×××知识产权局

专利侵权纠纷行政裁决案件审理笔录

案号：××知法裁字〔20××〕×号

案由：A公司与B公司间的实用新型专利侵权纠纷

请求人：A公司

请求人代理人：C某

被请求人：B公司

被请求人代理人：D某

审理时间：20××年××月××日××时××分至××时××分

审理地点：×××知识产权局审理庭

主持人：执法甲

审理人员：执法甲执法乙执法丙

书记员：执法丁

审理记录：（以下笔录中合议组长简称“审”，请求人简称“请”，被请求人简称“被”）

审：（固定格式与实际情况记录相结合文本）根据《专利行政执法办法》第十六条的规定，×××知识产权局决定今天在这里就A公司与B公司之间的专利名称为“××××××”（专利号：ZL.××××××××××××.×）的专利侵权纠纷案进行审理，现在开庭。

首先，核实参加审理的当事人的身份。请求人是否到场？请向合议组报告你的姓名，并出示有效身份证件。

请求人：（实际情况记录文本）A公司。（请求人为个人的记录姓名、身份证号等）

审：（固定格式文本）请求人是否委托代理人？代理人是否到庭？请依次向合议组报告各自的姓名、工作单位、职务、代理权限，并出示有效身份证件及授权委托书。

请：（实际情况记录文本）委托代理人C某，身份证号：（略）在A公司任技术经理，现住××省××市××街××号，代理权限见委托书。

审：（固定格式文本）被请求人是否到场？请向合议组报告你的姓名、职务并出示有效身份证件。

被请求人：（实际情况记录文本）B公司。（被请求人为个人的应记录姓名、身份证号等）

审：（固定格式文本）被请求人是否委托代理人？委托代理人是否到庭？请报告你的姓名、工作单位、职务、代理权限，并出示有效身份证件及授权委托书。

被：（实际情况记录文本）被请求人的委托代理人D某，身份证号：（略），在B公司任技术经理，现住××省××市××街××号，代理权限见委托书。

审：（固定格式文本）请求人对参加审理的被请求人及其代理人的身份有无异议？

请：（实际情况记录文本）没有异议。

审：（固定格式文本）被请求人对参加审理的请求人及其代理人的身份有无异议？

被：（实际情况记录文本）没有异议。

审：（固定格式文本）双方当事人及其代理人符合法律规定，可以参加审理。现在宣读审理纪律：所有参加人员关闭通信设备；未经允许不得拍照、录音、摄像；不得随意走动，当事人发言应当征得合议组组长同意；旁听者无发言权，不得向参加审理的当事人传递有关信息。

以上庭审纪律请求人是否清楚？

请：（实际情况记录文本）清楚。

审：以上庭审纪律被请求人是否清楚？

被：（实际情况记录文本）清楚。

审：（固定格式文本）现在宣布当事人的权利：1. 当事人有权请求合议组成员及其书记员回避；2. 双方当事人有权进行和解；3. 当事人有权请求出具过证言的证人就其证言出庭作证，并请求实物演示；4. 当事人有权进行辩论；5. 请求人有权撤回请求。

现在宣布当事人的义务：1. 应当遵守审理纪律，维护审理的秩序；2. 发言应当征得合议组组长同意，任何一方当事人不得打断另一方当事人的发言；3. 辩论中应当摆事实、讲道理；4. 发言和辩论仅限于合议组指定的与审理案件有关的范围；5. 当事人对自己提出的主张有举证责任，反驳对方主张的，应当说明理由；6. 审理期间，未经合议组许可不得中途退庭，请求人中途退庭的，按撤回请求处理；被请求人中途退庭的，合议组可以缺席审理。

请求人是否清楚？

请：（实际情况记录文本）清楚。

审：（固定格式文本）被请求人是否清楚？

被：（实际情况记录文本）清楚。

审：（固定格式与实际情况记录相结合文本）本案由我局的执法甲、执法乙、执法丙三人组成合议组，执法丁负责记录。根据《专利行政执法办法》第七条规定，双方当事人对合议组组成人员有权提出回避申请。如申请，请说明理由。请求人是否申请回避？若申请请说明理由。

请：（实际情况记录文本）不申请。

审：（固定格式文本）被请求人？

被：（实际情况记录文本）不申请。

审：（固定格式文本）现在由请求人简要陈述其请求事项、事实理由和法律依据。

请：（实际情况记录文本）详细内容见请求书（略）。我们以权利要求×主张自己的权利。

（说明：一般情况下，主持人要引导请求人以递交的请求书内容为主进行陈述，便于书记员记录）

审：（固定格式文本）被请求人答辩，对请求人的请求是否提出异议，讲明具体事实和理由，并简要陈述证据。

被：（实际情况记录文本）详细内容见答辩书（略）。

（说明：一般情况下，主持人要引导被请求人以递交的答辩书内容为主进行陈述，便于书记员记录）

审：（固定格式文本）现在由请求人陈述你（公司）的专利是何时申请、何时授权、目前法律状态、专利保护范围等专利基本情况。

请：（实际情况记录文本）我们的专利是××××年××月××日申请，××××年××月××日授权，目前的法律状态为有效专利，专利保护范围（略）。

审：（固定格式文本）现在由请求人陈述你（公司）是在何时何地发现被请求人实施涉嫌专利侵权行为。

请：（实际情况记录文本）20××年××月××日在××市××企业的车间里发现的。

审：（固定格式文本）现在由请求人对被控产品是否落入涉案专利权的保护范围，进行对比分析。

请：（实际情况记录文本）（内容略）

审：现在由被请求人陈述你的姓名或公司名称、成立时间、电话、住址、经营范围等基本情况。

被：（实际情况记录文本）公司名称为B公司，成立于××××年××月××日，联系电话：×××××××××，位于××省××市××街××号，主要经营×××××。

审：（固定格式文本）请问被请求人，我们的调查笔录上签字的人员与你（公司）是何种关系？

被：（实际情况记录文本）是我公司的生产车间主任。

审：（固定格式文本）请问被请求人，请求人刚才提供的被控产品（样品、照片等）是否由你（公司）生产（使用、销售）的？

被：（实际情况记录文本）是。

审：（固定格式文本）请问被请求人是何时开始制造（使用、销售）的？以及生产数量、库存数量、研发（生产）成本（进货价格）及销售的情况？

被：（实际情况记录文本）（内容略）

审：（固定格式文本）请问被请求人制造该产品模具数量、时间，货物首次上市时间、存放地点？

被：（实际情况记录文本）（内容略）

审：（固定格式文本）请被请求人对其产品是否落入涉案专利权保护范围行对比分析，并说明理由。

被：（实际情况记录文本）（内容略）

审：（固定格式文本）被请求人是否有其他证据证明不侵权，说明理由。

被：（实际情况记录文本）（内容略）

审：（固定格式文本）请请求人提交证据，并说明证据来源、要证明的事实与理由。

请：（实际情况记录文本）（内容略）

审：（固定格式文本）被请求人对请求人提交的证据是否有异议，并说明理由。

被：（实际情况记录文本）（内容略）

审：（固定格式文本）请被请求人提交证据，并说明证据来源、要证明的事实与理由。

被：（实际情况记录文本）（内容略）

审：（固定格式文本）请求人对被请求人提交的证据是否有异议，并说明理由。

请：（实际情况记录文本）（内容略）

审：（固定格式文本）请问请求人对我们执法人员调查笔录内容及取得的证据有无异议？

请：（实际情况记录文本）（内容略）

审：（固定格式文本）请问被请求人对我们执法人员调查笔录内容及取得的证据有无异议？

被：（实际情况记录文本）（内容略）

审：（固定格式与实际情况记录相结合文本）根据案件的情况，我们将请求人保护的权利要求×分成×个技术特征与被请求人的涉案产品进行对比，现在由请求人说明自己的观点。

请：（实际情况记录文本）（内容略）

审：（固定格式文本）现在由被请求人说明自己的观点。

被：（实际情况记录文本）（内容略）

审：（固定格式文本）休庭10分钟。

（说明：休庭的主要目的是合议组研究确认本案焦点，也可以不休庭直接确认本案焦点）

审：（固定格式与实际情况记录相结合文本）围绕刚才请求人与被请求人分别作的对比分析和提供的证据及其质证，其中双方当事人都认同其中的×个技术特征相同，本合议组认为：本案争论的焦点为（具体内容略），请求人是否有异议？有异议请说明理由。

请：（实际情况记录文本）没有异议。

审：（固定格式文本）被请求人是否有异议？有异议请说明理由。

被：（实际情况记录文本）没有异议。

审：（固定格式与实际情况记录相结合文本）现在，由当事人双方围绕本案争论焦点×××进行辩论，现在由请求人发言。

请：（实际情况记录文本）（内容略）

审：（固定格式文本）现在由被请求人发言。

被：（实际情况记录文本）（内容略）

审：（固定格式文本）刚才请求人和被请求人就自己的论点分别作了举证阐述，双方当事人还有其他要补充的证据或者意见吗？（就请求人或被请求人的举证观点进行再次确认）

请：（实际情况记录文本）（内容略）

被：（实际情况记录文本）（内容略）

审：（固定格式文本）先由请求人作最后意见陈述。

请：（实际情况记录文本）（内容略）

审：（固定格式文本）由被请求人作最后意见陈述。

被：（实际情况记录文本）（内容略）

审：（固定格式文本）请问双方当事人是否同意调解？

请：（实际情况记录文本）（内容略）

被：（实际情况记录文本）（内容略）

审：（固定格式文本）庭审结束，请双方当事人在认真阅读审理笔录无误后签字确认。

（双方当事人看后无异议，请抄写：上述内容已阅，与我所述内容一致。）

（抄写处）**上述内容已阅，与我所述内容一致。**

请求人（签字）：A公司　　20××年××月××日

请求人代理人（签字）：C某　　20××年××月××日

（抄写处）**上述内容已阅，与我所述内容一致。**

被请求人（签字）：B公司　　20××年××月××日

被请求人代理人（签字）：D某　　20××年××月××日

合议组成员（签字）：执法甲　　20××年××月××日

执法乙　　20××年××月××日

执法丙　　20××年××月××日

×××知识产权局

专利侵权纠纷行政裁决案件合议笔录

案号：××知法裁字〔20××〕×号

案由：A公司与B公司间的实用新型专利侵权纠纷

专利名称：×××××

专利号：ZL××××××××××××.×

专利权人：A公司

请求人：A公司

被请求人：B公司

合议组长：执法甲

合议组成员：执法甲 执法乙 执法丙

书记员：执法丁（也可由本案执法人员担任）

合议时间：20××年××月××日××时××分至××时××分

合议笔录：

执法甲：（固定格式文本）我们前期对本案的调查与口头审理工作已经结束，现在我们进行合议。现在由案件承办人执法乙介绍案情。

执法乙：（固定格式与实际情况记录相结合文本）我给大家介绍一下本案的具体情况（具体内容略）。

执法甲：（固定格式与实际情况记录相结合文本）首先，我们对案件中所述的证据的合法性、关联性、真实性进行合议，确定案中所述的证据是否被采信。我认为，证据一所提供的专利证书复印件、国家知识产权局的年费缴费收据，在国家知识产权局网站查实核对后，该专利权的法律状态在有效期内，专利权人与请求人是一致的，被请求人也对证据一给予了认可，我们应当予以采信，请求人有权对被请求人提起专利侵权纠处理请求，可以根据专利证书中提到的权利要求书及说明书内容进行侵权判定。

（说明：此处主要内容是对证据的“三性”进行合议；针对证据一进行合议，并发表自己的观点）

执法乙：（实际情况记录文本）对证据一我同意执法甲的观点。

执法丙：（实际情况记录文本）对证据一我同意执法甲的观点。

执法甲：（实际情况记录文本）对证据一大家的意见是一致的。下面我们对证据二进行合议（具体内容略）。

（说明：此处主要内容是对证据一的合议结论；对证据二进行合议，并发表自己的观点）

执法乙：（实际情况记录文本）对证据二我同意执法甲的观点。

执法丙：（实际情况记录文本）对证据二我同意执法甲的观点。

执法甲：（实际情况记录文本）对证据二大家的意见是一致的。下面我们对证据三进行合议（具体内容略）。

（说明：此处主要内容是对证据二的合议结论；对证据三进行合议，并发表自己的观点）

执法乙：（实际情况记录文本）（此处说明理由，具体内容略）因此说，对证据三我同意执法甲的观点，不予采信。

执法丙：（实际情况记录文本）对证据三我同意执法甲、执法乙的观点。

执法甲：（实际情况记录文本）对证据三大家的意见是一致的，不予采信。现在我们来合议一下经过我们调查取得的涉案产品实物照片及照片上所示的技术特征能否采信（具体内容略）。

（说明：此处主要内容是对证据三的合议结论；对执法人员调查取得的证据进行合议，并发表自己的观点）

执法乙：（实际情况记录文本）对于我们调查取得的证据我同意执法甲的观点，应当予以采信。

执法丙：（实际情况记录文本）所述的证据是我们到现场调查取得的证据，且双方当事人都予以认可，应当予以采信。

执法甲：（实际情况记录文本）在证据一、证据二以及我们调查取得的证据予以采信的情况下，我们用权利要求书所记载的技术特征与涉案产品上的技术特征进行对比分析，来确定涉案产品是否落入了权利要求书的保护范围（具体内容略）。

（说明：此处内容为确定证据可以采信后，进行技术特征对比并说明自己的观点）

执法乙：（实际情况记录文本）我不同意执法甲的看法，理由如下（具体内容略）。

执法丙：（实际情况记录文本）案中所述的两个不同的技术特征是我们在口头审理当中争论的焦点，我认为二者属于等同的技术特征，我同意执法甲的观点，实际上是惯用技术置换，适用于全面覆盖原则，根据《中华人民共和国专利法》第五十九条规定，被请求人生产销售的涉案产品落入了请求人的专利保护范围；再加上被请求人在口头审理过程中陈述的制造的涉案产品主要目的是通过销售取得经济效益，根据《中华人民共和国专利法》第十一条规定，未经请求人许可，被请求人以生产经营为目的制造销售了涉案产品，被请求人侵犯了请求人的专利权。

执法甲：（固定格式与实际情况记录相结合文本）因乙的意见不同，合议组合议案件，实行少数服从多数的原则对案件涉及的证据是否采信、事实是否认定及理由是否成立等进行表决。我们的争议在于技术特征×和技术特征×，刚才我已经讲明了我对技术特征×和技术特征×的看法了，我认为二者是构成等同的，涉案产品是侵权行为。根据《专利行政执法办法》第四十三条规定，应当责令被请求人立即停止制造、销售涉案产品并销毁涉案产品。

执法乙：我们不同意执法甲的看法，我坚持自己的看法，技术特征×和技术特征×不构成等同，我认为涉案产品不侵权。

执法丙：我同意执法甲的意见，认为技术特征×和技术特征×是构成等同的，涉案产品是侵权产品。

（说明：此处内容为形成的认定侵权意见，并根据《专利行政执法办法》规定确定处理意见）

执法乙：（实际情况记录文本）我坚持我的意见，不同意。

执法丙：（实际情况记录文本）同意。

执法甲：（固定格式与实际情况记录相结合文本）经过合议，我与执法丙认为被请求人生产销售的涉案产品侵犯了请求人的专利权，应当责令被请求人立即停止生产销售涉案产品并销毁涉案产品；而执法乙认为涉案产品与权利要求书中的技术特征×和技术特征×是不同，认为不构成侵权。根据少数服从多数的原则，合议组认为涉案产品是侵权的。

（说明：此处内容为形成结论性处理结果）

合议组成员（签字）：执法甲　　20××年××月××日

执法乙　　20××年××月××日

执法丙　　20××年××月××日